AF377944

Etre humain, simplement

En chemin de foi avec l'Ecclésiaste...

Daniel Jennah

<u>Du même auteur</u>

- Entre les vagues, (Poésie) La Pensée Universelle, 1990.
- Une croix sur la planète bleue, Editions Vie et Santé, Dammarie les Lys, 2004.
- Etre humain simplement… *en chemin de foi avec l'Ecclésiaste*, Maradil, Cachan, 2006.
- *Traduction du livre de Daniel, in* Ancien Testament Interlinéaire, hébreu-français, Société Biblique, Paris, 2007.
- Fils et Filles de Dieu, Maradil, Cachan, 2007.
- Chemins de foi, Vie et Santé, Dammarie les Lys, 2009.
- Le fruit de l'Esprit, Maradil, Cachan, 2009.
- Job *ou la foi dans la tempête*, Editions Vie et Santé, Dammarie les Lys, 2010.
- Un culte raisonnable, Maradil, Cachan, 2011.
- 10 Paroles pour vivre, Vie et Santé, Dammarie les Lys, 2012.
- Les petits prophètes, *12 messages de réveil et de réforme*, Vie et Santé, Dammarie les Lys, 2013.
- Maîtrisez votre stress, *Restez calme face aux tempêtes intérieures*, Maradil, Villabé, 2015.
- Quand la Bible chante l'amour, *Promenade dans le Cantique des cantiques*, Edilivre, Saint-Denis, 2015.
- Le sanctuaire biblique, *la plénitude de la grâce*, Maradil, Villabé, 2015.
- Sortez de Babylone, *mais n'oubliez pas votre GPS*, Maradil, Villabé, 2017.
- Une tranche par jour, *Méditations quotidiennes*, Maradil, Villabé, 2017.
- Jésus et les femmes (collectif), Maradil, Villabé, 2018.
- Au nom du Père, du Fils et du Saint-Esprit, Maradil, Villabé, 2019.
- La véritable histoire de l'avenir, Commentaire du livre de Daniel, Maradil, Villabé, 2020.

© 2006/2020 DJ-Maradil, 91100 VILLABE – ISBN 978-2-9528604-0-6 EAN
daniel.jennah@wanadoo.fr

Sauf exception, les citations bibliques sont tirées de la Traduction Œcuménique de la Bible (T.O.B). L'auteur propose également sa version personnelle des paroles de Qohéleth. Par ailleurs, les termes hébreux tels que *Aboth, Baba Bathra, Chabbath, Megilla*, etc., sont les noms des traités de la *Michna* et du *Talmud*.

A mon père qui m'a appris la persévérance,
A David et Ambiga, parce qu'ils font vivre la Parole,
A Moïse, Jonathan et Benjamin, ils sauront pourquoi,
A mon fils Dilane, en chemin de vie ...

Introduction

« V anité des vanités, tout est vanité ! » (Ecclésiaste 1.2) C'est une véritable gageure d'entrer dans un livre biblique qui commence avec un constat vraisemblablement pessimiste et s'attendre à y trouver quelque chose de bon et d'encourageant. Dès lors, comment entendre ou lire tout ce qui suivra cette déclaration s'apparentant à un aphorisme, à une maxime, et dire que ce livre participe de la Parole de Dieu contenue dans la Bible ?

L'auteur est appelé Qohéleth en hébreu et l'Ecclésiaste à partir du grec. Je me permettrai de faire référence à lui sous ces deux noms, sans parti pris linguistique mais par simple plaisir consonantique ou par pure recherche de résonance philosophique. En parcourant le livre de l'Ecclésiaste, nous découvrons que l'auteur s'exprime à la première personne et ce ton personnel est présent tout au long de l'ouvrage jusqu'en 10.7, pour la dernière fois. Mais que l'on comprenne rapidement que Qohéleth n'est pas un récit autobiographique. L'auteur se manifeste presque toujours par les mêmes verbes : « j'ai vu », (15 fois), « je dis » (6 fois), « j'ai appliqué mon cœur » (3 fois), « j'ai reconnu », « j'ai constaté », « j'ai découvert ». Par cet emploi de la première personne, il prend conscience de l'originalité de sa pensée, face à la sagesse courante ou à celle qui l'a précédé, et aussi la conviction de la solidité de ses convictions. Avons-nous affaire à un prétentieux ou à un sage qui estime devoir donner son point de vue sur la condition humaine ?

En me mettant en chemin avec Qohéleth le discoureur, j'ai appris à découvrir l'Ecclésiaste, le prédicateur, l'homme d'assemblée, l'homme qui a aussi un arrière-plan cultuel. Sur cet itinéraire, il n'est pas étonnant de rencontrer le croyant qui cherche à comprendre le sens de la vie, le croyant parfois désabusé, souvent perplexe et qui veut poser le doigt sur la pertinence de la présence humaine sur cette planète. Est-ce exagéré de voir en lui la figure d'un homme d'église, d'un leader d'opinion, d'un administrateur qui a tantôt besoin, tantôt envie, de se remettre en question, sans remettre en cause la vie, sa propre vie, sa foi et même son environnement ? C'est pour cela que j'ai choisi de faire un commentaire thématique et non linéaire de ce livre, essayant ainsi de trouver des réponses aux interrogations majeures du penseur.

Faut-il voir en Qohéleth un existentialiste avant l'heure ? Il regarde la vie comme on contemple un fleuve ou un beau coucher du soleil, il observe les êtres humains en mouvement, en effervescence et trouve qu'il y a beaucoup de futilité dans l'existence. En regardant le fleuve qui va à la mer et ne la remplit pas, il conclut qu'il n'y a rien de nouveau sous le soleil. Toutefois, il laisse entendre que l'homme a besoin de grandir et d'espérer et tout individu doit apprendre à sortir de la condition humaine par le haut.

En lisant Qohéleth, j'ai pris le temps d'écouter l'Ecclésiaste et je n'ai pu m'empêcher de faire un saut dans le Nouveau Testament et de penser à l'*ekklesia*, l'Eglise, la nouvelle famille de Dieu, que Jésus-Christ continue de bâtir dans le cœur des hommes certes, mais aussi de manière visible dans la société, pour peu que chacun s'y reconnaisse ou la reconnaisse. L'Eglise plonge ses racines dans l'Ancien Testament et il n'y a pas de raison que l'Ecclésiaste ne rende service à tous ceux qui veulent faire partie de cette famille. Le discours de l'Ecclésiaste pousse inéluctablement vers le projet de Dieu de rassembler les croyants dans un corps auquel Jésus-Christ lui-même s'identifie. Parcourir les pages de ce livre conduit, de manière presque naturelle, à un environnement ecclésial, environnement dans lequel nous voyons le croyant en *flagrant délit d'humanité*, pris à mi-chemin entre la vanité de certains efforts humains et les expériences de foi qui font grandir...

Mais on peut se demander si, face à la vanité, les croyants vivent réellement avec la pensée de l'éternité, celle que Dieu lui-même a mise dans le cœur de l'homme. Cette pensée a certainement l'ambition de se transformer en promesse de vie et la promesse devient l'élément moteur du quotidien. Qu'insinue l'Ecclésiaste lorsqu'il invite, par exemple, à craindre Dieu, celui qui de manière ultime amènera toute chose en jugement ? Est-ce une invitation adressée à l'homme pour que sa vie ne soit pas faite de vanités ? Plus tard, le Nouveau Testament traduira une telle invitation par la décision de croire dans la prédication de Jésus et d'intégrer les principes qui lui sont inhérents, ce qui signifie bâtir sa maison sur le roc, représenté par Jésus-Christ lui-même (Matthieu 7.24,25 ; 16.18; Luc 6.48). N'est-ce pas ce qui donne un sens à l'existence de tout homme et de l'avenir à sa foi !

En chemin avec Qohéleth, j'ai pris le temps de me regarder dans le miroir qu'il tend à ceux qui l'écoutent. Je n'ai pu m'empêcher de ressentir combien l'homme est fragile et qu'il peut compliquer les choses simples, passant ainsi à côté de l'essentiel. J'ai aussi appris à reconsidérer la valeur accordée à certaines situations et questions secondaires qui trop souvent prennent une importance majeure. Je souhaite que mes lecteurs sortent de ce parcours avec quelque chose de constructif, d'édifiant et une envie plus forte encore de croire et d'espérer, quelles que soient les circonstances de la vie.

Croire ou ne pas croire, en lisant l'Ecclésiaste, que Dieu fait tout bien, en son temps ? Etre ou ne pas être attaché à l'espérance, tandis que nous cheminons avec Qohéleth ? Il est fort probable que ce livre fasse appel à notre véritable rapport avec la définition individuelle de l'identité humaine, à ce que nous savons appréhender de la vie, des êtres qui nous entourent et de la réalité matérielle qui habille notre environnement. Je me demande si, à l'écoute de ces discours, chacun de nous ne va pas se retrouver face à une vérité indéniable sur lui-même. Alors, en route, lecteur dont le cœur est ouvert à la sagesse d'en haut, seule force pour lutter contre la vanité et le tourbillonnement du vent, contre le futile et l'évanescent...

« *Pour un homme sans œillères, il n'est pas de plus beau spectacle que celui de l'intelligence aux prises avec une réalité qui le dépasse* ».

Albert Camus, *Le Mythe de Sisyphe*

Paroles de Qohéleth

1

1 Paroles de Qohéleth, fils de David, roi à Jérusalem

2 Ephémère des éphémères, a dit Qohéleth.
Ephémère des éphémères. Tout est éphémère.

3 A quoi servent tous les efforts de l'homme
dans le travail qu'il endure sous le soleil ?

4 Les générations se suivent,
mais rien n'est permanent.

5 Le soleil se lève, il se couche.
Il va vers le lieu de sa palpitation,
il se lève là.

6 Le vent va vers le sud,
il tourbillonne au nord,
il tourbillonne et tourne
et le vent qui tourbillonne encore

7 Tous les fleuves vont à la mer
et elle ne déborde pas ;
là où vont les torrents,
là se trouvent les sources.

8 Les paroles seront usées, on manquera de vocabulaire ;
l'œil ne se fatiguera pas de voir,
et l'oreille ne se fermera pas à force d'entendre.

9 Ce qui a été est ce qui sera
et ce qui s'est fait est ce qui se fera : rien de nouveau sous le soleil.

10 Y a-t-il quelque chose de nouveau ?
Cela a déjà existé.

11 Il n'y a pas de souvenirs des anciens
et la génération qui suivra ne laissera pas de grands souvenirs.
Pas de mémoire pour le futur.

12 Moi, Qohéleth, j'ai régné à Jérusalem.

13 Et j'ai mis mon cœur à étudier et à scruter
par la sagesse tout ce qui se fait sous les cieux.
C'est un souci mauvais qu'Elohim a donné
aux fils de l'homme pour qu'ils s'y intéressent.

14 J'ai vu toutes les œuvres qui se font sous le

soleil et voici : tout est éphémère et course après le vent.

15 Ce qui est tordu ne peut se redresser, et ce qui manque ne peut être pris en compte.

16 J'ai parlé avec mon cœur et j'ai dit : voici j'ai fait évoluer et progresser la sagesse plus que quiconque m'a précédé à Jérusalem et mon cœur a apprécié beaucoup de sagesse et de connaissance.

17 J'ai mis mon cœur à approfondir la sagesse et à connaître la folie et la bêtise et j'ai constaté que cela aussi est course après le vent.

18 Car trop de sagesse génère beaucoup de tristesse et trop de connaissance augmente la douleur.

2

1 J'ai dit en mon cœur : viens afin que je t'éprouve par la joie et je verrai ce qui est bien. Et voici, même cela est éphémère.

2 Du rire, j'ai dit : Insensé ! De la joie : « Mais qu'est-ce que ça veut dire ! »

3 J'ai délibéré en mon cœur d'abandonner au vin ma chair.

Mon cœur chercherait ainsi la sagesse pour saisir la bêtise jusqu'à ce que je voie ce qu'il est bon pour les fils de l'homme de faire sous les cieux pendant les années de leur vie.

4 J'ai fait de grandes choses : j'ai bâti des maisons, j'ai planté des vignes ;

5 J'ai fait des jardins et des vergers, j'y ai planté des arbres de tous fruits.

6 Je me suis fait des bassins d'eau pour en arroser la forêt produisant des arbres.

7 J'ai acheté des esclaves et des servantes, j'ai eu des domestiques ;

J'ai eu aussi du bétail, bovins et ovins, en grand nombre, plus que quiconque fut avant moi à Jérusalem.

8 J'ai même amassé de l'argent et de l'or et une fortune des rois et des provinces ;

J'ai acquis des chanteurs et des chanteuses et les délices des fils de l'homme, des femmes en grand nombre[1].

9 Je devins grand et j'ai dépassé quiconque fut avant moi à Jérusalem.

Et ma sagesse restait pour moi.

10 Tout ce que mes yeux demandaient,

je ne les en ai pas privés ;

Je n'ai refusé aucune joie à mon cœur,

car mon cœur jouissait de tout mon travail, et cela était ma part de tout mon travail.

11 J'ai contemplé toutes mes œuvres, faites par mes mains et le travail auquel j'avais œuvré pour les faire et voici :

tout est éphémère et course après le vent et il n'y a aucun profit sous le soleil.

12 Je me suis tourné vers la sagesse, la bêtise et la folie.

Car quel homme viendrait après le roi et ce qu'il a déjà fait !

13 Et j'ai vu qu'il y a plus de profit dans la sagesse que dans la bêtise, comme la lumière est plus profitable que les ténèbres.

14 Le sage a ses yeux à la tête

et l'insensé marche dans les ténèbres.

Et je sais, moi aussi, qu'un itinéraire identique nous attend tous.

15 Et j'ai dit en mon cœur : l'itinéraire du fou pourrait être aussi le mien.

Pourquoi être alors entraîné par la sagesse ?

Et j'ai dit en mon cœur que cela aussi était éphémère.

16 Car il n'y a pas de souvenir pour le sage, pas plus que pour l'insensé, à jamais, car déjà dans les prochains jours tout est oublié.

Le sage meurt aussi bien que l'insensé.

17 Et j'ai haï la vie, car mauvaise pour moi l'œuvre qui se fait sous le soleil,

car tout est éphémère et course après le vent.

---

[1] Le texte hébreu n'est pas clair, il induit l'idée de femme, de concubine, de dames (TOB, Jérusalem), d'où des femmes en grand nombre, donc de harem. D'autres traductions évoquent un échanson et des sommelières (par ex. la Vulgate fait référence au vin) ou encore une démone et des démones (Chouraqui) et des instruments de musique (King James).

18 J'ai haï tout mon travail, auquel j'avais travaillé sous le soleil et que j'abandonnerai à mon successeur.

19 Qui sait s'il sera sage ou insensé ? Il s'appropriera tout mon travail pour lequel j'ai œuvré sous le soleil : cela aussi est éphémère.

20 Et j'ai erré en mon propre cœur au sujet de tout le travail pour lequel j'ai œuvré sous le soleil.

21 Car voici un homme travaille dans la sagesse, avec science et avec talent et à un homme qui n'y avait aucune contribution, il donnera sa part.

22 Car que reviendrait-il à un homme de tout son travail et de la recherche de son cœur auxquels il travaille sous le soleil ?

23 Tous ses jours ne sont que douleurs, irritation. Même la nuit, il n'a pas de repos en son cœur : cela est éphémère.

24 Il n'y a rien de mieux pour l'homme que de manger et de boire et d'initier son âme au bonheur que procure le travail ; j'ai vu que cela vient de la main d'Elohim.

25 Car qui mangera et qui en jouira, sinon moi ?

26 Oui, à l'homme de bien en effet, il a donné la sagesse, la connaissance et la joie ;
Et au pécheur il a donné un penchant pour entasser et amasser pour le donner à l'homme de bien qui est devant Elohim : cela aussi est éphémère, c'est courir après le vent.

3

1 Pour tout il y a un moment
et un temps pour toute chose sous les cieux :

2 Un temps pour enfanter et un temps pour mourir ;
Un temps pour planter et un temps pour arracher les plantes ;

3 Un temps pour tuer et un temps pour guérir ;
Un temps pour abattre et un temps pour bâtir ;

4 Un temps pour pleurer et un temps pour rire ;
Un temps pour se lamenter et un temps pour danser ;

5 Un temps pour lancer des pierres et un temps pour amasser des pierres ;

Un temps pour étreindre et un temps pour desserrer l'étreinte ;

6 Un temps pour chercher et un temps pour perdre ;

Un temps pour conserver et un temps pour jeter ;

7 Un temps pour déchirer et un temps pour coudre ;

Un temps pour se taire et un temps pour parler

8 Un temps pour aimer et un temps pour haïr ;

Un temps pour se battre et un temps pour faire la paix.

9 Quel profit celui qui œuvre a-t-il de travailler ?

10 J'ai vu l'occupation qu'Elohim donne aux fils de l'homme pour qu'ils s'y intéressent.

11 Il a fait tout conforme en son temps ;

Il a même mis dans leur cœur l'éternité,

sans que l'homme découvre l'œuvre qu'Elohim a accomplie du commencement à la fin.

12 J'ai compris que leur seul bien c'est de jouir du bien-être et de s'amuser dans la vie.

13 Et même tout homme qui mange, boit et goûte au bonheur par son travail,

cela doit être pris comme un don d'Elohim.

14 J'ai compris que l'œuvre d'Elohim est éternelle : il n'y a rien à ajouter et rien à retrancher et Elohim les amène à frémir devant sa face.

15 Ce qui a été est déjà et ce qui sera a déjà été et Elohim cherche ce qui fuit.

16 J'ai encore vu sous le soleil un lieu pour le jugement : là se trouve la méchanceté ;

Un lieu pour la justice : là se trouve la méchanceté.

17 Et j'ai dit en mon cœur que c'est Elohim qui jugera le juste et le méchant, car il y a un temps pour tout désir et toute action.

18 J'ai dit en mon cœur au sujet des hommes : c'est Elohim qui les éprouve pour qu'ils voient qu'ils sont des bêtes pour eux-mêmes.

19 Car l'itinéraire des hommes et celui des bêtes sont identiques.

La mort de ceux-là est comme la mort de celles-ci : un seul souffle les habite et la supériorité de l'homme sur la bête est nulle, car tout est éphémère.

20 Tout va vers le même lieu ;

Tout vient de la poussière

Et tout retourne à la poussière.

21 Qui sait si le souffle des fils de l'homme s'élève
et le souffle des bêtes descend vers la profondeur de
la terre !
22 Et j'ai vu que le mieux pour l'homme est de se
réjouir de ses œuvres, car c'est sa part.
Qui en effet le fera revenir pour voir ce qui sera
après lui ?

4

1 J'ai observé toutes les oppressions qui se font sous
le soleil :
voici les larmes des opprimés et ils sont sans
consolateur ;
De la part de leurs oppresseurs, c'est la violence et
ils sont sans consolateur.
2 Et je félicite les morts déjà morts
plus que les vivants encore en vie.
3 Et plus chanceux que celui qui n'est pas encore né,
qui n'a pas encore vu l'œuvre du mal
qui se fait sous le soleil.
4 J'ai vu que tout le travail
et tout le savoir-faire d'une œuvre,
c'est la jalousie de l'homme envers son prochain ;
Cela aussi est éphémère et course après le vent.
5 L'insensé se croise les bras
et il dévore sa chair.
6 Mieux vaut la paume pleine de repos que deux
poignées pleines de sueur et tourbillon du vent.
7 J'ai vu d'autre part une illusion sous le soleil
8 Un individu est seul, sans second ;
Sans fils et sans frère et aucun résultat de son
travail.
Même ses yeux ne sont pas rassasiés de richesse.
« Pour qui ai-je travaillé et privé mon cœur de
bonheur » ?
Cela aussi est une illusion et un souci mauvais.
9 Deux valent mieux qu'un,
parce qu'ils ont pour eux un salaire convenable à
leur travail
10 Car si l'un tombe, l'autre le relève, mais si
quelqu'un est seul et tombe, il n'y a personne pour
le relever
11 Quand deux couchent ensemble ils ont chaud ;
Mais celui qui est seul, comment se réchauffe-t-il ?
12 Et si l'un est attaqué, les deux résisteront :

la corde à triple fil ne se rompt pas facilement.
13 Mieux vaut un enfant pauvre et sage qu'un vieux
roi insensé qui ne sait plus réfléchir.
14 Car il est sorti de prison pour régner,
encore qu'il soit né gueux en son royaume.
15 J'ai vu tous les vivants aller sous le soleil,
avec le deuxième enfant à sa place.
16 Pour tout le peuple,
pour ceux qui se tenaient devant lui :
aucune fin ;
Même les derniers venus ne se réjouiront pas de lui.
Car cela aussi est éphémère et vacuité.
17 Garde ton pied quand tu vas à la maison
d'Elohim, approche pour écouter plutôt que pour
offrir le sacrifice des insensés,
qui ignorent qu'ils font mal

5

1 Ne te précipite pas à parler
que ton cœur ne se hâte pas
d'exprimer une parole devant Elohim,
car Elohim est dans les cieux
et toi sur la terre ;
Que tes paroles soient brèves.
2 Car le rêve vient de la multitude de pensées,
et le mot insensé de la multitude de paroles.
3 Quand tu fais un vœu à Elohim,
ne tarde pas à l'accomplir.
Car il n'y a pas de pitié pour l'insensé :
accomplis tes vœux.
4 Mieux vaut ne pas faire de vœu
que de s'engager et de ne pas l'accomplir.
5 Ne laisse pas ta bouche faire pécher ta chair,
et ne dis pas devant le messager : « c'est une
erreur ».
Pourquoi Elohim se fâcherait-il contre toi
et détruirait-il l'ouvrage de tes mains ?
6 Car de la multitude de rêves
vient la multitude d'illusions et de paroles.
Mais crains Dieu.
7 Si tu vois dans la cité le miséreux opprimé,
la violation de la justice et du droit,
ne t'étonne pas de l'affaire,
car un supérieur veille sur le supérieur,
et des supérieurs sur eux.

8 Le profit de la terre en tout ;
C'est un roi pour un champ labouré.
9 Qui aime l'argent ne se rassasiera pas d'argent.
Et celui qui aime l'opulence n'a pas de revenu : cela
aussi est éphémère.
10 Quand il y a abondance du bien
il y a abondance de mangeurs,
et quel bénéfice pour ses maîtres,
sinon le spectacle pour les yeux ?
11 Le sommeil du travailleur est doux,
qu'il mange peu ou prou ;
Mais la satiété du riche lui cause des insomnies.
12 Il y a un mal pernicieux que j'ai vu sous le
soleil : une richesse gardée par son maître est pour
son malheur.
13 Il perd cette richesse dans une affaire ratée,
il engendre un fils et il n'a rien en main.
14 Comme il est sorti nu du ventre de sa mère,
il s'en retournera, tel qu'il est venu.
Il n'emportera rien de son travail,
rien qui tienne dans sa main.
15 Et cela aussi est un mal pernicieux :
tout comme il est venu, ainsi il s'en ira.
Et quel profit pour lui s'il travaille pour du vent ?
16 Tous ses jours aussi il mange dans le noir,
dans beaucoup d'amertume, dans la souffrance et
l'irritation.
17 Voici ce que j'ai vu : il est agréable pour l'homme
de manger et de boire et de goûter le bonheur par le
travail pour lequel il transpire sous le soleil,
pendant les années de vie que lui donne Elohim, car
c'est sa part.
18 De plus tout homme à qui Elohim donne
richesses et ressources et à qui il donne la liberté
d'en manger, d'en emporter sa part et de se réjouir
de son travail : c'est un don d'Elohim. Car il pense
peu au nombre de ses années,
Elohim l'occupe par la joie de son cœur.

6

1 Il y a un malheur que j'ai vu sous le soleil,
et il est grand pour l'homme :
2 un homme à qui Dieu donne richesses, ressources
et gloire,
qui ne manque de rien dans tous ses rêves,

mais Elohim ne lui laisse pas le loisir d'en manger,
car c'est un autre qui en mange.
Cela est éphémère et malsain.
3 Si un homme a engendré cent fils et qu'il vive
longtemps, mais quel que soit le nombre d'années
vécues, son âme n'est aucunement rassasiée de
bonheur et il n'a même pas de sépulture.
Je dis : « un mort-né vaut mieux que lui. »
4 Car dans l'éphémère il est venu,
dans l'obscurité il partira,
et dans l'ombre son nom sera caché.
5 Il ne voit même pas le soleil,
il ne l'aperçoit pas,
celui-ci a plus de repos que celui-là.
6 Et même s'il avait vécu deux fois mille ans
sans goûter au bonheur, tout n'irait-il pas vers un
même lieu ?
7 Tout le travail de l'homme est pour sa bouche
et pourtant l'âme n'est jamais satisfaite.
8 Car, que possède le sage de plus que l'insensé ?
Et le pauvre, qu'a-t-il de plus pour affronter la vie ?
9 Mieux vaut voir que mouvoir sans but.
Cela aussi est éphémère et course après le vent.
10 Ce qui était, son nom a déjà été prononcé ;
On sait ce qu'est un homme et qu'il ne peut
contester contre plus fort que lui.
11La multiplicité de paroles multiplie l'éphémère :
quoi de plus pour l'homme ?
12 Car qui sait ce qui est bon pour l'homme dans la
vie, pendant les années de sa vie éphémère, qu'il
passe comme une ombre.
Qui donc informera l'homme de ce qui sera après lui
sous le soleil ?

7

1 Une réputation vaut mieux qu'une huile
parfumée et le jour de la mort que le jour de la
naissance.
2 Mieux vaut aller dans une maison de deuil
que dans une maison de festin, car c'est la fin
de tout homme, et le vivant le soumettra en
son cœur.
3 Mieux vaut le chagrin que le rire,
car à visage renfrogné bon cœur.
4 Le cœur des sages est dans la maison de

deuil, le cœur des insensés dans la maison de
joie.
5 Mieux vaut entendre la réprimande d'un sage
que d'entendre la flagornerie d'un insensé.
6 Car comme le bruit des chardons sous le
chaudron, ainsi est le rire de l'insensé.
Cela aussi est éphémère et course après le
vent.
7 Car l'oppression rend insensé le sage
et un cadeau affole le cœur.
8 Mieux vaut la fin d'une chose que son
commencement, mieux vaut la grandeur d'âme
que d'être hautain.
9 Ne te précipite pas dans le chagrin,
car le chagrin repose dans le sein des insensés.
10 Ne dis pas : « Comment se fait-il que les
jours anciens étaient meilleurs que ceux-ci ? »
Ce n'est pas la sagesse qui t'inspire cette
question.
11 Bonne est la sagesse, plus qu'un héritage ;
Et elle profite aux lucides.
12 Car être à l'ombre de la sagesse,
c'est être à l'ombre de l'argent ;
et la connaissance est profitable :
la sagesse nourrit ses maîtres.
13 Vois l'œuvre d'Elohim :
qui peut redresser ce qu'il a tordu ?
14 Au jour du bonheur, sois heureux,
et au jour du malheur, vois :
Elohim a fait celui-ci comme celui-là,
de sorte que l'homme ignore ce qui sera après lui.
15 J'ai tout vu dans mes jours éphémères :
tel juste a perdu avec sa justice
et tel méchant se coule de beaux jours avec sa
méchanceté.
16 Ne sois pas trop juste
et ne sois pas trop sage :
pourquoi te détruirais-tu ?
17 Ne sois pas trop méchant
et ne deviens pas insensé :
pourquoi mourrais-tu avant l'heure ?
18 Retiens bien ceci,
et ne lâche pas ta main sur cela :
car celui qui craint Elohim en sort indemne.
19 La sagesse rend le sage audacieux

plus que dix chefs dans la ville,
20 Car il n'y a aucun juste sur terre
qui ne commette de faute.
21 Aussi, à tous les discours prononcés,
n'attache pas ton cœur, de peur que tu n'entendes
ton serviteur te dénigrer.
22 Car de nombreuses fois, ton cœur aussi sait
que tu as toi-même dénigré autrui.
23 J'ai expérimenté tout cela par sagesse,
j'ai dit : « Je serai sage »,
tout cela est hors de portée.
24 Hors de portée ce qui a été,
profond, profond,
qui pourrait l'atteindre ?
25 Je suis retourné, mon cœur et moi,
pour savoir, pour comprendre et chercher la sagesse
;
Pour découvrir que la méchanceté est démence,
et la bêtise folie.
26 Et j'ai trouvé, plus amère que la mort, la femme
dont le cœur est un piège,
et les bras des entraves.
Celui qui fait le bien devant Elohim lui échappera,
mais le pécheur sera piégé.
27 Vois ce que j'ai trouvé, dit le Qohéleth.
En les considérant une à une, pour trouver une
raison,
28 Que mon âme a cherchée
et que je n'ai pas trouvée :
un homme entre mille j'ai trouvé,
mais une femme parmi elles toutes,
je ne l'ai pas trouvée.
29 Vois seulement ce que j'ai trouvé :
Elohim a fait l'homme droit,
mais ils ont cherché beaucoup de raccourcis.

8

1 Qui est comme le sage ?
Qui connaît le sens de la parole ?
La sagesse d'un homme éclaire son visage,
c'est ce qui le rend moins sévère.
2 Garde l'ordre du roi
et respecte le serment fait devant Elohim.
3 Ne t'affole pas pour aller loin de sa face,
ne t'entête pas dans une cause injuste,

car il fait tout ce qui lui plaît.
4 Car la parole du roi est d'autorité,
qui lui dirait : « Que fais-tu ? »
5 Celui qui est fidèle à la loi
ne s'engage pas dans le mal,
le cœur sage connaît le temps et le jugement.
6 Pour toute chose, en effet,
il y a un temps et un jugement,
car le mal de l'homme pèse sur lui.
7 Car il ignore ce qui sera :
comment ce sera, qui l'en informera ?
8 Aucun homme ne maîtrise le vent,
au point de contenir le vent
et personne n'a de pouvoir sur le jour de la mort.
Pas de résignation devant la guerre,
et la méchanceté ne sauve pas son maître.
9 Tout cela, je l'ai vu et j'ai consacré mon cœur
à toute l'œuvre qui se fait sous le soleil,
au temps où l'homme a un pouvoir sur son
semblable pour lui faire du tort.
10 Et ainsi j'ai vu des méchants enterrés,
eux qui marchaient hors du lieu saint.
Ils avaient convaincu en ville
qu'ils n'avaient jamais agi en tant que tels.
Cela aussi est éphémère et course après le vent.
11 C'est que la sanction contre une mauvaise action
ne s'exécute pas aussi vite que le cœur de l'homme
se remplit de mauvais desseins,
12 parce que le pécheur commet le mal cent fois et il
dure, bien que je sache, moi, que le bonheur existe
pour ceux qui craignent Elohim, parce qu'ils
éprouvent de la crainte devant lui,
13 Et qu'il n'y aura pas de bonheur pour le
méchant, et que comme une ombre seront ses jours,
parce qu'il n'a pas éprouvé de crainte devant
Elohim.
14 C'est éphémère ce qui se fait sur terre : il y a des
justes qui sont traités comme des méchants et il y a
des méchants qui sont traités comme des justes ;
J'ai dit : cela aussi est éphémère.
15 Et j'ai célébré la joie, car il n'y a rien de bon pour
l'homme sous le soleil,
à part manger, boire et se réjouir, et cela
l'accompagne dans son travail durant les jours de sa
vie qu'Elohim lui donne sous le soleil.

16 Lorsque j'ai consacré mon cœur à connaître la sagesse et à chercher l'intérêt de ce qui se fait sur la terre - là aussi, de jour comme de nuit, l'humain ne voit pas le sommeil -

17 Alors, j'ai vu toute l'œuvre d'Elohim : l'homme ne peut pas comprendre l'œuvre qui se fait sous le soleil ;

Car il s'efforce de le trouver mais en vain.

Et même si le sage dit savoir, il ne peut pas trouver.

9

1 Car j'ai consacré mon cœur à tout cela pour découvrir ceci : que les justes, les sages et leurs actions sont dans la main d'Elohim.

L'homme ne connaît pas grand-chose de l'amour ni de la haine : tout est en face de lui.

2 Tout est à tous : il y a un itinéraire identique pour le juste et le méchant, pour le bon, le pur, l'impur, pour qui sacrifie et pour qui ne sacrifie pas.

Le bon comme le méchant ; celui qui jure est comme celui qui a peur de faire un serment.

3 Il y a un mal qui se fait sous le soleil : il y a un sort identique pour tous.

Même le cœur des fils de l'homme est plein de méchanceté, plein de malice ;

La folie est dans leur cœur toute leur vie mais leur fin est la mort.

4 Pour celui qui a un lien avec les humains, il y a de l'espoir, car un chien vivant

vaut mieux qu'un lion mort

5 Car les vivants savent qu'ils mourront,

mais les morts ne savent rien ;

Ils n'ont pas de salaire :

leur souvenir est oublié.

6 Leur amour, leur haine et leur jalousie ont déjà péri !

Il n'y aura plus jamais de part pour eux,

dans tout ce qui se fait sous le soleil.

7 Va, mange ton pain dans la joie,

et bois ton vin de bon cœur,

car Elohim a déjà agréé tes œuvres.

8 En tout temps que tes vêtements soient blancs,

et que l'huile sur ta tête ne manque pas.

9 Jouis de la vie avec la femme que tu aimes,

durant tous les jours de ta vie éphémère,

qu'il t'a donnée sous le soleil.
Car c'est ta part dans la vie dans ton travail,
pour lequel tu transpires sous le soleil.
10 Tout ce que ta main trouve à faire,
fais-le dans ta force, car il n'y a ni œuvre, ni raison,
ni science,
ni sagesse, au Sheol où tu vas.
11 J'ai vu, d'autre part, sous le soleil,
que la course n'est pas aux agiles,
ni la guerre aux héros,
même le pain n'est pas aux sages,
ni la richesse aux intelligents,
ni la faveur aux savants.
Car temps et contretemps leur arrivent à tous.
12 Non, l'homme ignore tout de son temps :
comme les poissons qui sont pris aux filets
ou les oiseaux pris dans les pièges,
comme eux, les fils d'homme sont attrapés,
au temps mauvais, quand il tombe subitement sur
eux.
13 Même cela je l'ai vu, sagesse sous le soleil et c'est
une grande chose pour moi !
14 Il y avait une petite ville qui avait peu
d'habitants, un grand roi est venu l'assiéger, faisant
contre elle de grandes fortifications.
15 Il y croise un homme pauvre mais sage qui a
délivré la ville par sa sagesse et personne ne s'est
souvenu de cet homme misérable.
16 Et j'ai dit : mieux vaut la sagesse que l'héroïsme,
mais la sagesse du pauvre est méprisée
et ses paroles ne sont pas entendues.
17 Les paroles du sage dites avec calme
sont plus entendues que la vocifération
d'un chef parmi les insensés.
18 Mieux vaut la sagesse que les machines de
guerre, mais un seul pécheur fait perdre beaucoup
de bonheur.

10

1 Des mouches mortes empestent et infectent
l'huile du parfumeur ;
Un peu de bêtise pèse plus lourd que sagesse et
gloire
2 Le cœur du sage est à sa droite,
le cœur de l'insensé est à sa gauche.

3 De plus, quand l'insensé suit sa route, son cœur
ne le suit pas,
et il dit aux autres : « c'est un fou » !
4 Si la colère du chef monte contre toi,
ne démissionne pas de ton poste,
car le calme évite de grandes fautes.
5 Il y a un mal que j'ai observé sous le soleil,
comme une erreur qui viendrait de haut lieu :
6 La bêtise se trouve aux plus hauts sommets,
et des riches demeurent dans l'étroitesse d'esprit.
7 J'ai vu des esclaves sur des chevaux
et des princes aller à pied comme des esclaves.
8 Qui creuse une fosse y tombera,
qui abat un mur, un serpent le mordra ;
9 Qui transporte des pierres se blessera
qui fend du bois prend des risques.
10 Si le fer s'émousse et s'il n'est pas aiguisé,
il faudra redoubler d'ardeur,
mais l'avantage de l'aiguiser est sagesse.
11 Si le serpent mord pour n'être pas charmé,
le charmeur n'en tire aucun profit.
12 Les paroles d'un sage lui sont favorables,
mais les lèvres d'un insensé l'égarent.
13 Le début des paroles de sa bouche est bêtise,
et la fin de son discours est sottise malveillante.
14 Et l'insensé multiplie les paroles ;
L'homme ne sait pas ce qui sera,
et qui lui fera connaître
ce qui sera après lui ?
15 Le travail de l'insensé le fatigue,
lui qui ne sait pas se rendre en ville.
16 Malheur à toi, terre dont le roi est jeune,
et dont les princes, au matin, mangent.
17 Heureuse es-tu, terre dont le roi est un fils libre,
et dont les princes mangent au temps convenable,
avec héroïsme et sans excès.
18 Une double paresse affaisse le plancher,
et quand les mains se relâchent, la maison suinte.
19 Pour s'égayer, ils festoient,
le vin réjouit les vivants,
et l'argent achète tout.
20 Même en ta conscience, ne critique pas le roi, et
dans ta chambre à coucher ne dénigre pas le riche,
car les oiseaux du ciel rapportent les propos, le
maître à deux ailes fera connaître la parole.

11

1 Lance ton pain sur la face des eaux
car dans quantité de jours tu le récupéreras.
2 Partage avec sept ou même avec huit,
car tu ignores quel malheur s'abattra sur la terre.
3 Quand les nuages sont pleins,
ils déversent la pluie sur la terre.
Si un arbre tombe au sud ou au nord,
il sera là où il est tombé.
4 Qui observe le vent ne sèmera pas,
qui voit les nuages ne moissonne pas.
5 Puisque tu ignores le chemin de l'esprit,
ni la formation des os dans le sein de la femme
enceinte,
ainsi tu ne connaîtras pas l'œuvre d'Elohim qui fait
tout.
6 Le matin, sème ta semence,
et jusqu'au soir ne laisse pas reposer ta main,
car tu ne sais pas ce qui réussira, ceci ou cela,
ou si les deux, également, sont bons.
7 La lumière est douce,
et il est agréable pour les yeux de voir le soleil.
8 Si l'homme vit de nombreuses années,
qu'il se réjouisse pour toutes et qu'il songe
aux jours de ténèbres qui seront nombreux.
Tout ce qui vient est éphémère.
9 Réjouis-toi, adolescent, dans ta jeunesse[2],
et que ton cœur te fasse du bien,
aux jours de ton adolescence ;
Va dans les chemins de ton cœur, selon la vision de
tes yeux, et sache que pour tout cela
Elohim te fera passer en jugement.
10 Ecarte le chagrin de ton cœur,
et fais passer le mal de ta chair.
Car l'enfance et la jeunesse sont éphémères.

12

1 Souviens-toi de ton créateur,
aux jours de ta jeunesse,
avant que ne viennent les jours du malheur,
et que n'arrivent les années dont tu diras :

---

[2] Dans certaines versions bibliques, le verset 9 du chapitre 11 correspond au verset 1 du chapitre 12.

« Je n'en ai aucun désir ! »
2 Avant que le soleil ne s'obscurcisse,
et la lumière, et la lune et les étoiles ;
Que ne retournent les nuages après la pluie.
3 Au jour où trembleront les gardiens de la maison,
où les hommes vaillants se plieront,
où s'arrêteront les meunières, parce qu'elles sont
peu nombreuses, où s'obscurciront celles qui
regardent aux fenêtres.
4 Où se fermeront les deux portails sur le marché,
au jour où se taira la voix du moulin,
où on se lèvera à la voix de l'oiseau
et où se prosterneront toutes les filles du chant.
5 Même des sommets on aura peur,
et ce sera une terreur sur la route ;
L'amandier bourgeonne,
la sauterelle s'alourdit,
et la câpre sans effet,
car l'homme s'en va vers sa maison d'éternité,
et les pleureurs errent dans la rue.
6 Jusqu'à ce que se détache la corde d'argent,
que ne se brise le globe d'or,
que ne se casse la cruche à la source,
et que ne se brise la roue à la citerne.
7 Avant que la poussière ne retourne à la terre,
comme elle était,
et que le souffle ne retourne vers Elohim qui l'a
donné.
8 Ephémère des éphémères, a dit le Qohéleth.
Tout est éphémère.
9 Outre que Qohéleth fut un sage, il a encore
enseigné le savoir au peuple ;
Il a écouté et sondé, il a composé beaucoup de
paraboles.
10 Qohéleth s'est appliqué à trouver des paroles
agréables ;
Et il a écrit avec droiture des paroles de vérité.
11 Les paroles des sages sont comme des aiguillons
et les auteurs de recueils comme des clous plantés ;
Ils sont donnés par un pasteur unique.
12 Plus que tout cela, mon fils, sois prudent : à faire
trop de livres, il n'y a pas de fin et trop de
méditations fatigue la chair.

13 Parole finale : tout est accompli, crains Elohim et garde ses commandements, car c'est là tout l'homme !
14 Car Elohim fera venir toute œuvre en jugement, tout ce qui est caché,
soit le bien, soit le mal.

1

Un livre et des paroles

« *Ce qui ajoute à la sagesse de Qohéleth, c'est qu'il a encore enseigné la science au peuple ; il a pesé, examiné, ajusté un grand nombre de proverbes. Qohéleth s'est appliqué à trouver des paroles plaisantes dont la teneur exacte est ici transcrite : ce sont les paroles authentiques. Les paroles des sages sont comme des aiguillons, les auteurs des recueils sont des jalons bien plantés ; tel est le don d'un pasteur unique* ». (Ecclésiaste 12. 9-11)

Nous voici en présence d'un livre qui interpelle, par son contenu autant que par la manière dont les choses sont présentées. Ce qui est visible, dès les premiers mots, c'est que tout ne va pas bien dans la condition humaine. Tout ne tourne pas rond et ce n'est pas si surprenant que cela, diront certains, puisque le monde n'est pas parfait. Alors, pourquoi ce livre ? Pourquoi fait-il partie du canon biblique et surtout, pourquoi devons-nous y retourner alors qu'il commence par une formule pessimiste, disant que tout est vanité ?

Ce livre m'interpelle parce qu'il est l'un des rares, parmi les livres bibliques, à parler aussi directement de la condition humaine à l'aune de la foi. Le livre de l'Ecclésiaste est parfois un chemin droit, souvent un labyrinthe ; un livre où le lecteur est tantôt face à un personnage, tantôt face à une fonction, voire une attitude. Que retenir de ce livre et comment entendre ce genre de discours dans l'expression de notre foi alliée à notre sens critique ? Le regard de l'Ecclésiaste se veut raisonnable, à tout le moins raisonnant, parce qu'il ne se laisse pas emporter par la naïveté ou la crédulité, comme on l'entend de nos jours. Pour le comprendre, il faut l'écouter. Pour l'écouter, il faut aussi être prêt à relever les défis de notre itinéraire personnel.

Problème de définition

Commençons par définir l'origine et le sens du livre qui nous est parvenu. Le nom de ce livre est Qohéleth en hébreu et

31

Ecclésiaste, selon la traduction grecque. L'hébreu *qohelet*[3] dérive de la racine *qahal*, qui signifie « appeler », « rassembler ». De *qohelet* en hébreu, le terme est passé par le grec *ecclesia*, « assemblée » (sens identique à partir du verbe *kaleô*, « appeler ») et renforcé par le latin *ecclesiastes*, il donnera le terme « église ». Sur le plan morphologique, *qohelet* présente un participe féminin au singulier (*qal*) de la racine *qahal*. Puisque *qohelet* a une terminaison en *èt*, il devient nom propre, ce qui le fait facilement sujet, auteur. D'autres formes de la racine *qahal* induisent l'idée de « mettre ensemble », « rassembler » ; etc. Il est à noter que la racine *qahal* ne revient sous aucune autre forme dans le livre. La seule référence est liée à Qohéleth.

Qohéleth est d'abord un rassembleur, un compilateur de sentences et de déclarations philosophico-religieuses. Il ne fait pas de la haute théologie mais il cherche à parler de Dieu, de la vie, du sens à donner à la condition humaine et de la mort. De ce fait, il prend, selon le point de vue de Luther entre autres, la figure de prédicateur, de prêcheur au sein de l'assemblée. Il exprime des principes relatifs à la culture sociale du Proche-Orient ancien.

Le livre fait partie des *ketoubim*, « les Ecrits », et de manière plus traditionnelle des cinq rouleaux (*megilloth*), au milieu de Cantique des cantiques, Ruth, Lamentations et Esther. Il a eu du mal à garder sa place dans le canon de l'Ancien Testament mais comme d'autres petits livres tels que le Cantique des cantiques ou Esther, il a finalement été accepté[4]. Il compte parmi les livres de sagesse mais il contient aussi de la poésie

---

[3] La transcription de l'hébreu s'écrit tantôt *qohelet*, tantôt *qohéleth*, la dernière consonne de l'alphabet, *tav*, étant habituellement rendue par *th* ou *t*. Dans le cadre de notre réflexion, nous utiliserons *th*.

[4] La difficulté au sujet de Qohéleth venait de ses apparentes contradictions. « Les sages cherchaient à rejeter le livre de l'Ecclésiaste parce que ses affirmations sont contradictoires. Pourquoi cependant le gardèrent-ils ? Parce qu'il commence et finit par des paroles de la *tora*. Il commence ainsi, puisqu'il dit : « Quel profit revient à l'homme de toute la peine qu'il prend sous le soleil ? » (1,3). Ceci, d'après l'école du rabbi Jannaï, signifie : un homme ne tire aucun profit de ce qui existe sous le soleil, mais il en tire de ce qui préexiste au soleil, j'ai nommé la *tora*. Quant à la fin du livre, on y lit ceci : « Ecoutons la conclusion générale : crains Dieu et garde ses commandements ; c'est le tout de l'homme. » (12,13). Que signifient les derniers mots ? Que le monde entier fut uniquement créé pour cela, pour la *tora*. » (*Chabbath* 30b).
Par ailleurs, l'Ecclésiaste trouve également un écho dans la rivalité entre l'école de Chammaï et celle de Hillel. L'Ecole de Chammaï, connue pour sa rigidité et son conservatisme, accepta l'Ecclésiaste sans broncher tandis que l'école de Hillel, plus ouverte sur de nombreuses questions, adopta une position beaucoup plus difficile.

sociale, politique et métaphysique. Dans tous les cas, il s'adresse à l'homme sensible et averti, à l'homme disposé à considérer attentivement le sens de la vie.

C'est ce qui explique sa place dans la littérature sapientiale, littérature du genre _hokmah_, « sagesse ». Une telle littérature est porteuse de maximes, de préceptes ou de conseils pratiques fondés sur une observation lucide et raisonnée des lois de l'existence humaine, de la nature, des êtres et des choses. Elle est également le reflet des rapports sociaux, politiques, de l'exercice du pouvoir et fort probablement de la nécessité d'une morale dans l'histoire de l'homme.

Plan du livre[5]

I. Premier discours : vanité de la sagesse humaine, ch. 1-2

1. Thème fondamental : vanité des efforts humains, 1.1-3

2. Développement du thème (1.4-2.26)

> (a) Vanité inhérente à l'humaine condition, 1.4-11
> (b) Futilité de la sagesse humaine, 1.12-18
> (c) Vanité du plaisir et des biens terrestres, 2.1-11
> (d) Fin inéluctable des sages, 2.12-17
> (e) Vanité de tout héritage légué après un dur labeur, 2.18-23
> (f) Accepter sans broncher les bienfaits de Dieu, 2.24-26

II. Second discours : soumission aux lois de l'existence, ch. 3-5

1. Etre sage face à la vie et à la mort (ch. 3)

> (a) Un temps pour tout sous le soleil, 3.1-9
> (b) Dieu seul maîtrise les vraies valeurs, 3.10-15
> (c) Dieu juge les méchants, 3.16-18
> (d) Universalité de la mort, 3.19-20
> (e) Jouir du présent face à un futur incertain, 3.21-22

2. Insatisfactions de la condition humaine (4.1-16)

> (a) Oppression et malheur, 4.1-3

---

[5] Voir Gleason L. ARCHER, Introduction à l'Ancien Testament, Emmaüs, Saint-Légier, (Suisse) 1978, p.532-534.

(b) Jalousie, paresse et convoitise, 4.4-8
(c) Risques de la solitude, 4.9-12
(d) Instabilité du pouvoir politique, 4.13-16

3. L'égoïsme est une vanité (4.17 et ch. 5)

(a) Futilité des sacrifices mensongers, des promesses en l'air, 4.17-5.6
(b) Rétribution des oppresseurs et déconvenue pour les insatiables, 5.7-16
(c) Joies légitimes et gratitude, 5.17-19

III. Troisième discours : les richesses terrestres ne sont que vanité, ch. 6-8

1. Caractère illusoire des succès du monde (ch. 6)

(a) Richesse et famille nombreuse, 6.1-6
(b) Vaine agitation, 6.7-9
(c) Interrogations existentielles persistantes, 6.10-12

2. La sagesse dans un monde pollué (ch.7)

(a) Considérer attentivement la tristesse et la mort, 7.1-4
(b) Vanité du rire des fous, de biens mal acquis et de l'irritation, 7.5-9
(c) Sagesse vaut mieux que richesse, 7.10-12
(d) Dieu contrôle tout, 7.13-14
(e) L'extrémisme est délétère, 7.15-18
(f) La sagesse est une force, 7.19
(g) Universalité du péché, 7.20
(h) Apprendre à relativiser les opinions d'autrui sur soi, 7.21-22
(i) Vanité que de chercher la sagesse par soi-même, 7.23-25
(j) La femme perverse est dangereuse, 7.26
(k) Réalité de la chute, 7.27-29

3. Accepter que le monde soit imparfait (ch. 8)

(a) Respecter les autorités, 8.1-5
(b) Difficile d'éviter les malheurs, les injustices et la mort, 8.6-9

(c) L'impunité des méchants aura une fin, 8.10-13

(d) La grâce d'apprécier la vie, 8.14-15

(e) Les voies de Dieu sont impénétrables pour la sagesse humaine, 8.16-17

IV. Quatrième discours : Dieu a un regard sur les injustices terrestres, ch. 9.1-12.10

1. Exploiter la vie malgré la menace de la mort, ch. 9

(a) Universalité de la mort et universalité de la dérive morale, 9.1-3

(b) La mort est irréversible, 9.4-6

(c) Apprécier les bienfaits de l'existence, 9.7-10

(d) Succès éphémères et durée incertaine de la vie, 9.11-12

(e) La sagesse, même méprisée, est supérieure à la force, 9.13-18

2. Risques inhérents à l'existence et conséquences de la folie (ch. 10)

(a) Petite folie et grand désordre, 10.1-4

(b) Revers, punitions et risques, 10.5-11

(c) Paroles creuses et efforts vains de l'insensé, 10.12-15

(d) Apprendre à être responsable, 10.16-19

(e) Apprendre à ne pas mépriser les puissants, 10.20

3. Comment gérer sa vie avec sagesse (11.1-12.10)

(a) Prévoyance et générosité, 11.1-2

(b) Faire confiance à Dieu pour l'avenir, 11.3-5

(c) Travailler avec optimisme, 11.6-8

(d) Vivre sa jeunesse, avec la crainte de Dieu, 12.1-2

(e) Servir Dieu dès le jeune âge, avant qu'il ne soit trop tard, 12.3-10

V. Conclusion : en chemin de foi et d'éternité, 12.11-16

1. Projet sapiential et didactique de Qohéleth (12.11-12)

2. Priorité des paroles de sagesse sur de nombreux livres, 12.13-14

3. Priorité absolue de la crainte de Dieu, 12. 15-16

L'auteur

Les exégètes ne sont pas tous d'accord pour identifier Qohéleth.
On pense qu'il y a un éditeur qui introduit brièvement et qui
fait l'épilogue et un auteur des sentences. Qohéleth est tantôt vu
comme un substantif pour parler d'un homme d'assemblée ou
d'un prédicateur qui s'adresse à une assemblée, tantôt comme
un roi qui se donne pour nom ou pour qualificatif Qohéleth, ce
qui légitimerait son discours. Qohéleth viendrait aussi comme
une prise de distance de toute référence au vrai nom du roi,
même s'il y a l'expression « roi de Jérusalem ». A ce sujet
justement, on pourrait se demander si c'est Qohéleth qui est roi
de Jérusalem ou David, roi de Jérusalem ? Le doute est vite
dissipé puisque l'auteur finira par s'identifier à un roi, même s'il
ne rattache aucun nom à ce titre.

A la suite de Martin Luther et d'autres critiques, Qohéleth
serait plutôt une œuvre postexilique. Parler de Salomon en tant
qu'auteur ne serait qu'un simple procédé ou une astuce
littéraire légitimant le discours d'un écrivain plus tardif, même
s'il reste inconnu. La référence à Salomon, dont l'histoire
biblique retiendra qu'il fut un homme aux grandes ambitions
humaines, politiques et cultuelles, trouve une certaine logique
dans le fait qu'il fut aussi l'homme ayant goûté à tous les
plaisirs terrestres. A la fin, il était le mieux placé (expérimenté)
pour mettre en évidence la vanité d'une jouissance hédoniste et
des succès intellectuels ou politiques en comparaison avec une
vie consacrée à Dieu et à ses commandements.

Parmi les différentes raisons avancées pour défendre
l'argument d'un autre auteur que Salomon, il y a la question
linguistique. En effet, Qohéleth contient des aramaïsmes, ce qui
confirmerait sa provenance d'une période postexilique. Certains
spécialistes ont même avancé l'idée que Qohéleth contient des
influences cananéennes et phéniciennes mais un contexte
phénicien ou araméen n'exclut pas nécessairement la possibilité
que Salomon en soit l'auteur. La Bible fait état du
développement considérable des relations internationales
(politiques et économiques) sous le règne de Salomon, ce qui
signifie que la cour royale était en contact avec des peuples de
langue phénicienne et des populations de langue araméenne.

Or, la tradition présume qu'il s'agit de Salomon puisque c'est le
seul fils de David, roi de Jérusalem, reconnu pour sa réflexion et

sa sagesse. Il n'est pas explicitement nommé dans le texte, mais il s'apparente bien à celui qui a certainement hérité de son père poète. Mais il devient discoureur, sociologue avant l'heure, parce qu'il se dégage de ses propos un sens aigu d'observation de l'existence humaine. Par ailleurs, d'autres indices, comme sa sagesse sans pareille (1.16), son amour des plaisirs de la chair (2 .3), ses grands chantiers (2.4-6), sa puissance exprimée par le nombre de ses serviteurs (2.7), sa richesse et sa grandeur sans rivales (2.8-9) font que Salomon entre bien dans ces traits. La tradition[6] laisse entendre que dans sa jeunesse il écrivit le Cantique des cantiques (*poème des poèmes*), un peu plus tard et avec plus de maturité, les Proverbes (*les exemples*) et sous le poids des années, après avoir tout vu et tout entendu, il a écrit Qohéleth.

Penser à Salomon n'est ni fortuit ni innocent. Pour cela il y a, d'une part, le lien avec la Sagesse, très fortement présente dans ce livre, et de l'autre, il suffirait de prendre l'apposition « fils de David », qui s'inspire probablement de Proverbes 1.1 : « Proverbes de Salomon, fils de David ». Il y a là une sorte de filiation directe au premier degré, ce qui pousse à identifier Qohéleth au roi Salomon. En outre, la fin du livre laisse entendre que le sage s'adresse à son fils, sur le même registre qui est présent dans le livre des Proverbes. Et le premier nom qui vient à l'esprit dans ces cas-là, c'est bien celui de Salomon. Il n'aurait pas été difficile pour quelqu'un comme lui, à qui l'on prête trois mille sentences de sagesse et mille et cinq cantiques (1 R 4.30-34), lui dont le sens de la justice est devenu proverbial... de se poser en homme de déclarations solennelles. Seul le Sage pouvait se moquer un peu de la sagesse, comme chacun sait le faire de son propre métier, lorsqu'il sait se remettre en question ou simplement lorsqu'il a un peu d'humour. On sent l'homme d'expérience blasé, fatigué, parce que la vie ne serait que répétition ou vanité. Tout paraît important au départ mais après réflexion, les projets des hommes sont comme des soupirs qui disparaissent à peine exprimés...

Ce n'est donc pas sans fondement que la tradition attribue le texte au roi Salomon. Tout le laisse croire, en particulier des déclarations comme celles-ci : « Moi, Qohéleth, j'ai été roi sur Israël, à Jérusalem. J'ai eu à coeur de chercher et d'explorer par

---

[6] La tradition juive dit, d'une part, qu'Ezéchias et ses associés écrivirent l'Ecclésiaste (*Baba Bathra* 15a) et de l'autre, elle affirme explicitement que c'est Salomon qui a écrit le livre de l'Ecclésiaste (*Megilla* 7a et *Chabbath* 30).

la sagesse tout ce qui se fait sous le ciel. C'est une occupation de malheur que Dieu a donnée aux fils d'Adam pour qu'ils s'y appliquent. [...] J'ai acheté des esclaves et des servantes, j'ai eu des domestiques, et aussi du gros et du petit bétail en abondance plus que tous mes prédécesseurs à Jérusalem. J'ai aussi amassé de l'argent et de l'or, la fortune des rois et des Etats ; je me suis procuré des chanteurs et des chanteuses et, délices des fils d'Adam, une dame, des dames. Je devins grand, je m'enrichis plus que tous mes prédécesseurs à Jérusalem. Cependant ma sagesse, elle, m'assistait. » (1.12-13 ; 2.8-9) [7].

Plus loin il sera aussi question de Dieu, du culte, de la sainteté. N'est-ce pas Salomon, le roi sage qui a concrétisé le projet de David, roi guerrier, de bâtir un Temple à la gloire de Yahvé ? N'est-ce pas lui qui a construit et dédicacé le Temple, qui portera d'ailleurs le nom de « Temple de Salomon » (plutôt que « Temple de David »), qui organise et centralise le culte à Jérusalem, ville choisie par Dieu lui-même pour y faire résider son nom[8] ? D'ailleurs, Daniel LYS rappelle que la fonction de rassembleur est vécue par Salomon lors de la dédicace du Temple (1 Rois 8.1s) et qu'il est sans doute le principal orateur lors de cette assemblée[9]. Si c'est bien Salomon, disons que Qohéleth est simplement un pseudonyme, grâce auquel il s'autorise une liberté de parole...

Toutefois, dans l'ensemble du livre, Qohéleth ne tient pas tant à être identifié à Salomon. Mais il donne l'impression de revendiquer un statut analogue, s'appuyant sur un cursus royal, et même plus, pour légitimer sa démarche. Il se donne ainsi une marge de manœuvre pour critiquer le pouvoir et ceux qui le subissent de différentes manières, puisque le pouvoir attire toujours des contradictions, de l'opposition et même des menaces. Le lecteur sent qu'il a affaire à un homme ayant

---

[7] En parlant de Jérusalem, Qohéleth dit qu'il a surpassé tous ceux qui l'y ont précédé (1.16). Une telle affirmation laisserait entendre qu'il a surpassé tous les rois qui furent avant lui à Jérusalem. Rappelons, si nous parlons de Salomon, qu'il n'y a eu que deux rois avant lui, Saül et David, ce dernier étant son prédécesseur direct sur le trône. Il est également vrai que Jérusalem a eu d'autres rois avant la monarchie israélite, Melchisédek étant un illustre exemple. Toutefois, comprenons plutôt que le texte hébreu dit qu'il s'agit de « tous ceux qui ont été avant » lui à Jérusalem, ce qui renverrait plutôt à 'tous les sages' qui l'auraient précédé dans cette ville. Il fait ici un traité de sagesse et non de politique. 1 Rois 4.31 fait état de la supériorité de Salomon par rapport à Ethan, l'Ezrachite, à Héman, Calcol et Darda, probablement des sages ayant vécu ou séjourné dans la Jérusalem pré-davidique.

[8] 2 Chroniques 6.6; 12.13 (voir également Deutéronome 12.5).

[9] D. LYS, L'Ecclésiaste ou Que vaut la vie ? Letouzey et Ané, Paris, 1977, p. 53.

pratiqué l'autorité, les discours, les négociations, la justice, un homme qui a connu le deuil et qui, sans aucun doute, a vu la mort rôder autour de lui.

En commençant la lecture de ce livre nous découvrons que tout repose sur un constat de vide, et pourtant la nature a une si grande horreur du vide...Toute l'intention du discoureur se trouve concentrée dans ces paroles teintées de pessimisme *hevel hevelim hakol havel*, « vanité des vanités, tout est vanité ». A en croire André Chouraqui, dans l'introduction de sa traduction du livre de l'Ecclésiaste, l'auteur ne porte pas nécessairement un jugement de valeur sur la vie. Il fait plutôt le constat que la vie est une buée, une vapeur, une vanité.

Chercher à commenter ce texte si profond et si interpellant, n'est-ce pas une démarche risquée, celle qui finirait aussi comme un soupir ? Mais je veux aussi pousser un soupir sur la vie parce que le souffle de l'homme vient de Dieu et tout soupir finit aussi chez le Seigneur de la vie. D'ailleurs l'homme a reçu de Dieu lui-même, à l'origine de son histoire, le souffle vital, faisant de lui un être différent de toute autre créature, un être pensant, un être inventif. Parce qu'il existe, il peut donc penser, à l'inverse du modèle de Descartes et de son fameux *Cogito, ergo sum* « je pense, donc je suis ». L'homme biblique se situe plutôt sur le registre du *Sum, ergo cogito*, « je suis, donc je pense ».

La tonalité du livre

Qohéleth se veut réaliste, même si très souvent son verbe devient pessimiste. Il n'hésite pas à dire que tout est vanité et poursuite du vent ; il lui semble que la vie est remplie de faits et gestes, de paroles et de silences, de passions et de désirs mais que tout cela finit par être inutile. Le pessimisme apparent trouve un écho dans des propos contradictoires. André Néher dit que « deux éthiques contradictoires s'affrontent dans Qohélet. L'une de sagesse raisonnable, l'autre d'irraison perplexe. L'une confortablement installée dans la voie moyenne ; l'autre rôdant aux extrêmes et provoquant soit l'interrogation inquiète, soit l'ironie cynique, soit le pessimisme désabusé. La prudence et l'aventure ont conclu un pacte dans Qohélet et y marchent de pair »[10].

Les discours du penseur ne laissent pas indifférent. En dépassant les propos contradictoires, nous découvrons un

---

[10] André NEHER, Notes sur Qohélet, Les Editions de Minuit, Paris, 1951, p. 12.

homme qui à coup sûr n'est pas indifférent à ce qui se passe dans le monde. Et il le dit avec passion. Parlons justement de la passion ! Ce terme peut se comprendre de deux manières : soit elle définit ce que l'on souffre dans notre pleine conscience, c'est-à-dire dans la trinité humaine, le corps, l'âme et l'esprit ; soit elle se comprend comme la concentration volontaire d'une dynamique tendue vers son but, ce qui fait le fondement même de tout projet et de toute œuvre durable.

La passion, c'est Qohéleth et ses questions ou déclarations contradictoires ; c'est aussi Phèdre et son tourment, Rodrigue et son dilemme. Mais elle ressemble tant à Napoléon et ses conquêtes, Charles de Gaulle et sa grande idée de la France. C'est peut-être vous-même, cher lecteur, avec la grande idée que vous cherchez depuis longtemps pour vos proches ou pour le bien de l'humanité... En énonçant des propos qui mettent en avant des contrastes, des extrêmes dans le sort de l'homme, Qohéleth flirte avec la grandeur de l'homme, tout comme il le surprend dans sa petitesse et sa bassesse. En l'écoutant parler, j'entends dire de l'homme qu'il est capable du meilleur comme du pire. L'homme qui ne sait pas dépasser sa condition ne produira que la vanité, puisque lui-même doit inéluctablement retourner à la poussière...

Bon nombre de commentateurs ont voulu voir en Qohéleth quelqu'un qui n'aurait qu'une lecture philosophique de l'existence, d'un point de vue épicurien, presque laïc. Ne serait-ce pas un peu hâtif et facile de séparer la démarche de Qohéleth en voyant d'une part un penseur, un philosophe cherchant et proposant une lecture rationnelle de la condition humaine et de l'autre un homme de foi convaincu de l'existence de Dieu et de son action salutaire en faveur de toute l'humanité ? Mais il faut reconnaître qu'il ne renie ni l'alliance avec le Dieu d'Israël ni le désir de réflexion. Il veut sans doute dire que la foi et l'espérance prennent de la signification à partir du moment où l'homme (et aussi l'assemblée) raisonne et trouve encore du sens à sa vie, malgré toutes ses interrogations et ses difficultés d'expliquer le *pourquoi* et le *comment* de certaines situations.

Qohéleth ne provoque ni colère ni indifférence. Ses propos suscitent un intérêt dès lors qu'ils s'inscrivent dans une réflexion où l'homme se sent concerné de manière simple par ce qui lui arrive. N'oublions pas que Qohéleth emprunte un ton sobre, jamais accusateur. Il observe, il comprend, il agit : n'est-ce pas là des signes d'intelligence et de bon sens ?

Les thèmes

Le thème générique du livre est une quête du sens de la vie. Le prédicateur, dans le rôle d'observateur ou de sociologue, examine la vie sous différents angles d'approche pour y trouver un intérêt satisfaisant. Cet observateur, qui ne reste pas toujours objectif, découvre en Dieu le souverain maître de la vie des hommes, ces fils d'Adam pris dans une condition où règne l'imperfection. Toutefois, les humains doivent apprendre à saisir, chaque jour, la vie que Dieu leur donne, apprendre à lui faire confiance dans les choses simples et le glorifier dans le sens qu'il est seul à pouvoir faire ressortir.

Au-delà des aspects contradictoires, le livre propose un cheminement entre le constat de la vanité des choses qui se passent sous le soleil et la foi en un Dieu qui amènera toutes choses en jugement. Ainsi, l'auteur énonce ses théories, maximes et sentences autour des thèmes suivants :

- Le bien-être de l'homme
- Dieu et les hommes
- La futilité et l'éphémère
- Le temps et la chance
- Le profit et l'héritage
- Le travail et l'effort
- La richesse et la pauvreté
- Le pouvoir et la domination
- La mort et l'éternité
- La sagesse et la folie
- Le comportement et le jugement

Une exigence s'impose : dans sa façon de traiter les thèmes, il faut faire la différence entre un ton dogmatique (la volonté d'imposer ses croyances), que l'auteur n'emprunte pas nécessairement, et un ton parénétique (c'est-à-dire visant à l'exhortation), utilisé plus fréquemment. A-t-il la subtilité de nous emmener sur un terrain apparemment provocateur pour attendre de notre part une lecture au second degré ? Une lecture primaire de certains de ses propos ne laisse planer aucun doute : Qohéleth est un être fatigué et découragé par ce qu'il a vu de l'homme et du monde dans lequel il évolue. A ce niveau, il ressemble tant à plusieurs d'entre nous, avec de nombreuses questions inhérentes à la condition de l'homme sur une planète d'où montent des prières remplies de foi et d'espérance...

Il est donc logique que le livre de l'Ecclésiaste appartienne à la littérature sapientiale et le lecteur est en droit d'en attende quelque chose de concret, de positif et d'utile. Mais une question surgit : comment être sûr d'y arriver, si la première sentence tombe comme une annonce de fin et non de commencement : « Vanité des vanités, vanité des vanités, tout est vanité » (1.2) ? Pour avoir la réponse, il faut accepter d'aller jusqu'au bout, faire le chemin avec l'Ecclésiaste, le deuxième mile, comme le dira plus tard le Christ... un deuxième mile qui permettra d'appréhender sous différents angles les conclusions de cet homme qui ne perd pas la foi au cours de son périple. Pour le comprendre, il faut le suivre et être prêt à l'accompagner dans les méandres de son discours. Pour le prendre à ses propres mots, c'est un peu comme courir après le vent et essayer d'en retenir un souffle.

La portée théologique

Y en a-t-il réellement, direz-vous ? Oui, puisque malgré les difficultés à entrer dans le canon biblique, le livre est porteur de la Parole de Dieu et de paroles sur Dieu, en tout cas sur ce que l'expérience de la vie de Qohéleth propose comme lien avec Dieu. Mais disons également qu'il ne cherche pas à élaborer une doctrine, théologique ou philosophique[11]. Il parle de Dieu plus qu'il ne parle à Dieu, sa démarche étant de confronter toute idée ou pensée à la réalité humaine.

Des paroles d'homme peuvent-elles devenir Parole de Dieu ? C'est le défi inhérent au contenu même du livre. Qohéleth devient le prédicateur sur la vanité de l'existence humaine mais il dessine quelques grandes lignes qui méritent une attention particulière :

- Il n'y a rien de nouveau sous le soleil
- Dieu porte un regard sur la condition humaine
- Il y a un temps pour tout sous les cieux
- Dieu a mis en l'homme le sens du temps durable
- La justice ici-bas n'est pas toujours juste
- La mort guette tout être vivant que Dieu a créé
- Les morts sont plus heureux que les vivants

---

[11] Voir Daniel LYS, *op. cit.* ; p. 77.

- Il vaut mieux écouter Dieu que de trop parler de lui
- Le bonheur est légitime
- Dieu a fait les hommes droits
- L'homme a l'art de compliquer les choses simples
- La crainte de Dieu est primordiale
- L'homme laisse son cœur se remplir de méchanceté
- Dieu amène toutes choses en jugement

Ce livre ressemble de près ou de loin aux *Pensées* de Pascal ou aux *Maximes* de La Rochefoucauld, c'est-à-dire une série de déclarations, d'aphorismes, de maximes, de sentences, de proverbes qui sont assemblés ou rassemblés en vrac, sans un fil conducteur repérable. C'est propre à l'époque dira-t-on, mais en même temps cette manière de procéder fait ressortir des contradictions, parfois embarrassantes pour le croyant qui aime des certitudes, souvent déstabilisatrices pour le littéraire qui cherche une articulation cohérente et soutenue.

La théologie est à juste titre porteuse de révélation. Comprenons-nous bien, puisque le malentendu vient de l'interprétation qu'on donnerait à ce terme. C'est Dieu qui se révèle à l'homme plus que ce dernier n'aurait des choses à dire sur la divinité. Il y a dans le livre de l'Ecclésiaste des pensées qui font appel à l'attention du croyant et c'est à cela que je m'intéresserai.

En plus, le livre de l'Ecclésiaste faisait partie des lectures principales des jours de la fête des Souccoth (fête des tabernacles, fête des tentes, des cabanes ou des huttes). Peu à peu, elle s'est trouvée associée, dans l'évolution théologique globale, à la fête de la dédicace du Temple de Salomon, à celle de la dédicace du sanctuaire de Béthel par Jéroboam après le schisme et fête de la restauration liturgique à Jérusalem. D'une manière encore plus précise, elle est devenue fête de dédicace du Temple et de l'Autel, donnant au livre de l'Ecclésiaste une dimension rituelle et liturgique.

Qohéleth trouve donc un écho dans toutes les résonances de la fête des Souccoth. Ce livre montre, d'une part, le caractère éphémère de l'existence humaine, de ses limites pour s'en sortir mais de l'autre, le livre parle de Dieu qui est au-dessus de l'homme et qui n'est pas étranger à l'itinéraire de ce dernier. En fait, Qohéleth parle de la Divinité 40 fois en 222 versets, c'est-à-dire deux fois plus qu'il ne parle de la vanité. Qohéleth ne dit jamais « mon Dieu » sans doute parce qu'il veut l'invoquer en tant qu'être absolu, jamais « en relation »[12]. Il ne fait pas de prosélytisme, pourrait-on dire, mais il ne dénonce pas toute relation avec la Divinité. Bien au contraire, nous le verrons ultérieurement, il y fait souvent référence.

Aussi, l'intégration de ce livre à la vie du peuple d'Israël rappelle finalement l'alliance entre un Dieu puissant et des hommes soumis à la fragilité de leur existence. Depuis la sortie de l'esclavage en Egypte à la découverte d'autres menaces à la liberté, l'homme découvre la réalité de la présence de Dieu, même si elle porte aussi son lot de mystères. C'est justement face à l'éphémère que l'homme découvre sa soif d'éternité. Et à cause du constat de la vanité des actions humaines, l'alliance avec Dieu peut prendre tout son sens.

Dans la perspective biblique, la révélation qui suscite la foi devient le lieu de rapports structurants et contradictoires entre Dieu et l'homme et entre l'homme et Dieu. De tels rapports n'ont de sens que lorsqu'ils s'établissent sur la base de la liberté et de la réciprocité, ce qui exige de la part de l'homme une réflexion sur la réalité et surtout la qualité de son engagement. Jusqu'où l'homme serait-il prêt à croire, simplement, même s'il n'arrive pas à tout expliquer, croire de toutes ses forces face à la vanité, pour ne pas dire *malgré* la vanité ? L'essentiel, semble dire Qohéleth, est de savoir que Dieu se rencontre d'une manière ou d'une autre dans l'itinéraire humain.

Conclusion

L'auteur écrit comme il pense et il dit ce qu'il pense sans chercher à nous imposer son style ou ses convictions. Il les partage, comme un poète partage ses émotions sans vouloir nous impressionner. Il attire notre attention lorsqu'il livre son désarroi, n'hésitant pas à partager ses sentiments, même contradictoires, sur la condition humaine. Aujourd'hui, on dirait qu'il réfléchit à haute voix ou qu'il partage son ressenti. Que cherche-t-il sinon, comme un principe de précaution, à mettre en garde tous les idéalistes et les rêveurs ! Il cherche probablement à briser les illusions de ceux qui croient que tout va très bien dans ce monde et que tout est durable.

S'il semble pessimiste, il ne devient jamais nihiliste. Il montre le caractère ingrat de l'existence, des relations humaines, de la vie qui n'est pas toujours reluisante, même pour le roi, mais il

---

[12] *Ib.* p. 78.

ne présente aucune tendance suicidaire ou cynique. Le livre se présente comme un traité de sagesse orientale, dans la même lignée que les Proverbes. Son contenu est axé sur la tradition de la problématique de la sagesse, un peu comme le livre de Job. De ce fait, il faudrait lire ou entendre le livre de l'Ecclésiaste non comme l'expression d'une crise de sagesse mais plutôt celle d'une sagesse critique.

A méditer :

1. Quelle est votre première impression sur l'Ecclésiaste ?
2. Comment considérez-vous la vie sur cette terre ?
3. Pouvez-vous résumer l'existence humaine en une petite phrase ?
4. Quelle est votre appréciation de l'être humain ?
5. Pensez-vous que Dieu teste les croyants dans les épreuves du quotidien ?

2

Courir après le vent

« Paroles de Qohéleth, fils de David, roi à Jérusalem. Vanité des vanités, dit Qohéleth, vanité des vanités, tout est vanité ». (Ecclésiaste 1.1-2)

Éphémère des éphémères, tout est éphémère ! En commençant ainsi son discours, l'auteur pourrait surprendre, puisque le propre de l'ensemble des livres bibliques est d'attirer le regard de tout homme sur le bien-fondé de la vie et de l'espérance inhérente à l'alliance proposée par Dieu à l'homme.

Je me suis souvent interrogé sur la vocation de la Bible à être porteuse de la Parole de Dieu alors qu'elle draine dans son sillage des déclarations et des événements si remplis de paradoxes, de contradictions, la faisant réellement entrer dans la fragilité et dans la vulnérabilité de la condition humaine. Tout serait-il si vain et si éphémère que cela ! L'Ecclésiaste nous entraîne, en tout cas dans les deux premiers chapitres du livre, dans une réflexion qui n'est pas nécessairement source d'égarement et de découragement, mais plutôt prise de conscience réaliste.

Exercice de sagesse

La sagesse, ou l'œuvre d'exploration philosophique, est considérée comme une œuvre de malheur que Dieu a attribuée à l'homme (1.13). De ce fait, l'Ecclésiaste se demande si toute réflexion est utile puisqu'il n'y a rien de nouveau sous le soleil. D'ailleurs, si le temps à venir n'apporte rien de nouveau, quel intérêt aurait l'homme à chercher une grande idée pour tout révolutionner sur la terre ?

Dire que tout est vanité signifie que rien ne vaut la peine d'être considéré avec attention et intérêt pour soi ou pour autrui. A partir de là, la tentative de comprendre les paroles d'un rassembleur d'exemples, ou d'un rassembleur tout court, pourrait se révéler un exercice difficile et vain si ce n'était, paradoxalement, un exercice de sagesse. C'est bien la preuve que la réflexion n'est pas une torture pour l'âme ni une gageure pour l'esprit critique. La réflexion de l'Ecclésiaste ressemble en elle-même à un défi, celui de la cohérence au sein de contradictions, apparentes ou évidentes, implicites ou explicites.

L'Ecclésiaste utilise la notion de vanité dans une variété de phénomènes : les êtres humains, la vie, ou l'un de ses aspects, les actions et les événements. Il faut savoir discerner ces deux derniers. Une action est le *fait* de l'homme, c'est-à-dire de l'homme comme auteur, ce qui est à distinguer d'un *moyen* humain. Les expériences, en particulier ce qui touche aux plaisirs et aux loisirs, peuvent être mises dans cette dernière catégorie, d'autant que l'Ecclésiaste en parle dans le sens d'un comportement sous-tendu par les intentions ou les pensées de l'homme. Les événements correspondent aux circonstances ou aux situations dans lesquelles les êtres humains se trouvent pris, bon gré mal gré.

Aborder la question de la vanité n'est pas une chose aisée, tant les énoncés paraissent contradictoires. Aussi, lire ce que nous avons entre les mains, comme document final, n'est-ce pas une gageure puisqu'il y a le phénomène de distanciation et nous ne sommes jamais sûrs, nous lecteurs modernes et postmodernes, de parvenir aux mêmes conclusions !

Vanité

Le livre commence avec un constat qui s'apparente à un verdict, si ce n'est une conclusion. L'auteur est-il dépité ou annonce-t-il la trame de son discours ? Le défi est grand pour le lecteur d'une manière générale et pour le croyant en particulier. Que les premiers mots d'un livre biblique soient aussi teintés de pessimisme interpelle, alerte, nous fait nous redresser sur notre siège. Si tout est vanité, est-ce que cela vaut la peine d'en poursuivre la lecture ?

Comme signalé plus haut, le premier mot sentencieux est *hevel*. Depuis que la Vulgate de Jérôme a interprété la portée de la métaphore par *vanitas*, ce terme a traditionnellement été traduit par « vanité » mais la plupart des exégètes contemporains privilégient le sens premier, sens littéral de « buée », d'où « futilité » ou « fumée »[13]. Il est intéressant de signaler que le terme *hevel*, qui apparaît 70 fois dans la Bible hébraïque, est utilisé 38 fois dans le livre de l'Ecclésiaste et parmi les mots-clés, c'est l'un des plus récurrents. Il est assez curieux de remarquer que presque tous les emplois de ce mot

---

[13] Voir la version d'André Chouraqui, Nouvelle Bible Segond, etc.

dans la Bible sont métaphoriques. C'est la référence à tout ce qui est passager, instantané, de courte durée, ce qui est presque plus court que le provisoire ou le temporaire. D'ailleurs, le cas le plus illustre est celui d'Abel, dont le nom vient de la même racine. Abel est le premier personnage biblique à avoir une vie courte ; il accède à l'existence et en ressort sans dire un mot. Abel est la buée, le souffle, le soupir ; c'est la vapeur qui disparaît aussitôt apparue.

Le terme *hevel* doit être pris dans son sens propre « buée » aussi bien que dans un sens figuré « vanité ». Le vocabulaire, portant en premier lieu un sens concret, a évolué vers l'abstrait, confortant ainsi la notion de futilité. Ajoutons également les nuances telles que « fugitif, caduc, inconsistant, inutile, décevant, inefficace, inexistant »[14]. L'Ecclésiaste ne semble pas porter un jugement de valeur sur la réalité mais il établit un bilan peu reluisant de ses observations : tout est comme une buée, donc vain !

L'Ecclésiaste pose son regard sur la réalité humaine et fait le constat amer que tout s'efface comme la buée qui monte du sol au matin et disparaît dans le soleil qui se lève. Ce qui existe ou a existé devient rapidement évanescent, caduc, aléatoire. *Hevel* renvoie inexorablement à une réalité tragique qui envahit l'homme avant qu'il n'ait pu en prendre conscience ; elle a disparu dans l'évanescence avant qu'il ne puisse la saisir ; elle est une sorte de néant existentiel. Comme la buée que produit l'homme, invisible, imperceptible, incolore, l'homme ne peut que contempler la réalité, l'expérimenter, l'éprouver, la suivre du regard et la voir disparaître. Ainsi, que de fois, n'avons-nous vu certaines de nos aspirations ou même certaines de nos réalisations perdre toute force et toute forme, devenir fugitives ; nous avons le sentiment de produire ou de vivre au milieu des mirages, reflets de nos propres limites.

Aussi, le mot *hevel* devient le filtre de bon nombre de situations qui concernent de près ou de loin l'être humain, dans sa recherche du bonheur. C'est la métaphore de la « buée » qui semble décrire le mieux la condition humaine. Ce terme sonnera comme un leitmotiv pour « dire que le désir de l'homme y est déçu, sa poursuite du bonheur contrée, sa recherche d'un sens mise en échec. L'attente de l'homme n'est jamais comblée autant qu'il le voudrait, et souvent elle est totalement frustrée ; dans la

---

[14] Etienne GLASSER, *Le procès du bonheur par Qohelet*, in Lectio Divina, 61, Cerf, Paris, 1970, p. 20.

meilleure hypothèse, le bonheur recueilli est encore insignifiant »[15].

Tout est vanité, d'autant plus que l'homme ne semble tirer aucun profit de tous ses efforts. Le verset 3 du premier chapitre tombe comme une sentence : « quel avantage revient-il à l'homme de toute la peine qu'il se donne sous le soleil ? » et il laisse entendre qu'il n'y en a aucun. Même si au fil de son discours il apportera des nuances et reconnaîtra l'existence de plusieurs formes de bonheur, l'Ecclésiaste semble dire que toute aspiration de l'homme au bonheur ne lui renvoie qu'une « réalité décevante, vide, sans densité aucune, et les efforts de l'homme sont vains et inefficaces »[16]. Dans ce sens, la question de l'effort inutile rencontre celle de l'efficacité de l'engagement de l'homme au sein de la condition humaine. L'homme est probablement livré à lui-même sur cette planète, du moins c'est l'impression que de nombreux individus ont de leur itinéraire et ils arrivent trop souvent à la conclusion que, quels que soient les efforts et les bonnes intentions, tout semble vraiment vain et éphémère. Il fait des efforts mais donne si souvent l'impression de courir après du vent, de travailler pour rien. Les rêves de l'homme tiennent à peu de choses…

Est-ce que son jugement s'apparenterait à un raisonnement philosophique ? Porte-t-il un regard d'esthète sur son environnement et tout ce qui le fait vivre ? Ce qui rend le suivi de ses propos difficile, c'est que parfois il juge ce qu'il voit et à d'autres moments, il semble émettre des conclusions hâtives, en employant des formules lapidaires qui pourraient mettre en doute la logique de son raisonnement.

L'Ecclésiaste n'est pas quelqu'un qui déraisonne et qui énonce des formules à l'emporte-pièce. Je ne peux m'empêcher de voir en lui un observateur expérimenté qui, après bien des années de rencontres, de relations avec ses semblables, constate une certaine futilité propre aux actes humains. Plus que des rendez-vous ou des actes manqués, la vie est si souvent prise dans l'illusoire et l'éphémère…

Absurdité

Le terme *hevel* prend aussi la notion d'« absurdité ». Celle-ci s'apparente naturellement à la difficulté d'établir un rapport entre l'observation des êtres et des choses et l'analyse que l'on

---

[15] *Ib.*
[16] *Ib.* p. 21.

pourrait en faire. L'Ecclésiaste emploie dans ce cas le terme *hevel* en relation avec l'autre notion assez récurrente dans le livre, celle de la « peine » inhérente au travail et à la dureté naturelle de l'effort (2.11,19,21,23 ; 4.4,8,9 ; 9.1)[17].

Est-ce que l'Ecclésiaste rejoindrait ici les existentialistes qui ont essayé de démontrer l'absurdité de l'existence ? Est-ce qu'il donnerait raison à Jean-Paul Sartre qui disait que « tout existant naît sans raison, se prolonge par faiblesse et meurt par rencontre » ? Certes l'existence, d'un point de vue nihiliste et pessimiste, correspondrait à trois verbes, naître, vivre et mourir et l'homme n'en choisit aucun de manière naturelle[18]. Sartre a fondé un existentialisme athée et prôné l'engagement, tandis que l'Ecclésiaste développe une forme d'existentialisme croyant et prône également l'effort face à la vanité.

Dans ce sens, on observe que l'homme s'évertue à faire beaucoup de choses, par son investissement cérébral ou physique, pour appréhender le sens de sa condition ou pour l'améliorer, mais tout cela devient absurde : il travaille en vain. Il ne parvient pas, même avec beaucoup de peine, à acquérir la sagesse, à saisir l'intelligence pour comprendre ce qu'il voit ou devrait voir.

A ce stade, l'Ecclésiaste m'entraîne sur le même terrain qu'Albert Camus qui évoque aussi la notion d'absurdité. Ne dit-il pas « que le sentiment de l'absurdité ne naît pas du simple examen d'un fait ou d'une impression mais qu'il jaillit de la comparaison entre un état de fait et une certaine réalité, entre une action et le monde qui la dépasse. L'absurde est essentiellement un divorce. Il n'est ni dans l'un ni dans l'autre des éléments comparés. Il naît de leur confrontation »[19]. Toutefois, il faut rappeler que Camus propose de surmonter le désespoir inhérent à l'absurdité par une ouverture et un regard lucides sur le monde. Cette lecture repose sur l'humanisme qui veut donner à l'homme sa vraie place et sa valeur dans l'univers en vue d'assurer son épanouissement. Pour Camus, l'effort à fournir est certainement un regard empreint de sagesse que l'homme peut porter sur son quotidien.

---

[17] On se rend compte que le travail est naturellement présent dans la condition humaine et la Bible elle-même en parle, dès ses premières pages.

[18] Il est vrai qu'il y a l'avortement, le refus de s'alimenter et le suicide, ce qui relève aussi d'une sorte de négation. L'Ecclésiaste ne semble pas y orienter sa pensée.

[19] A. Camus, Le mythe de Sisyphe, Gallimard, Paris, 1942, p. 48. Reconnaître l'absurdité de la vie ne faisait pas nécessairement de Camus un nihiliste. C'est plutôt l'occasion, disait-il, de vivre et de créer.

Le fait de ne pas acquérir la sagesse - et dans le meilleur des cas de croire qu'on l'a acquise — n'empêche personne de se retrouver face à l'inéluctable question de la mort : c'est autant valable pour le sage éventuel comme pour l'insensé. En d'autres termes, la vie devient absurde que l'on soit sage ou insensé puisque la mort attend tout le monde au tournant. Mais, attention, ne nous précipitons pas encore dans des conclusions ni hâtives ni définitives : le fait de dire *hevel* ne dit pas que tout se résume à une buée, un soupir, une évanescence...

Cette envolée sémantique chez l'Ecclésiaste ne nous autorise pas à dire que *hevel* a une connotation exclusivement péjorative, de même que la notion de peine ou de travail.

Le caractère absurde qui ressort du constat de l'Ecclésiaste est propre au déroulement même de l'existence humaine : il y a une sorte de vanité et de futilité, non pas dans la nature humaine mais dans ce qui l'entoure, puisque force est de constater la brièveté et la fragilité de l'itinéraire de l'individu, la stérilité de certains efforts et la fin biologique de l'humain qui est si ressemblante à celle de toute espèce vivante, en particulier des animaux. S'il constate que *hevel* correspond bien à l'existence de l'homme, c'est sans doute parce que l'homme ne survit pas toujours à tout ce qu'il construit ou essaye de construire. Regardez autour de vous : les noms restent gravés sur du marbre, sur des stèles ; aujourd'hui nos souvenirs sont encore plus vivants parce que des photos, des films, des enregistrements de voix demeurent mais l'individu retourne à la poussière. Des architectes élèvent des tours qui ont cent ans ou bientôt deux cents ans d'âge mais eux-mêmes ont disparu, même si leur nom est gravé sur un coin de l'édifice. Nous avons si souvent l'impression de vivre davantage avec nos souvenirs et nos rêves brisés qu'avec une vraie prise sur la réalité. L'homme est si fragile qu'il doit peut-être chercher le sens de la vie ailleurs que dans ses propres travaux, ses succès, en particulier ses réalisations les plus appréciées et les plus médiatisées.

Il suffit de regarder autour de soi notre quotidien et son lot d'informations, de nouvelles qui retiennent l'attention le temps d'une pensée ou d'une conversation. Les informations qui bouleversent la planète un matin sont remplacées par d'autres le lendemain. Les célébrités qui sont sous les projecteurs aujourd'hui se retrouvent si souvent dans l'ombre, presque effacées par d'autres célébrités qui, au moins dans certains esprits, n'ignorent pas que leur gloire d'aujourd'hui ne tient qu'à un fil. Ce caractère absurde de la condition humaine prend des apparences de réussite, de succès lorsque certaines personnalités sont portées aux nues, consacrées par les médias ou par l'intelligentsia ; mais que se passe-t-il réellement sinon une course effrénée vers l'image, l'appréciation, le besoin d'être vu et considéré ! Dans tous les domaines, certains sont des dieux aujourd'hui, des héros et demain ils sont dépassés, comme si une date de péremption était implicitement rattachée à l'environnement de l'homme. Cette réalité révèle combien les valeurs humaines sont relatives et surtout inconstantes. De manière plus tragique encore, un individu en bonne santé au réveil ne sait pas s'il terminera sa journée : il suffit d'une négligence ou d'un accident et la vie devient une buée qui s'en va sans prévenir. Et aucun de nous n'est à l'abri de ces risques.

L'homme fait de grandes choses mais il est si petit dans l'immensité de l'univers. L'Ecclésiaste ne parle pas de l'homme pris comme un grain de sable dans le cosmos mais il insinue que réellement nous devons faire preuve d'humilité face à tout ce qui nous entoure. Quand des hommes se disputent pour ce qu'ils croient être quelque chose de durable, alors qu'il s'agit de peccadilles, ils se laissent emporter par la vanité. Quand les hommes revendiquent des droits sans se demander quels sont leurs devoirs, là aussi, ils courent après du vent. Que d'énergie et de temps gaspillés lorsque l'orgueil et l'égoïsme prennent le pas sur le bon sens et l'humilité. La vanité n'est jamais loin des pensées de l'homme et l'apparente limite qui les sépare est si vite oubliée.

Mais il faut certainement savoir l'entendre : en ce qui concerne l'importance accordée aux êtres et aux choses, *hevel* –buée prend la signification de l'inconsistance ; en ce qui concerne la vérité, la buée implique le mensonge ; en ce qui concerne l'efficacité, elle indique l'inutilité ; quand les hommes parlent de sécurité et de paix, elle devient synonyme de tromperie et de trahison. C'est de la fumée des beaux discours, c'est la vapeur de la gloire et de l'exaltation humaines qui se dissipe. Et pourtant, ce n'est pas du néant ! L'Ecclésiaste dit que tout se dissipe si facilement mais il ne condamne pas la vie, il ne dit pas que c'est le vide ou le chaos. L'homme doit en tout cas s'interroger et vérifier s'il est capable de porter ce regard lucide sur sa propre condition.

Entre le souffle de vie et la buée

L'homme existe, dit la Bible, parce qu'il est l'œuvre du Dieu créateur. Il a reçu le souffle de vie de la part de Dieu et depuis, il est un être vivant qui se meut sur la terre. Le péché a mis en péril ce souffle et même si la mort rôde autour de lui, l'homme vit et survit face aux aléas de sa condition. Il survit grâce à la vie que Dieu maintient sur cette planète et il peut espérer en une autre vie, d'autant qu'il a en lui la pensée de l'éternité.

Toutefois, il sait que sa vie est fragile, celle-ci ne tenant qu'à un fil. Il doit donc faire attention et gérer le souffle de vie dans son rapport avec tout ce qu'il essaye de faire ou de mettre en place pour améliorer sa condition. Il apprend à exercer sa capacité de discernement et éviter les éléments malsains qui menaceraient ce souffle vital. En somme, il fait de son mieux pour ne pas rendre son existence encore plus *hevel*, c'est-à-dire futile, comme la buée. Le sens de cette vie devrait donner à l'homme une volonté de vivre, d'entreprendre, d'inventer. La vie ne tolère pas la passivité, elle devient action, ce qui lui donne de la grandeur et de la noblesse.

Justement, l'Ecclésiaste semble mettre en garde contre une forme de vanité. Il lui arrive d'attribuer à *hevel* un sens négatif, lorsqu'il l'associe aux mauvaises actions qui se pratiquent sous le soleil (1.14; 2.17). Il le fait également lorsqu'il évoque la double notion de justice ou d'injustice (2.26; 6.1; 8.14). En qualifiant certaines actions ou situations du terme *hevel*, il cherche à mettre en avant sa difficulté à cerner le mal qui se trouve dans le cœur de l'homme. Il en va de même pour la mort, ce terminus de toute existence, ou même pour tous les plans divins qui échappent au raisonnement humain, même s'ils sont bons.

Ce n'est pas la notion de mystère ou le caractère mystérieux de certains événements qui interpellent et émeuvent l'Ecclésiaste mais plutôt leur aspect injuste, inégal ou inéquitable. Il ne parvient pas à rationaliser ces événements, d'où la conclusion que tout cela est une vanité et une course après le vent…

C'est aussi le cas pour de nombreux croyants aujourd'hui encore. Il n'y a pas toujours une explication à tout et malgré cela, la foi demeure parce qu'il y a la certitude que Dieu a un plan de salut pour sauver l'homme du mal moral mais encore plus du mal de vivre, du mal être, de tout ce qui pourrait le ronger et le faire tomber dans un pessimisme irréversible. La foi n'encourage ni le laisser-aller ni le suicide, ce « problème philosophique vraiment sérieux », pour reprendre le mot de Camus[20]. La foi aide à triompher de la vanité.

Tout n'est pas parfait mais...

Tout est vanité, dit l'Ecclésiaste mais tout n'est pas peine perdue. Est-ce contradictoire ? En le suivant jusqu'au bout de son discours, nous l'entendons à deux reprises employer le terme *hevel* comme arrière-plan de l'existence humaine. Il utilise les expressions telles que « tous les jours de ta vie de vanité » et « tous tes jours de vanité » en les intégrant à la série des dons divins.

Finalement, la vanité n'est pas une fin en soi. Elle caractérise des situations et des attitudes, elle enveloppe le travail de l'homme mais elle ne représente pas une fatalité, et encore moins un piège. Il suffit de voir son conseil au jeune homme qui est invité à se réjouir, à profiter de la vie (11.9-10)[21]. Dans ce cas, le terme employé pour parler de futilité, d'illusion, de vanité, n'est plus porteur de pessimisme et de découragement : la vie vaut la peine d'être vécue mais l'homme doit avoir la conscience que Dieu amènera toute chose en jugement.

C'est peut-être là la clé du raisonnement fondamental de l'Ecclésiaste : l'homme doit comprendre que même si ses efforts ne produisent pas toujours des résultats satisfaisants, ce n'est pas une raison de ne rien faire de bon ou de bien, car Dieu jugera toute chose, soit en bien soit en mal. Ainsi, le terme usuel de « vanité » ferait référence uniquement aux conditions existentielles de l'homme. C'est à lui qu'il revient de l'assumer et de chercher, par la foi, à donner un sens à sa vie.

Seul le paresseux développera (le verbe est peut-être mal choisi, n'est-ce pas !) un comportement qui se résume à se laisser vivre, pensant qu'il ne vaut pas la peine de faire des efforts, de suer face à tous les défis du quotidien, puisque cela n'amène que peu de satisfaction. Seul le fainéant croit que les miracles surviennent même si on reste couché, refusant de lever le petit doigt pour concrétiser son engagement dans l'existence. Chacun est responsable de son itinéraire dès qu'il a l'âge de raison et un potentiel physique. Devant la vie et le temps nous sommes tous égaux même si nous ne naissons pas avec une égalité de moyens. Les enfants des riches ne réussissent pas parce qu'ils sont riches et les pauvres ne sont pas voués à l'échec

---

[20] *Ib.*, p. 15.
[21] Certaines versions situent ce passage en 12.1,2.

parce qu'ils ne naissent pas avec un patrimoine déjà bien établi. Quelqu'un peut naître riche et échouer aux différentes étapes de la vie. Un autre peut naître pauvre et réussir sa vie. Les politiques ne manquent pas de parler de l'égalité des chances pendant les crises ou les campagnes électorales, mais nous découvrons que chaque individu est mis devant l'exigence de se frayer un chemin, de creuser son propre sillon. On est ce qu'on devient et on devient ce qu'on fait de sa vie.

Tout n'est pas parfait en ce bas monde, à commencer par l'homme lui-même. Tout n'est pas parfait mais tout est perfectible, à commencer par l'homme lui-même. Dès lors que ce dernier en prend conscience, tellement de choses peuvent changer en lui et autour de lui ! Je me souviens de ce médecin qui m'a reçu dans son cabinet pour un simple examen de routine. Nous avions échangé sur la vie, sur la politique et surtout il m'a demandé si je comptais changer le monde avec mes réflexions théologiques et mon idéal de vie. Je lui ai dit qu'à mon avis les choses n'étaient pas si faciles que cela. Alors il m'a dit la phrase suivante : « vous savez, il suffit qu'un homme change pour que les autres changent aussi... »

Et alors !

La vie n'est pas décriée ici comme une expérience vaine mais c'est la condition humaine qui, avec ses avatars, ressemble à de la buée. En filigrane, le livre ne cherche pas à décourager tout individu de croire en un Dieu bon. Le livre est une opinion sur la réalité humaine telle que Dieu la révèle à l'homme.

Le terme *hevel* n'appartient pas uniquement à la logique de l'Ecclésiaste. D'autres livres poétiques tels que Job ou les Psaumes l'emploient[22]. Il est également présent chez les prophètes. Esaïe l'utilise pour décrire tout ce qui est vain, au sens d'effort infructueux, inutile, illusion, idole, mort, vent, souffle[23]. Jérémie insiste surtout sur le lien avec les idoles et les pratiques idolâtres, en somme ce qui, dans ce type de discours, renvoie au néant[24]. Il ressort, en parcourant le livre du Deutéronome, des Rois et bien sûr des prophètes, que *hevel* a une connotation polémique dans la lutte contre les dieux étrangers.

---

[22] Job 7.16; 9.29; 21.34; 27.12; 35.16. Psaume 39.7, 12 ; 62.10; 94.11.
[23] Esaïe 30.7; 57.13.
[24] Jérémie 10.3,15 ; 16.19; 51.18; Lamentations 4.17.

Chez Job, le mot *hevel* dénote ce qui est illusoire, transitoire, éphémère, trompeur et sans conséquence utile. Les Psaumes font appel à la même signification mais on y trouve le lien avec l'autre terme hébreu *ruach* qui a également le sens de « souffle léger », donc « buée », « vapeur ». Or l'Ecclésiaste ne fait pas appel aux termes synonymes de *hevel*. Est-ce pour mieux mettre en évidence *hevel* ? Fort probablement, car il cherche à insister sur le caractère éphémère de nombreux aspects de la réalité humaine.

Dès lors, l'expression « vanité des vanités » veut probablement établir un contraste entre le néant, l'absence de sens des idoles et la foi en Dieu qui pousse l'homme à la réflexion, d'autant qu'il a mis en lui l'idée de la transcendance. L'auteur veut certainement dire que la vie *est* quelque chose, qu'elle représente un possible parmi tous les possibles même si souvent les résultats produits ici-bas ne sont que pure buée, vapeur, en somme (paradoxe) tout ce que l'homme cherche à produire se dissipe, du moins devient très vite insignifiant.

En chemin avec l'Ecclésiaste, l'homme ne doit pas se décourager parce que son environnement ne semble porter que peu de fruits durables. Si le constat de l'auteur dérange, il faut tout de même se raisonner : il n'est ni négatif ni positif de dire que « tout est vanité ». Ce serait négatif, si l'homme ne tirait aucun parti de la vie, s'il n'essayait de construire aucune joie, aucun bonheur. Ce serait positif, s'il acceptait l'idée que la vie est belle, même s'il y a d'innombrables problèmes sans solution immédiate, d'interminables questions sans réponses. Cette vie sur terre ou sous le soleil vaut la peine d'être vécue dès lors qu'elle est éclairée de la présence divine. Cela me fait penser à un mot de Henri Bergson qui disait que « pour un être conscient, exister consiste à changer, changer à se mûrir, se mûrir à se créer indéfiniment soi-même ». Dieu donne la vie à l'homme : il appartient à ce dernier d'en faire quelque chose d'utile.

L'Ecclésiaste invite à porter un regard lucide sur la réalité. La foi n'empêche pas de raisonner et de trancher dans le vif certains sujets essentiels, à condition de ne pas amoindrir l'homme, de ne pas le déshonorer et surtout à condition de ne pas s'éloigner du chemin de vie et de vérité. Ce qu'il y a de beau et de bien en l'homme, c'est probablement cela qu'il faut chercher, trouver et apprécier. Il n'est pas question d'ostraciser, d'écarter et de dénigrer même le plus opiniâtre de nos contradicteurs, à partir du moment où il n'y a ni insulte, ni menace physique ou morale. Mais une telle démarche, semble dire l'Ecclésiaste, est finalement l'apanage des sages et non des insensés. La vanité existe chez ceux qui aiment la brasser, comme on brasse l'air pour produire du vent. L'éphémère n'est jamais loin de l'homme, fait de poussière, de boue, mais il est permis de croire que Yahvé regarde les fils d'homme pour leur dire qu'il est tout près, disposé à les relever de la poussière qu'ils sont parfois appelés à mordre, heureux de les mettre debout parce que la vie appelle toujours le mouvement. Pour échapper à la futilité, aux tourbillons du vent, il faut apprendre à grimper sur les hauteurs où seul Dieu peut nous conduire...

Conclusion

Vanité des vanités, dit l'Ecclésiaste, tout est vanité ! Le refrain s'inscrit définitivement dans tout esprit et il fait même partie de la mémoire collective. Que restera-t-il donc après un tel constat ? En le suivant dans ces propos, nous avons compris qu'il n'est pas fataliste et désespéré. Il reste fermement croyant, n'appelle jamais à la révolte ou à la rébellion. Il n'encourage nullement de sortir de l'existence par le suicide parce que la vie serait d'une absurdité irréversible.

L'Ecclésiaste finit par rapprocher la brièveté de la vie de la notion du bien. Il semble dire que même si le mal et les inégalités donnent une connotation pessimiste à l'existence, celle-ci vaut toujours la peine d'être connue et partagée, car Dieu fait tout bien en son temps. La fin de son discours n'appelle-t-elle pas à la crainte de Dieu, dès lors que tout est entendu, dès lors qu'il y a une conclusion optimiste ? Aussi, tout bien considéré, face à la futilité des actions humaines, il reste la foi, fort probablement la démarche la plus ... rationnelle !

A méditer :

1. Quelle est votre définition personnelle du terme « vanité » ?
2. Partagez-vous le constat de l'Ecclésiaste ?
3. Comment gérez-vous tout sentiment d'injustice et d'inégalité ?
4. Naître, vivre et mourir ! Que faire de plus ?
5. Quel sens donnez-vous à la foi, face à la fragilité de l'existence ?

3

Tous les fleuves vont à la mer

« Tous les torrents vont vers la mer, et la mer n'est pas remplie ; vers le lieu où vont les torrents, là-bas, ils s'en vont de nouveau. Tous les mots sont usés, on ne peut plus les dire, l'oeil ne se contente pas de ce qu'il voit, et l'oreille ne se remplit pas de ce qu'elle entend. Ce qui a été, c'est ce qui sera, ce qui s'est fait, c'est ce qui se fera : rien de nouveau sous le soleil ! S'il est une chose dont on puisse dire : « Voyez, c'est nouveau, cela ! » -cela existe déjà depuis les siècles qui nous ont précédés. Il n'y a aucun souvenir des temps anciens ; quant aux suivants qui viendront, il ne restera d'eux aucun souvenir chez ceux qui viendront après. » (Ecclésiaste 1.7-11)

Qohéleth regarde son environnement et constate qu'il n'y a rien de nouveau « sous le soleil ». L'auteur est attaché à cette expression car il l'emploie 29 fois dans l'ensemble de son discours, tout en évoquant également ce qui se passe « sous les cieux ». Cette formule n'est employée nulle part ailleurs dans toute la Bible, ce qui fournirait l'une des clés d'interprétation du livre. En considérant ce qui se passe sous le soleil, il estime que malgré tout ce que l'être humain y fait, décide, construit, rien ne change fondamentalement le cours des choses. Même la nature semble installée dans un cycle constant.

Mais dans le même temps, il y a tant de choses qui changent autour de nous que nous n'avons pas le temps de tout assimiler, de tout apprécier, de tout comprendre. S'il n'y a rien de nouveau sous le soleil, l'homme découvre qu'il dépend de lui pour que, d'une manière ou d'une autre, quelque chose soit revêtu de caducité ou de modernité. La société de consommation dans laquelle nous évoluons apporte son lot de produits et d'événements qui sont autant d'indicateurs que nous vivons en permanence dans le changement. Nous en demandons consciemment ou inconsciemment, nous en consommons... tous les jours avec le même appétit et la même envie sans cesse renouvelée de voir autre chose. Que penser de tous les changements que le monde a connus depuis que Qohéleth a régné et a abouti à ces conclusions ?

Rien de nouveau sous le soleil

Est-ce raisonnable de la part du Sage de dire qu'il n'y a rien de nouveau sous le soleil ? Qohéleth brosse le tableau de ce qui a lieu sur terre, ce qui correspond à la mentalité des hommes et, pour reprendre un mot de Luther, il décrit « comment les choses se passent ici-bas, sous le soleil, parmi les enfants d'Adam, dans l'Etat, la famille et toutes les affaires du monde ». Il n'y a donc à ses yeux rien de nouveau sous ce soleil. Et pourtant, il suffit de regarder autour de soi pour avoir au moins l'impression que quelque chose change ... quelque part et cela chaque jour. Aux yeux de certains, c'est une impression tandis que pour d'autres, il s'agit non seulement de la réalité mais d'une réelle volonté de voir les choses changer... Mais Qohéleth semble insister sur le fait que tout est vieux et rien ne change dans le monde.
Quelques siècles après Salomon, les philosophes de la nature reprendront ce thème de la permanence des choses, avec quelques variantes qui trouveront certainement un écho dans notre présente réflexion.
Considérons par exemple, le célèbre philosophe de la colonie grecque d'Elée, dans l'actuelle Italie du sud, Parménide (515-450 av. J.-C.). Il a avancé l'idée que tout ce qui existe a toujours existé. Cette pensée était fortement présente chez les Grecs. Il leur semblait normal que tout ce qui existe au monde soit éternel. Parménide ne voyait pas de réelle transformation et ainsi rien ne pouvait devenir autre chose que ce qu'il est. Mais il était bien conscient que la nature présentait des formes en changement perpétuel et régulier. Parménide percevait les changements au niveau de ses sens mais sa raison n'en était pas convaincue. Il avait déjà une lecture rationaliste du monde, en tout cas de la nature qui l'environnait.
Dans la même période, il y a Héraclite (environ 540-480 av. J.-C.), une autre figure philosophique, originaire d'Ephèse en Asie Mineure, connue pour sa théorie de l'écoulement, et qui disait que nous ne nous baignons pas deux fois dans les mêmes eaux ? En somme, quelqu'un descend se baigner dans la même rivière mais il ne retrouvera pas les mêmes sensations. « Tout s'écoule », pensait Héraclite, tout est mouvement et rien n'est éternel ». Pour ce philosophe, tout change constamment de forme, ce qui est propre à la nature. Contrairement à Parménide, Héraclite se fiait fort probablement davantage à ses sens. Toutefois, nous ne suivrons pas les philosophes de ce courant puisque, d'après eux, rien ne demeure stable, constant

dans ce bas monde. Ils ont certainement raison mais seulement partiellement.

Qohéleth d'abord, Parménide, Héraclite et plus tard Aristote (environ 384-322 av. J.-C.), qui se limitera à faire une synthèse de leurs théories ... voilà des têtes pensantes qui s'interrogent sur la permanence des choses dans le monde. Et pourtant, dirions-nous à ces penseurs, il suffit de regarder autour de soi ! Qu'est-ce qui change réellement, alors ? Les moyens, pourrait-on dire, plus que les rêves et les désirs. Notre attention est attirée sur l'intérêt ou la pertinence de la déclaration du Qohéleth. Rien de nouveau, c'est probablement un peu vite dit quand nous observons tout ce qui a changé sur notre planète. Puisque cette parole nous est parvenue, nous ne pouvons pas nous limiter à la période et à la mentalité de l'époque où elle fut prononcée. L'enjeu pour nous aujourd'hui est de savoir quel type de rapport nous entretenons avec la vie, avec notre environnement et toutes les innovations que nous souhaitons, subissons et décidons.

Les mots sont usés

D'après Qohéleth, les mots sont usés, les paroles deviennent vides de sens et les gestes ne sont que pure répétition au sein d'une humanité enfermée dans la routine. Il n'hésite pas à dire sa conviction que tout ce qui existe sur terre est davantage empreint de caducité que de vitalité ; la vie ressemble finalement à un cercle. Une telle lecture suggère donc deux orientations :

> - répéter les mêmes choses et ne pas rompre le cycle, puisque tout est vanité ;
> - réfléchir à ce qui pourrait améliorer la condition humaine.

Qohéleth n'a pas totalement tort lorsqu'il arrive à la conclusion que ce qui existe a déjà existé et que le futur sera rempli de ce que l'œil de l'homme a déjà contemplé. Le présent est rempli du passé, il se construit avec des souvenirs et un fort sentiment de « déjà-vu ». Là où l'homme se retrouve sur la planète, son regard s'accroche facilement et plus rapidement à ce qui lui est familier. Il y a effectivement dans notre vie beaucoup de choses que nous conservons et dans nos rapports avec ces objets ou même ces souvenirs, nous avons l'impression que le temps n'a pas progressé. Nous quittons un endroit et nous partons avec les dernières images en tête et si nous y retournons, notre premier réflexe est de chercher ce qui est resté fixé dans notre mémoire. Quelle n'est pas notre surprise (avec joie ou avec peine) de constater qu'avec le temps qui a passé, l'environnement retrouvé a changé d'aspect, de visage...

Par ailleurs, pour reprendre les propos de Qohéleth, le vocabulaire semble usé même s'il s'enrichit tantôt de nouveaux termes (les néologismes), tantôt de synonymes, du moins l'être humain cherche des termes équivalents pour rendre plus confortable son appréhension de la vie et de tout ce qui l'entoure. L'homme devient créatif, il fait tous ses efforts pour générer de nouvelles idées et surtout pour les exprimer. Mais, visiblement, le Sage estime que tout ce qui prend l'apparence d'une nouveauté n'est en somme que le reflet de ce qui est vieux, usé. On comprend la raison pour laquelle il dit que les choses sont éphémères. C'est parfois frustrant, lorsque nous considérons l'énergie, le temps et l'argent dépensés pour organiser, construire ou concrétiser certains projets, de voir tout tomber facilement dans l'oubli à partir du moment où un nouveau produit ou une nouvelle idée voient le jour et conviennent à la même population qui avait apprécié ce qui était proposé avant.

Si nous ne faisons pas attention, sous le soleil où il y a tellement de choses qui bougent, nous n'avons même pas le temps de profiter d'un produit (ou d'un changement) que déjà il faut passer à autre chose. Prenez l'exemple d'un ordinateur dernier cri. A peine l'avez-vous acheté, vous découvrez qu'il en existe un nouveau, de la même marque, avec des programmes encore plus performants. En tout cas, c'est ce que disent les publicités. Quelques mois après leur première utilisation, certains appareils paraissent obsolètes dès que vous les comparez à d'autres de la même catégorie. En somme, ils ne sont pas inutilisables mais l'environnement génère le sentiment que votre appareil est dépassé et qu'il faut songer à le remplacer. Quand nous analysons les messages publicitaires, nous découvrons qu'ils ont le pouvoir de transformer nos envies en besoins, nous laissant souvent croire qu'il y a des nouveautés qui méritent une place dans notre vie, du moins dans notre environnement.

Il y a quelque chose de réaliste dans le discours de Qohéleth lorsqu'il affirme qu'il n'y a rien de nouveau sous le soleil. La mentalité ne change pas toujours, lorsque nous évoquons les besoins fondamentaux de l'homme, sa recherche du plaisir, ses velléités de domination, son instinct de survie. Ces choses-là sont toujours présentes même si les moyens changent. Veut-il parler de la mentalité de l'être humain ou seulement des aspects matériels de l'existence humaine ?

Quelque chose a changé

Qohéleth semble dire que l'univers est un perpétuel recommencement, un cycle sans fin, sans ancrage, sans résultat, sans souvenir. Que les légions de César aient tué avec des lances et des catapultes, les soldats modernes tuent à la bombe au laser ou à fragmentation, il y a un changement marquant dans la façon de faire, non dans le faire lui-même, à savoir tuer. Que les Egyptiens du temps des Pharaons aient construit des pyramides et les architectes contemporains élèvent des gratte-ciels un peu partout sur la planète, l'homme change de moyens ou de conceptions dans l'art de bâtir. Mais qu'est-ce qui est nouveau chez l'homme ? Dans toutes les cultures et sur tous les continents les hommes construisent, améliorent, innovent, mais sont-ils en mesure de dire ce qui change réellement et profondément en eux ?

Il est fort probable que vous ayez souri en entendant Qohéleth dire qu'il n'y a rien de nouveau sous le soleil. Ce sentiment se présente à notre esprit dans plusieurs domaines du quotidien et nous n'y échappons pas, en particulier depuis la révolution industrielle et scientifique. Le monde de Qohéleth n'était pas industrialisé mais cela ne veut pas dire que rien n'était nouveau. Il dit que tout ce qui paraît nouveau n'est en somme que du passé qui revient. Il dit cela dans un contexte où il n'y a pas encore toutes les inventions ou les découvertes de nos temps modernes. Pourrait-on affirmer, de manière aussi radicale, qu'il n'y a rien de nouveau sous le soleil lorsqu'on considère l'avènement de l'électricité, la télévision, l'automobile, l'avion, le nucléaire, la puce électronique, les satellites ?

Le monde dans lequel nous évoluons est différent de celui de Qohéleth, en tout cas sur le plan matériel et scientifique. Comprenons-nous bien : les hommes de son siècle ne manquaient pas d'intelligence mais il est évident que de nombreuses expériences scientifiques n'avaient pas encore eu lieu et il est fort probable que son constat se limitait aux informations dont il disposait. Il y a quelque chose de vrai dans ce qu'il énonce mais nous devons nous rendre à une évidence : notre monde change tous les jours.

La liste serait longue, si on devait parler de tout ce qui est nouveau sous le soleil. Prenez l'exemple de l'explosion démographique. En 1945, la population mondiale était légèrement supérieure à 2 milliards d'individus. En 2006, nous sommes un peu plus de 6 milliards sur la planète et selon les prévisions, en 2050, il y aura environ 9 milliards d'êtres humains. Nous sommes sous le même soleil que celui de Qohéleth et des questions se posent sur la capacité de l'humanité à se nourrir et à se vêtir. Vers 2050, plus de 40 % de la population mondiale auront de sérieux problèmes en eau potable. Tous les fleuves vont à la mer mais je me demande où va l'eau que des millions d'hommmes et de femmes attendent pour leur survie ?

Si les besoins de l'être humain ne changent pas fondamentalement, il cherche constamment à améliorer les moyens pour satisfaire ces mêmes besoins. La manière de s'alimenter a considérablement changé. Nous consommons toujours les mêmes produits mais nous avons des exigences différentes. La diététique influence les nouveaux comportements de l'homme qui porte un regard différent sur son corps, sa santé et son développement personnel. Mais en même temps nous découvrons que la culture du corps n'est pas une réelle nouveauté, étant déjà présente dans l'Antiquité ; ce sont les moyens dont nous disposons et le regard que nous portons sur les êtres et les choses qui changent.

Du temps de Qohéleth, pour se déplacer du point A au point B soit on marchait soit on prenait les moyens disponibles tels que le cheval ou le bateau. Qu'est-ce qui a changé aujourd'hui ? Du cheval on est passé aux chevaux mécaniques sous les capots des voitures, aux trains à grande vitesse, aux avions.

Rien n'a changé sous le soleil ! Et qu'en est-il en matière de communication ? Il suffit de cliquer et de se connecter sur la Toile (en anglais, le Web), pour voir comment Internet a changé la face du monde. Quelle révolution, tant comme moyen de communication qu'en source d'informations multiples ! Sans sortir de chez vous, vous pouvez accéder à des milliers d'interlocuteurs, consulter des livres, acheter vos billets d'avion, de train, réserver un logement pour vos prochaines vacances, etc.

Toujours dans le domaine de la communication : dans les temps anciens, la communication se faisait de manière plus lente. On utilisait des coursiers, des pigeons voyageurs et aujourd'hui nous avons le téléphone. Et déjà dans le domaine de la téléphonie, il suffit de voir les derniers modèles de téléphone portable pour comprendre que l'homme n'arrête pas de révolutionner son quotidien... Les satellites de télécommunications contribuent grandement dans ce domaine, y compris pour la télévision.

Au-dessus de nos têtes et sous le soleil, il y a justement tant de nouveautés dans le domaine spatial. Que de choses ont changé depuis ce 12 avril 1961, quand Youri Gagarine défrayait la chronique en devenant le premier homme à aller dans l'espace ! Quelques années plus tard, le 21 juillet 1969, ce fut au tour des Américains d'étonner le monde par le premier alunissage. Neil Armstrong, le premier homme à marcher sur la lune, y a fait le petit pas symbole du « grand bond pour l'humanité ». Ensuite ce fut l'ère des navettes spatiales, dont la première, Columbia, décolla le 12 avril 1981. Malgré de nombreux échecs ou de faux départs, malgré des accidents tragiques, les nombreuses missions à bord des différentes navettes ont permis de maîtriser un certain nombre de techniques. Considérez également le développement de l'exploration de l'espace grâce aux satellites et aux télescopes géants. Vous n'ignorez pas la présence de la Station Spatiale Internationale (ISS), à bord de laquelle tant d'expériences scientifiques sont faites. D'une manière générale, nous découvrons qu'il y a eu un long chemin parcouru depuis l'astronomie de position, branche la plus ancienne de l'astronomie jusqu'à l'astrophysique, à laquelle se rattache la cosmologie. Dans le prolongement, il y a également l'étude des possibilités d'existence de vie dans l'Univers, ce qu'on appelle la bioastronomie ou exobiologie.

Remarquons que ces développements n'ont pas vu le jour en une semaine. Ils ont pris du temps et ont certainement fait face au scepticisme, à la moquerie, au découragement et autres problèmes matériels. Mais les hommes qui y ont cru n'ont pas baissé les bras, ce qui nous permet aujourd'hui d'en profiter.

Qohéleth avait certainement des arguments pour constater que peu de choses portaient la marque du changement. Cependant, vivant dans le troisième millénaire, et sur la base de toutes les informations et l'histoire, nous constatons qu'il y a de nombreux changements sous le soleil. Les innovations n'arrêtent pas de nous surprendre même si, d'une manière générale, elles partent souvent de quelque chose qui existe déjà. Mais sommes-nous pleinement en mesure d'observer ce qui change réellement et ce qui ne change pas ? Qohéleth fait appel à notre réflexion. Il sollicite notre esprit face à la question du changement.

Alerte sous le soleil

Le constat de l'auteur est simple : tous les fleuves vont à la mer et celle-ci ne se remplit pas, elle ne déborde pas. Est-ce qu'il fait une telle déclaration parce qu'il n'a pas connu de raz-de-marée ou de tsunami, ces phénomènes qui donnent justement l'image d'une mer trop remplie, envahissant la terre ? C'est vrai qu'il vit à une période où il n'y a pas encore de bouleversement de l'écosystème (en tout cas nous n'avons pas d'informations sur la question) et l'effet de serre que nous connaissons actuellement. Le réchauffement de la planète fait fondre les glaciers polaires et sur les sommets montagneux se produit un phénomène similaire, ce qui augmente le volume d'eau en circulation. Nous observons depuis quelques années des bouleversements climatiques se confirmant par les crues inattendues de nos rivières, des cyclones, des ouragans, des tornades sans pareils.

Les faits montrent objectivement que les développements liés à la modernisation ont conduit l'homme à modifier son environnement naturel. Ainsi, des rivières ont été détournées de leur lit, d'autres asséchées. Des lacs artificiels ont été créés tandis que des lacs naturels, voire des mers intérieures ont vu leur niveau baisser jusqu'à disparaître. Vous avez sans doute vu des images de la mer d'Aral, à cheval entre le Kazakhstan et l'Ouzbékistan, auparavant grande comme le Portugal et maintenant devenue une grande étendue désertique, avec des bateaux ensablés, vestiges d'une époque active et vitale pour les habitants de la région.

Tous les fleuves vont à la mer et elle ne se remplit pas pour autant, dit Qohéleth. Certains ont tendance à croire que rien ne change. Et pourtant ! Vous avez sans doute appris que l'un des effets du réchauffement climatique est inexorablement la fonte des glaciers ; si les choses continuent ainsi, le niveau de la mer montera de 6 mètres et à certains endroits précis, des millions de vies seront en péril. L'effet de serre montre que, contrairement à ce que dit Qohéleth, il y a du nouveau sous le soleil et que l'homme doit changer d'attitude face à son environnement et d'habitude dans ce qu'il consomme. Il y a un effort citoyen à faire pour que la vie sous le soleil ne devienne pas invivable.

Que dire des pollutions dans l'air, sur terre ou en mer... ? L'homme salit la planète et cela génère des effets secondaires. Il suffit pour cela de considérer les maladies atypiques et autres complications. Les maladies cardiovasculaires, les difficultés respiratoires dues à la pollution de l'air. Rien de nouveau sous le soleil et pourtant, l'homme a développé des habitudes nocives. Prenez l'exemple de la cigarette : chaque année environ 60 000 personnes décèdent en France à cause du tabagisme. La plupart des gouvernements européens ont eu le courage d'interdire la consommation du tabac dans les lieux publics car, actif ou passif, le tabagisme fait des victimes. Il faut un effort citoyen, une politique responsable pour changer des comportements qui mettent en péril des millions d'êtres humains.

Par ailleurs, la révolution industrielle a apporté son lot de progrès mais n'a pas changé la mentalité des hommes. La lutte pour la survie des uns au détriment des autres n'a pas fini avec tout ce qui a pris l'apparence d'une révolution économique. Les révolutions culturelles n'ont pas amélioré le sort des millions d'individus qui y ont cru. Le capitalisme a fait miroiter des profits mais il a creusé tant de fossés entre les riches et les pauvres. Le libéralisme donne une grande impression de souplesse et de mobilité des ressources mais son revers porte une menace qui a pour nom la précarité. Le communisme a appauvri plus qu'il n'a résorbé les inégalités de chances et de moyens. Le totalitarisme a les mains pleines de sang, car pour régner, la peur est devenue une véritable arme. Le pouvoir corrompt, dit-on, et pour y rester le plus longtemps, certains n'ont pas hésité à terroriser et à torturer : c'est donc l'élimination des plus dangereux ou des plus menaçants, en tout cas ceux qu'on qualifie comme tels.

Qohéleth n'a pas tout à fait tort de dire qu'il n'y a rien de nouveau sous le soleil, surtout en matière de méchanceté et des menaces que les hommes font peser sur leurs semblables. Pensez au terrorisme, aux multiples risques de guerre. La révolution industrielle a fait des heureux, des riches et des nantis mais aujourd'hui des millions d'êtres humains, à travers le monde, vivent avec la hantise de la précarité. Le nouveau concept de la mondialisation génère, au cœur même des pays développés, la crainte de la délocalisation de certaines entreprises. Les hommes ont peu d'espoir pour des lendemains incertains, pour eux-mêmes mais surtout pour leurs enfants.

La révolution sociale a-t-elle à peine affranchi une jeunesse de tous les tabous, de tous les interdits que le retour du balancier s'est fait cruellement sentir. Ceux qui ont milité pour la libération sexuelle constatent avec amertume que l'homme est devenu un instinctif et organise sa vie sexuelle uniquement sur le critère du plaisir plus que du choix raisonné. Les tabous enlevés, que produit la société sinon la découverte de sa propre misère humaine ? Elle croyait avoir gagné sur le plan économique mais elle a tellement perdu en humanité. Quand elle croit s'en sortir par la générosité organisée et médiatisée, elle avoue son échec face à la solitude et au mal-être de tant d'hommes et de femmes.

Que penser des phénomènes de société, des nouveaux concepts relationnels, ce qu'on appelle les liens de fidélité ? Le grand débat qui occupe l'espace public est celui de l'homosexualité et de l'homoparentalité. L'homosexualité n'est pas une nouveauté, mais c'est l'importance qu'on lui accorde. Plusieurs pays européens, dont la puritaine Angleterre et la très catholique Espagne, ont déjà légalisé le mariage homosexuel ainsi que le droit à l'adoption. La France traîne un peu les pieds mais cela ne saurait tarder, au nom de la raison politique d'une part et pression de la communauté européenne, de l'autre. Rien de nouveau sous le soleil ? L'être humain est partagé entre ce qui se répète et les changements qui bouleversent sa vie et la société dans laquelle il veut voir grandir ses enfants.

Encore un mot, sur les maladies atypiques alors que le monde croit avoir maîtrisé de nombreuses situations sur le plan de la santé. Les ravages du VIH/SIDA n'arrêtent pas, surtout dans les pays en voie de développement. Selon les estimations récentes, environ 33,4 millions de personnes sont infectées par le virus[25]. Plus de 90 % d'entre eux vivent dans les pays en développement, et plus de 50 % d'entre eux ont entre 15 et 24 ans. A côté le paludisme fait pâle figure en tuant entre 1 et 3 millions de personnes par an, dont 90 % en Afrique. Dans une partie du monde, on construit des hôpitaux modernes tandis que dans d'autres des milliers de vies sont menacées parce que les moyens sont insuffisants[26].

Le soleil est toujours là, la terre tourne mais force est de constater que ça va mal sur notre planète. Loin d'être alarmiste ou catastrophiste, je veux seulement dire que les différentes

---

[25] Source ONUSIDA (Internet).

[26] Je veux rendre hommage à tous les efforts qui sont faits par de nombreuses associations, regroupant des milliers de bénévoles soucieux du bien-être de leurs frères d'humanité. Ces associations manquent souvent de moyens mais manifestent une réelle volonté de donner un peu d'espoir à leurs semblables.

révolutions, les nombreuses innovations liées à la modernité n'ont pas apporté que du bonheur. Croyants ou non-croyants, la question se pose sur nos rapports avec la planète : sommes-nous conscients des changements qui s'y produisent, surtout ceux qui menacent de près notre société ? Les hommes ont besoin de changer d'attitude et même leurs habitudes non seulement pour faire face aux différentes catastrophes mais surtout pour éviter la faillite morale de l'humanité elle-même. Mais Qohéleth ne désespère pas et il oriente les regards vers Dieu, celui qui fait toute chose bien en son temps. Ce même Dieu amènera également toutes choses en jugement...

Tous les fleuves vont à la mer et celle-ci n'envahit pas, au quotidien, la terre des hommes. En écoutant la conclusion de Qohéleth, je pense également au croyant, puisqu'il se trouve au milieu de tous ces bouleversements. Il est fort probablement sensibilisé quant au besoin impérieux de sortir de la routine, de la répétition des mêmes gestes, d'une organisation figée, froide et qui devient progressivement improductive. Ce changement surgit aussi au cœur de l'espace cultuel.

Quoi de neuf, Qohéleth ?

Nous voulons, à ce stade de notre réflexion, observer la réalité avec Qohéleth ou l'Ecclésiaste, nommé plus haut « l'homme d'église ». Il est vrai que son discours ne s'adresse pas de manière explicite à une communauté de croyants mais à l'homme de foi. Or, la notion de changement intéresse aussi bien l'individu que le groupe. L'idée de changement se présente sous le soleil de la foi en général et au sein des groupes de croyants en particulier. Il existe beaucoup de raisons qui influencent le changement. Des raisons qui prennent souvent la forme d'interrogations et de doutes puisque, comme nous l'avons déjà vu, le changement ne se fait pas aussi facilement, dans n'importe quelle société. Posons-nous quelques questions à travers ce qui suit.

Est-ce nécessaire d'innover ? L'homme se retrouvant devant l'éventualité d'un changement devrait s'interroger sur la nécessité de toute modification à son mode de vie. Il ne s'agit pas de « changer pour changer », mais de trouver une bonne raison de le faire. Lorsqu'une société est acculée au besoin de changement, c'est qu'elle est dans une situation critique. De ce fait, le fait de changer peut être vital ; toute innovation deviendrait le bol d'air frais après l'étouffement des moments difficiles.

Est-ce bon de changer? C'est l'une des questions les plus récurrentes chez certaines personnes. Il ne s'agit pas systématiquement d'un préjugé défavorable au changement mais d'une sorte de précaution, de prudence parce que le changement est nécessairement une avancée vers l'inconnu. En général, les gens sont à l'aise avec ce qu'ils connaissent, surtout si leur situation est relativement confortable et ne les empêche pas de respirer et d'éprouver une satisfaction minimale. Le changement est bon lorsqu'il ne vient bousculer ni le confort ni l'appréciation générale de ce qui se passe autour de soi.

Est-ce bien de changer? Ici nous avons à résoudre le problème éthique lié au changement. Est-ce que tout changement proposé repose sur l'idée du bien, de la morale, des principes communément acceptés ? Il apparaît souvent difficile de vivre certains changements parce que de nombreuses personnes ont l'impression que les fondements sont menacés et ceux qui véhiculent l'idée du changement sont sur une mauvaise pente... d'où la nécessité pour les leaders de développer une ligne qui ne frôle ni l'hérésie ni le paradoxe. L'homme n'est pas toujours disposé à accepter les changements et même dans la société en général, nous découvrons que de nombreux citoyens sont réfractaires au changement.

Est-ce conforme de changer? La plupart des gens réticents au changement ne sont pas nécessairement réticents au progrès. Dans leur propre vie et dans leur maison il y a suffisamment de témoignages d'ouverture au progrès, à tout le moins au changement. Toutefois, de nombreuses personnes ont une relation conservatrice avec une certaine idée du changement. Lorsqu'ils sont confrontés au changement, la question qui se présente à leur esprit est celle de la conformité. Les conservateurs sont-ils des conformistes ? Intervient la question de la moralité du changement. Y a-t-il un prix 'moral' à payer ? Y a-t-il des habitudes, érigées en principes ou en vertus, à changer ? Ces habitudes sont souvent liées, sans aucun doute, aux conditions économiques, environnementales, financières. Reconnaissons qu'il y a trop souvent une forte volonté de conservation des acquis, donc de ne vouloir aucun changement. Face à ce réflexe conservateur, dans certains cas et aux yeux de certaines personnes, il n'y a effectivement rien de nouveau sous le soleil.

Est-ce risqué pour l'individu ? S'il n'y a pas de résultat à espérer d'un changement, il n'en vaut pas la peine. Ce serait, en accord avec Qohéleth, une vanité et la poursuite du vent. Si quelqu'un est hésitant face au changement, il est probable que son attitude reflète tout simplement une certaine gêne, un malaise ou la peur d'y « perdre quelque chose ». Il est clair que chacun de nous accepterait des changements à moindre frais tant sur le plan physique que moral ou financier. L'individu a le réflexe de survie ou de protection dès lors que le changement qui se présente comporte des indices menaçant son intégrité ou sa liberté.

Le contexte dans lequel a évolué le roi, qui dit que rien n'est nouveau sous le soleil, n'avait probablement pas besoin de toutes les innovations que nous connaissons dans notre monde postmoderne. Notre environnement contemporain est peut-être plus favorable au changement même si demeure une tension entre conservateurs et rénovateurs. Chaque génération a ses propres besoins puisque la société évolue, avec la nécessité d'adaptation dans plusieurs domaines.

Du neuf avec du vieux

Qohéleth conclut qu'il n'y a rien de nouveau sous le soleil et pourtant, il a bien énoncé tous les actes de son règne, ce qui en soi constitue une série de changements. Pour enrichir un pays, pour l'embellir, le développer, il faut nécessairement initier quelques changements. De même, il y a chez de nombreux croyants le désir de changements dans leur vie ou dans leur église, parfois progressifs mais souvent radicaux. Nous avons compris que ce qu'il y a de plus permanent dans le monde c'est le changement, même si c'est le changement dans la continuité, par exemple dans le monde politique où vous entendez les mêmes individus répéter les mêmes choses depuis plus de dix ans. Il leur arrive de changer de formules ou d'images mais les objectifs sont les mêmes. Certains prônent la rupture mais ce n'est pas si facile que cela dans la réalité. Alors, ils font du neuf avec du vieux...

Puisque nous parlons de Qohéleth, imaginons l'application de ce problème de changement ou de non-changement au sein d'une église. Si les propos du prédicateur s'adressent à l'homme, à tout homme, je crois qu'ils doivent aussi intéresser les croyants que nous sommes. Si vous ne voulez pas aboutir au constat de Qohéleth qui affirme qu'il n'y a rien de nouveau sous le soleil, les questions suivantes se posent : de quels types de changements votre communauté de foi a-t-elle besoin ? S'est-elle 'embourgeoisée' au point de vouloir davantage préserver ses acquis que de se lancer dans une véritable autocritique pour être plus présente, donc visible dans le monde ? Est-elle devenue une institution si bien organisée, depuis les principaux dirigeants jusqu'au comité de l'église locale que tout est fait pour maintenir ce modèle d'organisation ? Ne rien changer pour n'offenser personne, est-ce la meilleure façon de gérer ce qui ne nous appartient pas ?

A ceux qui veulent tout changer, de fond en comble, je suggère de réfléchir afin de ne pas éliminer l'essentiel. Il ne faut pas, dit-on, jeter le bébé avec l'eau du bain, ce qui implique de la prudence, de la sagesse et surtout de la vision. Les premiers indices de tout changement peuvent s'expérimenter sur les éléments secondaires. Comme dans la métaphore du bébé et du bain, il faut accepter de changer l'eau, le savon, et même la baignoire. Ce qui n'est pas négociable, c'est bien le bébé. Pour en revenir à la dimension communautaire ou collective, lorsque nous réclamons des changements, il est bon de savoir faire la distinction entre les éléments majeurs et les éléments secondaires, ceux qui ne menacent pas l'essentiel. Il est nécessaire de vérifier qu'il n'y a pas de risques inutiles et de réelles menaces pour le groupe.

Le Christ avait une juste vision des choses et il a anticipé les difficultés inhérentes au changement dans le domaine religieux. Dans un discours imagé[27], tout en faisant implicitement référence aux bonnes intentions, il fait comprendre que ce n'est pas sensé de lier un vieux drap à un tissu tout neuf et de même les vieilles outres ne peuvent contenir du vin nouveau.

Pour mettre du vin nouveau dans des outres neuves, il faut d'abord développer une mentalité du changement. Je ne dis pas qu'il faut tout éliminer : personne n'est obligé de tuer son grand-père pour bien vivre. Il suffit d'anticiper la fin de certaines étapes, l'usure de certaines méthodes pour ainsi envisager quelques changements. Gouverner c'est prévoir, n'est-ce pas ? Prévoir implique une nécessité d'adaptation, donc de changement.

Sans changement, le monde n'aurait jamais connu le développement qu'il présente, en bien ou en mal. Sans

---

[27] Luc 5.36-39. Jésus savait être moderne, créatif dans sa prédication. A suivre ... pour rendre la parole de Dieu encore plus vivante !

changement, l'église que vous fréquentez risque de ne pas se donner tous les moyens de réussir sa mission. Qohéleth s'adresse à l'être humain en chemin de foi et d'épreuve avec Dieu, un chemin éclairé par l'action de l'Esprit-Saint et c'est ainsi que le croyant évolue depuis des millénaires. En suivant Qohéleth, nous pouvons évoquer le potentiel que Dieu a confié à chaque croyant, c'est-à-dire tout ce qui est de notre ressort, de nos compétences, de nos engagements. Il y a nécessairement une partie de la tâche qu'il ne fera pas à notre place puisqu'il nous en a donné l'ordre et les moyens.

Qohéleth est-il aussi radical parce qu'il a observé des réticences au changement chez de nombreux individus ou groupes d'individus ? L'homme entend beaucoup de bonnes choses dans son environnement mais il n'est pas toujours disposé à faire entrer des changements dans sa vie. Et pourtant il suffit parfois d'un premier pas et le reste suivra...

Créer un changement positif

Pour que quelque chose change sous le soleil et soit visible, repérable et acceptable, il est nécessaire qu'il véhicule une forte dose de positivité. Un regard lucide et honnête permet de dire que toute communauté a ses conservateurs aussi bien que ses rénovateurs. Cela ne se vérifie pas nécessairement en fonction de la génération. Comme dans la métaphore utilisée par le Christ, certains individus sont habitués au « vin ancien » et pensent que c'est très bien ainsi. Ils sont là depuis la naissance de l'église locale et ont connu plusieurs dirigeants, ont vu différentes tentatives de changement qui n'ont pas donné grand-chose et donc ne comprennent pas pourquoi certains osent encore se lever pour proposer de nouvelles choses. Ce n'est pas un défaut chez ces individus puisque tout changement a besoin de temps pour se mettre en place. Ils rejettent l'idée du changement parce qu'ils n'y croient pas toujours, ayant l'impression que le dernier changement proposé n'était pas si révolutionnaire que cela, donc qu'il n'y a rien de nouveau sous leur soleil...

Ceux qui aiment le « vin nouveau » ne veulent sûrement pas le mettre dans les « vieilles outres ». Les nouveaux venus au sein d'un groupe n'ont pas suffisamment de recul pour rejeter ou accepter une innovation parce que c'est tout ce qu'ils connaissent. Il reste à savoir si les promoteurs du « vin ancien » sont en mesure d'accepter progressivement le « vin nouveau » sans que les outres explosent.

Tout cela montre que le changement est nécessaire même s'il n'est jamais immédiatement accepté par tous. Il faut laisser du temps au temps comme on laisse une chance à ce qui est bien de trouver sa pleine réalisation. C'est ainsi que la question du changement doit être abordée en toute sérénité et lucidité. Nous avons déjà dit qu'il ne faut pas « changer pour changer ». Il est nécessaire de se fixer des objectifs, de comprendre les exigences inhérentes à tout effort de changement et surtout de développer des principes clairs, c'est-à-dire une méthode de travail effectif, repérable et efficace. Le changement trouve sa place dans l'environnement de chaque individu ou de chaque groupe lorsque les fruits commencent à être visibles.

Toutefois, quand Qohéleth considère le mouvement des torrents comme celui du soleil, il laisse entendre qu'il y a moins un aspect cyclique, que le maintien de l'identique. La nouveauté se vérifie dans le résultat d'un agencement différent sur la base d'éléments anciens. Tout ce qui vient du passé n'est pas inutilisable ou mauvais. Les choses semblent nouvelles aux amnésiques de l'histoire, à ceux qui n'ont plus la mémoire du passé.

Rien de nouveau dans les églises ? Trop de nouveautés qui donnent le vertige aux conservateurs ? Chacun est appelé à trouver son équilibre sachant qu'il n'est pas facile de faire coexister trois ou quatre générations différentes au sein de la même communauté de foi. Ce qui change souvent c'est la manière de vivre, d'exprimer la foi. La religion ne peut être figée, sinon elle devient stérile. La foi ne doit pas être la répétition de formules et de rituels qui rappellent essentiellement le passé. S'il n'y a rien de nouveau dans votre église, c'est probablement parce que c'est sécurisant et confortable de répéter les mêmes choses, les mêmes rituels. Que faut-il changer pour développer une foi dynamique et épanouissante ?

Conclusion

Rien de nouveau sous le soleil, dit Qohéleth et pourtant nous savons que le monde se construit de jour en jour avec des nouveautés. Mais ici, l'intérêt ne se situe pas sur le plan des progrès technologiques. La question concerne plutôt l'homme, dans son essence d'homme, pour vérifier dans quelle mesure il a progressé. Sans conteste, le progrès est quantitativement observable, mais en est-il autant dès lors qu'on aborde le développement qualitatif de l'humain ? On est obligé de constater que si les circonstances ont changé et, avec elles, les moyens de vivre, l'essence de l'homme et ses raisons de vivre n'ont guère été modifiées. Dans son effort constant à améliorer tout ce qui remplit son environnement, on se demande si son désir de conquête n'est pas une fuite en avant.

Qu'il n'y ait rien sous le soleil, selon Qohéleth, est un constat diversement apprécié. Il peut arriver d'observer une forme d'immobilisme dans certains lieux ou au sein de certains groupes. Même dans la nature, nous avons l'impression que les choses ne changent pas tellement dans un endroit tandis que dans d'autres des variations significatives sont observables. L'être humain est mis devant ces faits et devant des besoins de changement. C'est le cas également dans l'espace cultuel, ce qui démontre que le changement est vital dans la vie personnelle du croyant mais aussi dans certaines configurations communautaires. Si rien ne change rapidement, l'individu ainsi que les groupes pourraient en souffrir. Le changement augure le progrès, sauf, bien sûr, lorsque s'installent des dictatures ou régimes ultranationalistes et fascistes. Le changement ne se fait jamais sans confrontation et sans résistance. Lorsqu'il est contesté, il aura à faire la preuve de sa viabilité et de sa force de convaincre même les plus réticents.

A trop vouloir croire qu'il n'y a rien de nouveau sous le soleil, que tous les efforts ne mènent à grand-chose, de nombreux individus ont laissé passer de réelles occasions de progrès et d'amélioration d'une situation donnée. Le changement a besoin de l'ouverture d'esprit, de bon sens et de courage. Si le changement est mal géré, il produira un phénomène de rejet et non de progrès. Il arrive que certains changements produisent plus d'effets négatifs que les insatisfactions qu'on a voulu éliminer... Les leaders de changement sont invités à veiller attentivement à ce qu'aucun changement ne dérange au point de générer des conflits. Le changement a besoin de soutien pour se concrétiser. Il peut donc y avoir quelque chose de nouveau sous le soleil, moins dans la forme que dans le fond. En d'autres termes, pour voir progresser le monde, il faut voir progresser l'être humain, tout simplement...

A méditer :

1. Pensez-vous réellement qu'il n'y a rien de nouveau sous le soleil ?
2. Qu'est-ce qui a changé dans votre vie ces derniers temps ?
3. Comment envisagez-vous l'avenir ?
4. Le changement vous fait-il peur ?
5. Que pensez-vous du discours de Qohéleth ?

4

La sagesse sans vanité

« Moi, Qohéleth, j'ai été roi sur Israël, à Jérusalem. J'ai eu à cœur de chercher et d'explorer par la sagesse tout ce qui se fait sous le ciel. C'est une occupation de malheur que Dieu a donnée aux fils d'Adam pour qu'ils s'y appliquent. J'ai vu toutes les œuvres qui se font sous le soleil ; mais voici que tout est vanité et poursuite de vent. Ce qui est courbé, on ne peut le redresser, ce qui fait défaut ne peut être compté. Je me suis dit à moi-même : « Voici que j'ai fait grandir et progresser la sagesse plus que quiconque m'a précédé comme roi à Jérusalem. » J'ai fait l'expérience de beaucoup de sagesse et de science, j'ai eu à cœur de connaître la sagesse et de connaître la folie et la sottise ; j'ai connu que cela aussi, c'est poursuite de vent. Car en beaucoup de sagesse, il y a beaucoup d'affliction ; qui augmente le savoir augmente la douleur. » (Ecclésiaste 1.12-18)

Nous voici face à l'une de ces questions qui ne manquent pas d'interpeller tout lecteur attentif du livre : est-ce possible de deviser sagement sur la sagesse après avoir conclu que tout ce qui touche à la condition humaine est vanité et course après le vent ?

Remarquons que le thème de la sagesse revient tout au long du livre, comme un parallélisme antithétique ou une concurrence à la vanité. Même si la sagesse est soumise à la vanité, je ne partage pas tout à fait le point de vue de Jacques Ellul : « Qohéleth n'est pas un livre d'apologétique où on commence par montrer la vanité des choses pour conduire le lecteur à reconnaître la vérité (de Dieu ou de la Sagesse !) »[28]. Le livre ne s'annonce pas comme tel mais que vise-t-il sinon l'exigence de savoir que Dieu amène toute chose en jugement ! Par ailleurs, je trouve raisonnable pour le même auteur, surtout s'il s'agit de Salomon, de s'interroger sur la sagesse comme une réponse, une solution à la vanité.

---

[28] J. ELLUL, La raison d'être, Seuil, Paris, 1987, p. 128.

Définir la sagesse

Face à la vanité de tout ce qui l'entoure, l'observateur l'Ecclésiaste estime qu'il faut comprendre et sortir de la condition humaine par la sagesse, c'est-à-dire par le haut. Il ne définit pas la sagesse, pensant probablement que ses interlocuteurs en ont la même définition que lui. Nous sommes devant l'exigence de comprendre ce qu'est la sagesse dans le contexte de ce livre pour saisir le lien avec le reste de la pensée biblique. Cette exigence se présente au lecteur parce qu'il y a certainement dans la notion de sagesse l'une des clés utiles à la compréhension, voire à l'acceptation de l'Ecclésiaste comme un livre porteur de la Parole de Dieu, méritant ou justifiant sa place dans le canon biblique.

Le terme générique employé pour sagesse est _hokmah_, ce qui est habituellement traduit par « sagesse », « philosophie » (la Septante utilise le terme sophia, « raison », « sagesse »). Nous le rencontrons 154 fois dans l'Ancien Testament hébreu[29]. En ce qui nous concerne, le terme sagesse ne doit pas être galvaudé et il est nécessaire de voir la notion de sagesse dans d'autres livres bibliques. Si l'Ecclésiaste appartient à la littérature sapientiale, il est logique qu'à lui seul, il ne constitue pas cette littérature.

Devrait-on comprendre que la sagesse est présentée chez l'Ecclésiaste comme une perspective de recherche, d'analyse et de compréhension ? C'est un lien possible entre la foi et l'espérance. Le sage devient celui qui cherche à monter d'un palier, afin de trouver quelque chose de meilleur que le constat que tout relève de la vanité. Mais pour voir plus clair dans notre essai de définition, disons quelques mots sur la sagesse dans l'ensemble de la pensée biblique, ce qui ne manquera pas de nous éclairer dans notre réflexion globale sur le livre de l'Ecclésiaste.

---

[29] D'après la Concordance de la TOB, le terme « sagesse » est mentionné 319 fois dans toute la Bible. Par ailleurs, il y a 210 occurrences du substantif « sage », dont 143 dans l'Ancien Testament hébreu, 14 dans l'A.T. araméen, 34 dans les textes apocryphes et 19 dans le Nouveau Testament.

1. La sagesse dans l'Ancien Testament

Dieu et la sagesse : l'Ancien Testament parle souvent de sagesse dans des textes d'apparence profane, mais il fait ressortir à coup sûr que la sagesse trouve sa source en Dieu, qui la possède pleinement[30]. Une telle sagesse rassemble la plénitude de sa connaissance (science, savoir, compréhension) et devient le passage obligé dans toute recherche[31]. Une telle plénitude de connaissance (ou omniscience) est synonyme de pouvoir chez Dieu, celui de séparer le bien et le mal, la vie et la mort, l'existence et le néant.

Certains textes mettent également en avant le fossé entre la sagesse divine et la bêtise humaine[32].

L'homme et la sagesse : il est indéniable que l'homme est concerné par la sagesse. L'Ecclésiaste laisse entendre, malgré quelques signes de pessimisme dans son discours, que l'homme doit et peut acquérir la sagesse, à condition de se laisser instruire ou entraîner dans les chemins de sagesse. Même si certaines déclarations évoquent la sagesse comme étant un attribut exclusif de Yahvé et que toute recherche de l'homme en vue de l'acquérir ne serait que preuve d'orgueil ou tentative vaine, il faut reconnaître qu'une part est laissée à l'homme, un être libre et responsable.

L'homme peut aussi en bénéficier parce qu'il peut chercher cette sagesse et apprendre, à son niveau et dans sa sphère, à discerner le bien du mal, le bon du mauvais. D'ailleurs, l'Ecclésiaste évoque cet aspect chez l'homme lorsqu'il l'invite à craindre Dieu ou à se tenir prêt pour le jugement divin sur ce qui est bon ou mauvais.

Chercher la sagesse : si la Bible laisse une marge de manœuvre à l'homme, il appartient à ce dernier de l'exploiter pour parvenir à cette connaissance utile. Il lui reste donc quelques pistes à explorer pour appréhender ce qui vient de Dieu et peut transformer l'humain.

Premièrement, il lui faut faire preuve de prudence, ce qui va très bien avec la sagesse. Une telle démarche vise en somme l'équilibre, la modération, parfois même la modestie. Elle

---

[30] Esaïe 31.2; Jérémie 8.9; 2 Samuel 14.20; Proverbes 21.30; Daniel 2.20-23.
[31] Job 10.4; 26.6; Proverbes 5.21; 15.3; 24.12.
[32] Job 11.6-9 ; Psaume 92.6; 139.12; Proverbes 8.22; Esaïe 40.14.

évite les extrêmes. Cette notion est évoquée par Salomon dans le livre des Proverbes. L'homme qui acquiert une telle prudence sera sage dans le choix de ses relations ; il apprendra la discrétion ou la réserve sur certains sujets et cela se pratique aussi dans l'environnement conjugal et dans les liens d'amitié[33].

Deuxièmement, l'homme apprend à éviter la compromission. Il développe une certaine lucidité devant les défis de la réussite au sens humain, celle-là même où tous les coups sont permis et où il n'y a aucune hésitation à écraser ses semblables pour obtenir un avancement ou un profit matériel quelconques. Mais la sagesse qu'il faut chercher, lorsqu'elle est trouvée et bien comprise, induit sans doute au respect de la personne humaine et elle génère la conscience des droits certes, mais aussi des devoirs[34].

Troisièmement, la sagesse s'imprègne de religiosité. Si la crainte de Yahvé est le commencement de la sagesse, elle devient aussi son point culminant[35]. La pensée biblique oriente les regards vers cette notion morale de la sagesse. Craindre Dieu c'est faire preuve de bon sens et ce n'est nullement quelque chose de théorique puisque cette crainte développe la sagesse ou le discernement qui consiste à « s'éloigner du mal » (Proverbes 3.7; 8.13).

La vraie religion semble se définir ici, avec une pratique du bien nécessairement supérieur au mal avec lequel l'homme s'accommode si facilement. La crainte que l'homme éprouve de Dieu est un signe de sagesse.

2. La sagesse dans le Nouveau Testament

Ce que nous venons de voir se confirme dans les écrits du Nouveau Testament, où le thème de la sophia, « sagesse » est présent sous la plume de Paul mais aussi dans les déclarations de Jésus lui-même. Différents aspects de la sagesse peuvent être décodés derrière ce terme.

Sagesse et connaissance : si au sens profane, la sagesse désigne un mode ou une philosophie de vie, le Nouveau Testament la définit plutôt dans l'ordre de la connaissance

---

[33] Proverbes 10.19; 11.13; 17.27.
[34] Proverbes 1.13; 11.1; 14.31; Job 24.2.
[35] Job 28.28; Psaume 111.10; Proverbes 1.7; 9.10; 15.33.

qui est liée à la foi. D'où le lien habituellement établi entre sagesse et science, ou même intelligence[36].

Il est vrai que la sagesse est présentée comme sagesse selon la chair, recherchée par les Grecs dans la philosophie du monde qui veut vivre sans la sagesse de Dieu. Une telle sagesse se résume plutôt à la découverte des hommes, au sens cognitif, c'est-à-dire scolaire, livresque ou intellectuel. Cette sagesse, lorsqu'elle se remplit d'elle-même, devient suffisante, orgueilleuse. Elle devient probablement vanité et poursuite du vent, car elle n'élève pas l'homme. Dieu peut décider de la confondre, d'autant plus qu'elle ne sert en aucun cas à se rapprocher de ce que Dieu propose comme raisonnement et comme connaissance[37].

La sagesse qui vient de Dieu : c'est celle qui s'oppose à la connaissance vaniteuse. La Bible la présente comme une sagesse authentique, sincère, qui n'a rien à voir avec celle du monde présent ; elle a un côté mystérieux puisqu'elle vient d'en haut, ce qui nous empêche souvent de la rationaliser ou de lui trouver une expression logique[38].

Cette sagesse contient le plan de Dieu pour sauver les hommes du péché et de la mort éternelle. De ce fait, elle n'est pas immédiatement accessible. Elle relève de la « profondeur de la richesse et de la sagesse et de la science de Dieu » (Romains 11.33). Une telle sagesse ne peut être saisie par le raisonnement humain puisque, de lui-même, l'homme ne peut se rendre compte de l'existence de Dieu et de l'expression de son amour, incarné dans la personne de Jésus-Christ[39].

Il est probable de ce fait que toute la sagesse de Dieu se trouve renfermée dans la personne et l'œuvre de Jésus-Christ lui-même, comme Paul l'a compris[40]. Le Christ hérite de tous les aspects de la sagesse de Dieu, étant l'égal de Dieu[41].

L'esprit de sagesse : ou devrais-je parler plutôt de la sagesse selon l'Esprit ? Il s'agit ici du don de sagesse, celui que le

---

[36] 1 Corinthiens 12.8; Colossiens 2.3; Apocalypse 17.9.
[37] 1 Corinthiens 1.19-24.
[38] 1 Corinthiens 2.1-7.
[39] Luc 11. 49-50 ; 1 Corinthiens 1 .20.
[40] 1 Corinthiens 1.30; 2.2.
[41] 1 Corinthiens 15.45; 2 Corinthiens 3.17.

Saint-Esprit communique aux croyants pour l'édification de l'Eglise et pour le perfectionnement des saints[42].

D'ailleurs, Paul insiste pour que les croyants reçoivent les effets de la parole de Jésus, parole qui produit la sagesse. En acceptant la parole et tout ce que le Christ y met, c'est-à-dire sa personne, la vérité et la vie, le croyant est imprégné ou rempli de la sagesse. Il lui incombe de l'entretenir, dans la mesure où c'est un don. Un cadeau qui n'est jamais apprécié ou utilisé finira par être abandonné, banalisé et deviendra totalement inutile. Cela signifie que dans toute communauté, il y a des membres d'église qui sont animés d'un esprit de sagesse et ils sont les meilleures ressources en matière de conciliation, de médiation et résolution de conflits.

Sagesse et morale : elles ne sont pas incompatibles puisque les deux servent à guider l'homme dans son itinéraire. Dans ce contexte, il faut savoir dépasser la sagesse au niveau cognitif ou théorique et entrer sur le terrain de la loi morale. Sagesse et morale font bon ménage, semble dire l'apôtre Jacques et il encourage même les chrétiens à demander la sagesse avec foi et conviction[43]. La possédant, le croyant est en mesure de développer la dimension relationnelle, déjà évoquée chez Paul et confirmée par Jacques dans une perspective de bonne conduite, d'un comportement empreint d'humilité et de douceur[44].

En somme, le Nouveau Testament met en contraste la sagesse toute relative de l'homme et la sagesse absolue, par conséquent inaliénable, de Dieu. La première est celle qui crée une ambiance de vie certes mais qui souvent s'enfle d'orgueil, ce qui la lie à la vanité tandis que la seconde inspire les hommes à discerner le bien du mal, à créer de bonnes relations autour d'eux. Gardons-nous tout de même de tout sectarisme et exclusion : ceux qui n'évoquent jamais Dieu ne sont pas totalement dépourvus de bon sens, de raisonnement et de capacité à poser un regard moral sur la condition humaine et sur l'Histoire. Il ne faut pas non plus croire qu'ils ne sont pas en mesure de recevoir et d'appréhender la sagesse de Dieu.

---

[42] 1 Corinthiens 12.8.
[43] Jacques 1.5; 3.17.
[44] Colossiens 4.5-6 ; Jacques 3.13-18.

Les sages du monde regardent d'une certaine manière la foi et ceux qui en font l'expérience. Les sages sans Dieu banalisent souvent le message qui résonne de la croix de Golgotha. Face à tous ceux qui ont besoin de reconsidérer leur position, face à ceux qui se croient sages et au-dessus des autres, Paul déclare ceci : « Mais ce qui est folie dans le monde, Dieu l'a choisi pour confondre les sages; ce qui est faible dans le monde, Dieu l'a choisi pour confondre ce qui est fort; ce qui dans le monde est vil et méprisé, ce qui n'est pas, Dieu l'a choisi pour réduire à rien ce qui est, afin qu'aucune créature ne puisse s'enorgueillir devant Dieu » (1 Corinthiens 1.27-29).

L'Ecclésiaste parle de la sagesse humaine qui, dans sa subjectivité, peut devenir une vanité, qui ne produirait que des désagréments. Pour que l'homme devienne un peu plus sage, il lui faudrait faire preuve de courage, d'humilité et de foi pour sortir de son microcosme et se laisser élever jusqu'à la crainte de Dieu. Nous ne le comprenons pas suffisamment : être sage c'est d'abord être humble. Maintenant que nous sommes avertis, n'hésitons pas à entrer dans la dynamique de l'apprentissage auprès du Dieu de sagesse.

Le sage a ses yeux à la tête

Revenons à notre livre et à un peu de vocabulaire, afin de mieux cerner notre problématique car, avouons-le, l'Ecclésiaste ne nous rend pas toujours service par ses contradictions. Mais nous pourrons nous en sortir parce qu'il y a un fil d'Ariane dans ce labyrinthe... Notre démarche doit s'éclairer du sens profond de *hokmah*, ce qui devrait nous amener à un peu de raisonnement, de bon sens et de discernement.

Comme nous l'avons vu plus haut, l'une des définitions les plus courantes que la Bible propose de la sagesse se trouve formulée ainsi : « le principe de la sagesse, c'est de craindre le Seigneur : tous ceux qui font cela sont bien avisés. Sa louange subsiste toujours » (Psaume 111.10) Ou encore « ne reprends pas un sceptique, sinon il te haïra ; mais si tu reprends un sage, il t'en aimera. Donne au sage, et il deviendra plus sage, instruis le juste, et il augmentera son acquis. La crainte du SEIGNEUR est le commencement de la Sagesse et l'intelligence est la science des saints. Oui, grâce à moi tes jours seront nombreux et les années de ta vie se multiplieront. Si tu es sage, tu es sage pour toi et si tu es sceptique, tu en es seul responsable » (Proverbes 9.8-12).

La priorité semble être donnée à la crainte de l'Eternel et non à l'idéologie humaine en matière de tentatives de convaincre autrui de faire le bien. Ainsi, la sagesse évoquée ici encourage à se taire devant un insensé, même si ce n'est pas toujours facile. Cela signifie que le bon sens ne se trouve pas dans les débats prolongés avec la seule intention de raisonner quelqu'un qui ne veut rien entendre. Le sage est celui qui ne conteste pas de manière insistante.

Est-ce à dire que le sage n'aurait pas de convictions et serait peu enclin à aller jusqu'au bout de ses idées ? La mentalité de notre société contemporaine pourrait nous encourager à le penser. D'ailleurs, il n'existe plus tellement de figures emblématiques qui imposent le respect. Où sont les Gandhi, les Martin Luther King ou les Nelson Mandela du troisième millénaire ? Où sont les Roosevelt, les De Gaulle ou les Churchill qui peuvent changer la face du monde, en refusant de capituler devant des agresseurs ? Aujourd'hui, tout laisse croire qu'il faut être « lisse » pour être admis ou compris, et surtout ne pas chercher à tout résoudre, sinon l'on vous prend pour un doux rêveur, un naïf ou pire, un intolérant. Nous ne devons pas, cependant, baisser les bras et croire que les hommes de convictions sont en voie de disparition.

Même en politique, la réalité met chacun de nous en présence de situations où la sagesse et une sérieuse opposition à l'injustice, au mensonge ou à la malveillance, ne l'emportent pas toujours. Regardez ces chefs d'état qui déclarent une guerre sur la base d'un mensonge organisé ; d'autres sont élus malgré des années de malversations, de calculs, de stratégies frauduleuses. Ils ont réussi par des moyens malhonnêtes et les scandales éclatant sur de fausses factures, des commissions, des emplois fictifs et autres ruses, nous révèlent le mode de fonctionnement de certains individus qui ont la prétention de vouloir diriger un pays ... pour le bien de la nation. Ceux qui les dénoncent sont pris pour des menteurs ou des accusateurs et pourtant l'administration des villes ou du pays leur est confiée par le jeu démocratique.

L'Ecclésiaste laisse entendre (et nous retrouvons là une autre de ses maximes contradictoires) qu'après avoir analysé la vie par la sagesse, tout est encore vanité et poursuite du vent. Toutefois, et c'est ce qui nous intéresse dans ses propos, il revient à Dieu, comme pour établir une passerelle entre la sagesse et la foi. Fait-il comprendre qu'il y a une forme de vulnérabilité dans la sagesse lorsqu'elle part exclusivement de l'homme, avec l'intention de satisfaire la curiosité intellectuelle ou culturelle de ce dernier ? Fort probablement.

Une morale de l'histoire

Il faut tout de même reconnaître que le discours du rassembleur sur la sagesse est quelque peu complexe. J'ai évoqué plus haut les aspects contradictoires mais reste à savoir si la parole sapientiale est porteuse de révélation, ce qui nous ferait justement entendre la Parole de Dieu.

L'Ecclésiaste se situe entre un souci cognitif et un souci pragmatique. En d'autres termes, la sagesse qu'il revendique devrait, d'une part, permettre à l'individu d'en connaître un peu plus sur le monde et de l'autre, appliquer toutes les leçons tirées à des fins utiles. La sagesse évoquée aide à comprendre les êtres, les objets, la nature, les relations humaines, le fonctionnement de la religion, de la société, de la justice et de bien d'autres domaines de la condition humaine.

En prolongeant ces observations, il semblerait qu'une passerelle pourrait être établie entre cette sagesse et la foi de l'homme en un Dieu qui mérite le respect et l'adoration. Est-ce de manière fortuite qu'il finit son discours par l'exhortation « crains Dieu » ? Il est fort possible que dans sa quête de connaissance, dans sa démarche rationnelle, il soit arrivé à la conclusion que la vie trouve son véritable sens – signification et direction – dans une relation où Dieu est présent.

Tout laisse croire que l'Ecclésiaste s'est trouvé devant des situations ordinaires autant que devant des cas complexes, délicats, indéchiffrables. Il a dû voir l'homme dans sa grandeur comme dans sa bassesse ; dans ses élans de

conquérant du monde mais aussi dans la petitesse de ses
calculs mesquins, de ses envies de domination, de sa cruauté
aussi bien que de sa générosité. S'il a conclu que son désir de
comprendre le monde par la sagesse s'avérait aussi être une
vanité et poursuite du vent, je pense sérieusement qu'il faut
l'entendre au niveau de l'effort plus qu'au niveau des
résultats. C'est comme un travail rébarbatif, dont l'effort
exigé nous agace plus qu'autre chose et l'on se demande bien
si tout ce qui est entrepris n'est pas pure futilité. La remise
en question se situe pendant l'effort mais il n'y a pas de
remise en cause de l'objectif, qu'il soit conscient ou
inconscient.

Conclusion

Il n'est pas facile de parler de la sagesse... avec sagesse. Car
les hommes sont-ils suffisamment sages, c'est-à-dire
prudents, pour énoncer ce qui correspond à la vraie définition
de ce terme ? Cela ne signifie pas que l'homme en soit
incapable mais plutôt qu'il y a une exigence d'humilité et
d'apprentissage dans la relation avec autrui, qu'il soit divin
ou humain. L'altérité est une source de sagesse ; c'est par
l'autre, avec l'autre, auprès de l'autre que chacun de nous en
apprend un peu plus sur soi-même, sur la vie, les êtres et les
choses, ainsi que le fonctionnement de tout ce qui constitue
la condition humaine.
Si la crainte d'Elohim est le point de départ de la sagesse,
chaque homme est invité à emprunter ce chemin, mais
uniquement si son cœur l'y porte.
A méditer :

1. Où commence la sagesse ?
2. Comment définissez-vous la crainte de Dieu ?
3. L'Ecclésiaste fait-il toujours preuve de sagesse ?
4. Que pensez-vous des philosophes ?
5. Avez-vous développé une philosophie de vie ?

5

Le bonheur et le bon Dieu

« J'ai dit en mon cœur : Allons ! Je t'éprouverai par la joie, et tu goûteras le bonheur. Et voici, c'est encore là une vanité. » (Ecclésiaste 2.1)

La notion du bonheur est davantage une question de définitions et de sens pratique, qu'un concept rigoureusement déterminé. Toutefois, le bonheur évoqué dans la Bible n'est pas abstrait, inaccessible et mystique ; elle en parle à 90 reprises, dont 70 dans l'Ancien Testament, montrant ainsi que bonheur et expérience spirituelle ne sont pas incompatibles. La réflexion de Qohéleth semble osciller entre la notion globale du bonheur et la nuance possible entre bonheur et plaisir mais nous verrons que son discours appelle l'être humain à réfléchir sur le sens qu'il donnera à ce terme.

Le livre de l'Ecclésiaste commence par un verdict assez triste sur l'existence humaine : « vanité des vanités, tout est vanité ». Nous découvrons toutefois, à mesure que nous avançons dans le cheminement choisi à ses côtés, que Qohéleth n'est pas morose, ne se trouvant pas dans une sorte de spirale descendante, un tourbillon menant à la folie. Il semble faire le procès du bonheur, n'hésitant pas à dire que celui-ci n'est rien, plus loin il encouragera à profiter pleinement de la vie, probablement la chose la plus raisonnable que l'homme puisse faire.

En effet, malgré la tonalité quelque peu négative, Qohéleth rassemble ses idées et aborde aussi la question du bien-être et divers aspects de la vie qui font la joie et le bonheur de tout individu. Il en parle une douzaine de fois et, ce qui est encore plus surprenant (on parlerait volontiers d'une agréable surprise), il jalonne son discours de sept refrains sur le bonheur[45], des refrains où, à une exception près, il fait référence à Dieu également. Sept refrains, comme pour dire le chiffre parfait, pour induire l'idée qu'il y a une vie heureuse possible au milieu de ces conditions, par moments si bouleversantes, de l'existence humaine. Et son discours ne repose pas sur la théorie. Il apporte sa propre expérience, après avoir observé,

---

[45] Voir Marie MAUSSION, Le mal, le bien et le jugement de Dieu dans le livre de Qohélet, Editions Universitaires Fribourg, Suisse, Vandenhoeck & Ruprecht, Göttingen, 2003, pp. 122-150.

87

analysé, compris qu'une certaine forme de bonheur est vanité. Il estime pouvoir en parler parce qu'il affirme avoir tout examiné. Quand il parle de Dieu, il cherche à prévenir contre toute confusion entre le bonheur et le plaisir comme une fin en soi.

Bonheur et vanité

« *Je me suis dit en moi-même : « Allons, que je t'éprouve par la joie, goûte au bonheur ! » Et voici, cela aussi est vanité. Du rire, j'ai dit : « C'est fou ! » Et de la joie : « Qu'est-ce que cela fait ? »* (2.1,2)

Qohéleth ne se prive nullement d'évoquer le thème du bonheur, même si l'ensemble de son discours démarre sur une note peu encourageante. Et le plus surprenant, c'est qu'il pose d'emblée sa conclusion, comme un avertissement, que le bonheur est aussi quelque chose de futile. Mais sa première déclaration sur le sujet se présente comme un effort qui se profile au-dessus de la vanité de l'existence humaine. Veut-il signifier par là que le chemin le plus court pour sortir de la condition humaine est la recherche du bonheur ou du bien-être ? Est-ce contradictoire ou utopique de chercher le bonheur face à la vanité ? Et puis, où et comment chercher ce bonheur ?

Tout d'abord, voyons la définition du terme « bonheur », employé par Qohéleth. Il vient de l'hébreu *tov*, « bien », « agréable », « plaisant ». En plus, il y a d'autres nuances telles que « contentement », « satisfaction » ou encore « prospérité », « félicité » et « béatitude ». Le terme renvoie à la notion globale du bien ou du bien-être. Cinq champs sémantiques peuvent lui être attribués :

1. Le bonheur pratique, économique, ou matériel ;
2. Le bonheur abstrait tel que le désir, le bien-être et la beauté ;
3. La satisfaction d'un rapport qualité/prix, d'un investissement ;
4. Le bien au sens moral ;
5. Le bien au sens philosophique.

La racine *tov* prend la forme verbale aussi bien que celle de l'adjectif ou du substantif. La différence est à peine évidente puisque le bien (le bien-être) et le bonheur sont intimement liés dans la pensée biblique. Mais il est certain, et Qohéleth nous entraîne sur cette voie, que la foi exige du croyant une recherche lucide du bonheur. Cette exigence devient évidente dès que surgit le constat que tout est vanité et poursuite du vent.

« *Voilà un homme seul qui n'a personne avec lui : ni fils, ni frère, et pourtant, il travaille dur sans jamais s'arrêter. Jamais ses yeux ne se rassasient de richesses, et pourtant il se dit : « Pour qui donc est-ce que je travaille si dur ? Pour qui est-ce que je me prive de bonnes choses ? » Cela aussi est dérisoire ; c'est un mal affligeant* »[46]. (4.8)

Qohéleth fustige ici le non-sens de certains itinéraires humains. Il prend le cas d'individus qui travaillent toute leur vie, sans jamais se lasser. Ils n'ont ni fils ni frère, ce qui implique qu'il n'y a aucun héritier ou aucun prolongement du patronyme. C'est la fin d'une généalogie... Mais malgré tout cela, il y a de nombreuses richesses et quelque part une fortune qui est amassée, mais pas de fils ou de frère pour en profiter. N'est-ce pas frustrant de savoir qu'à la fin d'une vie tout le fruit de son labeur passera en d'autres mains, que tout, ou presque, sera perdu ?

 Plus loin, nous le verrons dans la série des refrains, il tentera de convaincre de la légitimité du bonheur et il faut tout faire pour l'expérimenter, pour y goûter parce que la vie est si courte, si risquée face à la vanité qu'il faut savoir y mettre de la joie. C'est pour cela qu'il dit, dans le passage cité plus haut, que la privation n'a pas de sens lorsqu'un homme ne fait le bonheur de personne. D'une manière générale, le travail sert à son propre épanouissement certes, mais le travail d'un homme assure une sécurité et un confort à sa famille. Or, il n'y a pas de vrai bonheur sans partage. Le bonheur se vérifie dans la joie de ses proches et ainsi l'effort fourni dans le travail trouve un sens, une valeur.

 Par ailleurs, je trouve qu'il il y a une sorte d'ironie dans l'interrogation que Qohéleth prête à l'homme seul. Il semble opposer le travail au bonheur, les privations au plaisir. Or, il conclut en disant que cela aussi est dérisoire et affligeant. C'est une fausse interrogation sur un vrai problème humain : de nombreux individus sont dans un contexte où il est difficile de concilier travail et bonheur. Il arrive à certaines personnes de n'éprouver que peu de satisfaction et de bien-être dans le métier qu'elles exercent. Cela tient parfois du métier lui-même, de sa

---

[46] Bible du Semeur (2000).

pénibilité mais dans d'autres cas, le problème vient de l'environnement relationnel, des rapports hiérarchisés ou du salaire. Dans ces cas précis, l'être humain travaille par devoir et non par plaisir.

« Soit un homme qui engendre cent fois et vit de nombreuses années, mais qui, si nombreux soient les jours de ses années, ne se rassasie pas de bonheur et n'a même pas de sépulture. Je dis : l'avorton vaut mieux que lui, car c'est en vain qu'il est venu et il s'en va dans les ténèbres, et par les ténèbres son nom sera recouvert ; il n'a même pas vu le soleil et ne l'a pas connu, il a du repos plus que l'autre. Même si celui-ci avait vécu deux fois mille ans, il n'aurait pas goûté le bonheur. N'est-ce pas vers un lieu unique que tout va ? » (6.3-6)

Sans doute Qohéleth pose-t-il ici une question fondamentale : à quoi sert la vie sans bonheur ? Et il précise que ce bonheur ne se mesure pas au nombre d'enfants, à l'ampleur des richesses matérielles ou à la longévité d'une vie. Faut-il comprendre que le prédicateur ne reconnaît aucun mérite à un être humain qui vivrait vieux et aurait une grande descendance dans une vie sans bonheur ? Dans ce cas, l'expérience humaine sur de si longues années n'en valait pas vraiment la peine d'être vécue : il valait même mieux être un mort-né !

L'homme qui n'arrive pas à donner un sens à la vie se nourrit de futilités et ne fait que compter les jours de son existence. Qohéleth pose la question de la valeur d'une vie passée à dépenser et à se dépenser sans connaître le vrai bonheur. Fait-il ici le procès de l'activisme ou de la fausse idée matérialiste du bonheur ? Le verdict du penseur est assez sévère, lorsqu'il compare une vie sans bonheur à un mort-né qui n'a même pas le loisir d'apprécier la vie, la lumière et qui passe de l'état d'embryon à la situation de non-vie, une sorte de repos tragique.

Il dit également que l'homme qui, après une longue vie, n'a même pas de sépulture aura connu un itinéraire sans éclat, sans épanouissement réel. Il vit sans bonheur et meurt sans honneur, sans avoir des funérailles convenables. Aux yeux de Qohéleth, pour cet homme il n'y a pas de bonheur dans la vie et encore moins dans la mort.

Vivre sans comprendre que l'existence est autre chose que les sacrifices ou les privations, autre chose que l'austérité et la mortification : c'est comme parcourir un chemin dans l'obscurité, marcher à tâtons et croire que c'est cela la vie... Il appartient à tout lecteur de déceler, dans les propos de Qohéleth, la conviction qu'être humain sur terre, c'est chercher le bonheur et surtout en être conscient.

« Au jour du bonheur, sois heureux, et au jour du malheur, regarde : celui-ci autant que celui-là, Dieu les a faits de façon que l'homme ne puisse rien découvrir de ce qui sera après lui. » (7.14)

Loin de pousser au fatalisme, Qohéleth invite tout auditeur ou lecteur de ses propos à ne pas nier le droit au bonheur. S'il demande d'être heureux au jour du bonheur, notons qu'il ne propose pas d'être malheureux au jour du malheur. Il insiste plutôt sur le registre de la lucidité sur la réalité de la vie : les jours se suivent mais ne se ressemblent pas. L'homme se trouve devant la nécessité d'affronter cette réalité sans mépriser toute forme de bonheur mais surtout sans sombrer dans le désespoir lorsque qu'il doit faire face aux malheurs.

Le bonheur assumé, c'est cela que demande Qohéleth. Le malheur analysé, dans la mesure du possible, c'est surtout pour encourager à ne pas prendre de pari sur l'avenir. En somme, le regard réaliste doit se comprendre comme la capacité à ne pas voir le bonheur en tant que fin en soi, sinon il pourrait devenir une valeur factice, une illusion. Construire sa vie en étant heureux, cela devrait suffire, semble dire Qohéleth, d'autant plus qu'à ses yeux il y a un équilibre naturel entre les jours de bonheur et les jours de malheur. L'important, c'est d'apprendre de la vie que l'on connaît et ne pas se morfondre pour ce qu'on ignore. Le bonheur est probablement lié à la disposition à ne pas se créer des soucis inutiles, des complications venant de toutes les questions sur l'avenir...

L'objectif de base est bien le bonheur face à la vanité. Le bonheur permet d'échapper à l'éphémère. Et c'est ainsi que Qohéleth lancera des invitations à apprécier ou à construire un bonheur qui est légitime et honnête. Voyons tout cela de plus près, au travers des différents refrains évoqués plus haut.

Consommer la vie

« Il n'y a de bonheur pour l'homme qu'à manger et à boire, et à faire jouir son âme du bien-être, au milieu de son travail ; mais j'ai vu que cela aussi vient de la main de Dieu. Qui, en effet, peut manger et jouir, si ce n'est moi ? » (2.24,25)

En entendant ou en lisant les paroles de ce premier refrain, on dirait facilement de Qohéleth qu'il est épicurien ou hédoniste : que le vrai sens de la vie se trouve dans l'art de consommer et de jouir pleinement de tout ce qui peut apporter du plaisir.

Puisque nous évoquons les courants philosophiques antiques, disons un mot sur le bonheur tel que les philosophes de l'Antiquité le concevaient. A commencer par Platon (427-347 av. J.-C.) qui, rapportant les discours de Socrate, laisse entendre que loin d'être de la jouissance effrénée, le bonheur prend le sens du manque, donc d'une souffrance insatiable. Quant à Aristote (384-322 av. J.-C.), disciple de Platon, il voyait le bonheur comme le Souverain Bien, c'est-à-dire la fin la plus digne d'être poursuivie, celle qui est désirable en elle-même. Le souverain Bien est dans l'accomplissement de ce qu'il y a de plus excellent dans la nature de l'homme, en d'autres termes développer une vie pleinement consacrée à l'exercice de la raison et en accord avec la vertu. Epicure (341-270 av. J.-C.) se situe à l'opposé de Platon et sa démarche consiste à restaurer et légitimer les désirs qui viennent du corps, comme celui de manger et de boire, ce qu'il nomme les désirs naturels et nécessaires, limités par la nature. A ses yeux, seuls les désirs vains génèrent la souffrance. Selon le point de vue épicurien, le bonheur consiste non pas dans la débauche mais dans le plaisir pur d'un bien-être libéré de toute angoisse et de toute douleur. Un dernier exemple est celui qui vient de la sagesse stoïcienne. Sénèque, l'une de ses figures majeures, estimait que le bonheur ne trouve pas son fondement dans le plaisir mais dans la vertu qui rend invincible et impassible, donc stoïque. Le stoïcisme est assez proche de l'hédonisme, doctrine qui fait de la recherche du plaisir le fondement de la morale.

Ce bref rappel des définitions du bonheur, chez certains philosophes, nous permet de vérifier le positionnement de Qohéleth. Quand il parle du bonheur, il donne le sentiment que non seulement lui-même a tout expérimenté mais qu'il encourage aussi à une grande liberté dans la recherche du plaisir et de la satisfaction de tous ses désirs. Son discours trouve, à ses yeux, une certaine légitimité dans la mesure où il s'exprime aussi en tant que roi, homme de pouvoir donc, et auquel presque tout est soumis, ce qui signifie que tout lui est permis dans le royaume. Ne dit-il pas qu'à part lui, personne ne pourrait en profiter pleinement ?

Toutefois, nous ne sommes pas dans le fameux slogan du « carpe diem » qui invite à profiter pleinement de la vie dans le jour présent sans s'inquiéter du lendemain. Il ne s'agit pas pour lui de profiter de la vie sans se soucier des autres, sans être redevable à quiconque mais de montrer que le bonheur trouve un allié dans une forme de liberté.

Mais le voilà qui lie tous les plaisirs à Dieu lui-même : tout ce qui fait le bonheur vient de Dieu ! Nous sommes ici bien loin de la pensée des épicuriens ou des hédonistes. Qohéleth ne se présente pas comme le chantre de la liberté sans morale. Il n'oublie jamais que Dieu est au-dessus de toutes choses et qu'il contrôle également le bonheur de l'homme.

Bonheur et éternité

« J'ai vu à quelle occupation Dieu soumet les fils de l'homme. Il fait toute chose bonne en son temps ; même il a mis dans leur coeur la pensée de l'éternité, bien que l'homme ne puisse pas saisir l'oeuvre que Dieu fait, du commencement jusqu'à la fin. J'ai reconnu qu'il n'y a de bonheur pour eux qu'à se réjouir et à se donner du bien-être pendant leur vie ; mais que, si un homme mange et boit et jouit du bien-être au milieu de tout son travail, c'est là un don de Dieu. J'ai reconnu que tout ce que Dieu fait durera toujours, qu'il n'y a rien à y ajouter et rien à en retrancher, et que Dieu agit ainsi afin qu'on le craigne. » (3.10-14)

Le bonheur ne passant pas inaperçu aux yeux de Dieu, Qohéleth ramène les choses dans une dimension verticale. Son deuxième refrain sur le bonheur dit que Dieu soumet les hommes à une occupation mais il leur donne une perspective, celle de l'éternité. Voilà l'homme pris dans une occupation qui, logiquement, devrait l'aider à ne pas penser au bien-être et au confort comme une fin en soi.

L'homme est autorisé à boire et à manger, à se réjouir du bonheur qu'il mérite parce qu'il fournit des efforts pour cela. Il travaille, donc il a droit à une récompense. Il y a ainsi une part légitime et morale dans la recherche du bonheur. L'homme ne devrait pas rougir dans sa quête du bien-être. Toutefois, Qohéleth met en filigrane l'idée que Dieu reste maître du destin de l'homme.

Est-ce que le bonheur de l'homme, tout légitime qu'il soit, doit tenir compte, de manière permanente, du fait qu'il n'y a aucune vie possible et significative sans la prise de conscience de cette fameuse pensée de l'éternité que Dieu a mise dans le cœur de l'homme ? Qohéleth associe le vrai bien-être de l'homme, qui est un don de Dieu, à un autre don, celui de la pensée de l'éternité. Le bonheur de l'homme ici-bas deviendrait donc une sorte de préparation ou de répétition de ce qui l'attend dans l'éternité.

Remarquons que Qohéleth ne reviendra pas sur cette question de l'éternité mais elle reste présente dans son esprit puisque tout passera entre les mains de Dieu, à un moment ou à un autre. L'homme doit donc se tenir prêt à toute éventualité.

Une part légitime

« Et j'ai vu qu'il n'y a rien de mieux pour l'homme que de se réjouir de ses œuvres : c'est là sa part. Car qui le fera jouir de ce qui sera après lui ? » (3.22)

Nous voilà de nouveau avec l'idée que Qohéleth partage la mentalité du 'carpe diem'. Dans ce sens, l'homme doit jouir de la vie sans trop se poser de questions. Mais regardons bien le troisième refrain, dans le texte cité ici : « l'homme doit jouir de ses œuvres ! » Il n'y a pas de doute dans l'esprit du sage, l'homme n'est pas appelé à jouir par usurpation, tricherie, convoitise. Il ne s'agit pas de chercher le plaisir pour le plaisir mais plutôt de profiter de tous les bénéfices de ce que le travail, l'effort et l'engagement peuvent apporter à celui qui y est consacré. L'expression « il n'y a rien de mieux » repose sur la racine *tov,* au sens de plaisant, agréable, bien. Dans ce sens, il évoque l'appréciation que l'être humain peut et doit avoir de sa vie, c'est-à-dire un regard optimiste sur lui-même et sur ses actions.

Selon l'Ecclésiaste, l'homme ne doit pas vivre dans le sacrifice et la privation et se ruiner, sans prendre le temps d'apprécier la vie et tout le bénéfice que l'on peut tirer de son travail. Vouloir en profiter personnellement n'est pas égoïste même si la plupart des hommes investissent, travaillent pour leur famille, surtout pour leurs enfants qui hériteront après eux de tous les efforts fournis. Les deux ne sont pas incompatibles et on ne sent pas l'ombre d'un égoïsme dans les propos du Sage.

Tout individu a droit au bonheur mais pas à n'importe quel prix. Notez que Qohéleth associe le bonheur au travail, sans doute pour parler de l'effort honnête, régulier. Le travail fait appel à l'humilité et à la dépendance, ce qui pourrait nous rappeler que la première occurrence de la notion de travail se trouve dans le troisième chapitre de la Genèse, dans la malédiction prononcée sur l'homme : « c'est à la sueur de ton front que tu gagneras ton pain ». Le bonheur est dans l'effort lorsqu'il est transparent. Dès lors, face aux efforts fournis pour gagner honnêtement sa vie, il y a un bonheur légitime que personne n'a le droit de contester. Le croyant en est le premier concerné.

La joie dans le cœur

« Voici ce que j'ai vu : c'est pour l'homme une chose bonne et belle de manger et de boire, et de jouir du bien-être au milieu de tout le travail qu'il fait sous le soleil, pendant le nombre des jours de vie que Dieu lui a donnés ; car c'est là sa part. Mais, si Dieu a donné à un homme des richesses et des biens, s'il l'a rendu maître d'en manger, d'en prendre sa part, et de se réjouir au milieu de son travail, c'est là un don de Dieu. Car il ne se souviendra pas beaucoup des jours de sa vie, parce que Dieu répand la joie dans son cœur. » (5.17-19)

Le quatrième refrain fait ressortir une gradation dans le discours de Qohéleth. Il évoque le bonheur de tout homme de boire et manger et de jouir du bien-être qu'il tire de tout travail parce qu'il y a droit. Ensuite, il accède à un niveau supplémentaire et lie tout cela à l'action de Dieu lui-même.

Notons que Qohéleth établit une nuance entre l'homme qui a des richesses, mange, boit et vit de manière satisfaisante pendant les années que Dieu lui donne et celui qui reçoit de Dieu bien-être et richesses, la liberté d'en profiter et la joie dans le travail. Pour le premier cas, il semble parler d'une situation ordinaire dans laquelle l'être humain trouve du plaisir à ce qu'il fait et il a droit au bonheur tout simplement. Dans le deuxième cas, il insiste sur le fait que Dieu donne les richesses et les biens et surtout la possibilité d'en jouir. Cet homme-là ne compte pas ses jours ou même les années de sa vie, il ne s'embarrasse pas de souvenirs inutiles parce que Dieu répand la joie dans son cœur.

Dieu donne le droit au bonheur et c'est lui qui donne le travail et la possibilité de manger et de boire. L'homme biblique croit fermement en cela et il en témoigne. Il faut reconnaître que tout est don de Dieu. Ainsi, c'est en toute gratitude que l'homme consomme et profite du bien-être qui lui échoit, comme un don de Dieu. Dieu lui donne ce plaisir et met de la joie dans son cœur. Cette joie, si elle est bien assimilée, dépassera tous les efforts fournis. Le travail produit donc en lui-même de la satisfaction, une forme de contentement. Celui qui est actif produit, crée, invente. Il ne se laisse pas enfermer dans des convenances ou des conventions. Il va plus loin dès lors qu'il participe à la chaîne de l'effort.

En somme, Qohéleth partage sa conviction que Dieu veille aussi bien sur le bonheur de l'homme riche que sur le bonheur de l'homme sans richesses. Il faut croire que c'est ainsi qu'il résout l'inégalité au niveau matériel. Le bonheur se trouve dans la manière dont on sait tirer profit de la vie.

Crime et châtiment

« Que le pécheur fasse le mal cent fois, alors même il prolonge sa vie. Je sais pourtant, moi aussi, « qu'il y aura du bonheur pour ceux qui craignent Dieu, parce qu'ils ont de la crainte devant sa face, mais le bonheur n'est pas pour le méchant, et il ne prolongera point ses jours, pas plus que l'ombre, parce qu'il n'a pas de la crainte devant Dieu. » (8.12,13)

Voilà que commence, dans un cinquième refrain, à se préciser la pensée de Qohéleth sur le bonheur. Du moins, on le comprend ainsi, d'autant qu'il n'arrête pas de l'associer à Dieu. Il y aurait donc quelque part un sens éthique rattaché au bonheur, en tout cas au véritable bonheur, tel que le sage le conçoit. Faut-il le suivre jusqu'au bout dans cette lecture et penser que le méchant ne connaît pas de bonheur sous le soleil ? On pourrait plutôt croire que le méchant est souvent épargné et qu'il arrive toujours à ses fins, qu'il profite bien de la vie grâce à ses richesses, même mal acquises. Les malhonnêtes semblent prospérer, ils ont un train de vie qui susciterait bien des convoitises. Comment tenir face à cet étalage insolent de richesses, surtout lorsqu'elles ont un mauvais parfum ? Le juste qui est en face pourrait se demander pourquoi ceux qui font le mal ont l'air de profiter davantage de la vie, pourquoi il ne leur manque rien, vivant comme des petits rois sous le soleil...

Or, nous comprenons que le sens dans lequel vont les pensées des hommes bibliques est celui de la justice. Déjà dans les Proverbes, nous entendons que « le salaire du juste conduit à la vie et le revenu du méchant, au péché » (Proverbes 10.16), ou encore « le méchant fait un gain trompeur, mais celui qui sème la justice a un salaire véritable » (Proverbes 11.18)[47], ce qui rejoint l'Ecclésiaste quand il dit que « Dieu jugera le méchant car il y a un temps pour chaque chose et pour chaque action » (3.17).

Ainsi tombe un mythe, celui des méchants qui arrivent à tricher avec la justice. La Bible laisse entendre que leur bonheur est factice parce que l'œuvre des méchants est essentiellement inscrite dans l'éphémère. Ils n'iront pas plus loin que la poussière de la terre et il faut qu'ils intègrent l'idée que leurs richesses ne les suivront pas dans la tombe. C'est probablement le début inconfortable de leur sort : ils vont pourrir et leurs richesses aussi ! Il est vrai que certains malhonnêtes lèguent de grands biens à leurs enfants mais quel honneur y a-t-il à jouir de biens acquis grâce au crime, à la malveillance ou au mensonge ? Quel bonheur peut-on tirer d'un argent qui a la couleur du sang ? Ceux qui en profitent, ont une conscience uniquement matérialiste de l'argent, la couleur ou l'odeur leur important peu...

Qohéleth commence à anticiper sur sa conclusion finale, dès lors qu'il associe le bonheur véritable à la crainte de Dieu. Le méchant ne connaît pas le vrai bonheur parce qu'il n'a pas la crainte du vrai Dieu. Le juste peut donc espérer dans le vrai bonheur, le bien-être qui peut ne pas être matériel mais il a la paix qu'aucune richesse économique ne peut acheter. C'est la paix que seul le Seigneur peut donner, une paix qui dépasse toute capacité de raisonnement et de rationalisation de la question du bien-être[48].

Du pain et du vin

« Va, mange avec joie ton pain, et bois gaiement ton vin ; car dès longtemps Dieu prend plaisir à ce que tu fais. Qu'en tout temps tes vêtements soient blancs, et que l'huile ne manque point sur ta tête. Jouis de la vie avec la femme que tu aimes, pendant tous les jours de ta vie de vanité, que Dieu t'a donnés sous le soleil, pendant tous les jours de ta vanité ; car c'est ta part dans la vie, au milieu de ton travail que tu fais sous le soleil. Tout ce que ta main trouve à faire avec ta force, fais-le ; car il n'y a ni oeuvre, ni pensée, ni science, ni sagesse, dans le séjour des morts, où tu vas. » (9.7-10)

---

[47] Voir aussi les chapitres 12 et 13, fort intéressants sur le sujet.
[48] Philippiens 4.7; Matthieu 11.28.

Qohéleth revient avec un sens pratique du bonheur. Dans le sixième refrain, il semble dire que le bonheur ne consiste ni en l'*avoir* ni en l'*être*, mais dans le *faire*. Le philosophe Alain, entre autres, le rejoint dans une certaine mesure lorsqu'il laisse entendre qu'un homme est heureux dès qu'il contemple les traces de son travail et les poursuit, sans autre maître que la chose, dont les leçons sont toujours bien comprises. L'invitation ici est à l'appréciation et à la mise en place d'une qualité de vie durable. Le bonheur n'est ni l'étalage pour jeter la poudre aux yeux des autres ni la fausse humilité. Il y a un droit à être heureux et à en témoigner. Un homme heureux se fera remarquer par son allure, sa tenue, sa décontraction. Une femme heureuse montrera aussi les joies qui animent son cœur.

La vie est si courte qu'elle vaut la peine d'être vécue. La vie est si courte qu'il est important de ne pas la gâcher par des courses effrénées vers un bien-être illusoire ou des joies sans lendemains. Les plaisirs dont parle Qohéleth évoquent en filigrane aussi le bonheur sexuel et il propose que l'individu construise son bonheur avec sa femme et qu'il ne tombe pas dans le piège postmoderne de la banalisation de la sexualité, qui a comme conséquence de faire des êtres humains des consommables ou des individus interchangeables.

Le bonheur trouve fort probablement sa source dans des choses simples, ces petits riens qui alimentent de grandes joies. Dieu n'est pas opposé à la joie, à la gaieté et à la fête mais il y a la nécessité pour l'humain de ne jamais oublier sa présence puisque, selon le Sage, c'est Dieu qui donne...

Le procès du bonheur

« *Jeune homme, réjouis-toi dans ta jeunesse, livre ton coeur à la joie pendant les jours de ta jeunesse, marche dans les voies de ton coeur et selon les regards de tes yeux ; mais sache que pour tout cela Dieu t'appellera en jugement. Bannis de ton coeur le chagrin, et éloigne le mal de ton corps ; car la jeunesse et l'aurore sont vanité. Mais souviens-toi de ton créateur pendant les jours de ta jeunesse, avant que les jours mauvais arrivent et que les années s'approchent où tu diras : Je n'y prends point de plaisir...* » (11.9-12 .1)

Ce septième refrain devient la touche finale dans le discours de Qohéleth sur le bonheur. Il s'adresse à un jeune homme qui prendrait facilement la figure d'un fils, de tout fils d'homme pour dire que le bonheur est légitime. Il entend que l'homme a naturellement droit au bien-être et qu'il faut savoir vivre normalement sans oublier que Dieu a un regard sur l'humanité. Dans son encouragement, Qohéleth emploie la forme verbale de *tob* (prononcer *tov*) pour parler de toute joie destinée au cœur de l'homme.

Dans le passage cité plus haut il y a un parallélisme synonymique entre « Dieu t'appellera en jugement » et « souviens-toi de ton créateur ». Il y a là matière à réflexion plus qu'à rébellion. Dieu n'empêche pas le bonheur et Qohéleth est convaincu que c'est aussi un don de sa part. Mais le penseur trouve logique de mettre en garde le jeune homme afin qu'il n'oublie pas la souveraineté divine et qu'il peut exister un bonheur que Dieu n'approuve pas et sur lequel il demandera des comptes à tout être humain. Un tel avertissement n'a rien à voir avec le comportement hédoniste ou épicurien prêté à Qohéleth par certains de ses lecteurs...

Par ailleurs, il est nécessaire de faire une nuance entre ce qui est naturel et ce qui est normal : ce qui est naturel relève de la nature et ce qui est normal relève de la norme. L'homme a des désirs de toutes sortes, il est rempli de pulsions qu'il cherche soit à satisfaire soit à refouler et tout lecteur doit comprendre que la Bible n'a jamais nié à l'homme ce qui correspond à sa nature. Toutefois, dès lors qu'il est en relation avec Dieu, il apprend à gérer autrement ses envies et ses désirs. Gérer ne veut pas dire éliminer, nier, oublier, refouler mais plutôt organiser dans le cadre de l'alliance entre le croyant et Dieu.

Le bonheur n'est pas l'ignorance de la vanité de nombreux aspects de l'existence mais il reflète l'une des aspirations naturelles de l'homme.

Conclusion

Aristote disait qu'« une hirondelle ne fait pas le printemps, non plus qu'une seule journée de soleil ; de même ce n'est ni un seul jour ni un court intervalle de temps qui font la félicité et le bonheur »[49]. Il semble dire que le bonheur se construit, de l'intérieur comme de l'extérieur, dans la patience et dans la durée. Le bonheur n'est certes pas dans le manque, la privation, l'austérité, l'insatisfaction ou la frustration. Il n'est pas non plus dans la gourmandise, la satiété, la consommation sans modération. Qohéleth demande à ceux qui veulent bien

---

[49] Ethique à Nicomaque, Livre I, chapitre VII, 16.

l'entendre de profiter et de jouir de la vie mais de ne jamais oublier que Dieu jugera toute chose, y compris toute forme de recherche de bien-être.

 Le bonheur ne se construit pas sur le malheur d'autrui. Le bonheur ne se construit pas par des moyens malhonnêtes. Le confort matériel peut se construire sur des malversations et des mensonges mais pas le vrai bonheur. L'argent ne fait pas le bonheur, dit-on mais il y contribue grandement : personne n'en disconviendrait ! Le bonheur se cherche, s'organise et se partage. Mais nous savons aussi que la convoitise peut être satisfaite par consentement mutuel mais elle restera toujours convoitise, donc désapprouvée par Dieu. Le bonheur s'apprécie comme un don de Dieu, donc approuvé par lui. Qohéleth ne nie pas le besoin du bonheur. Tout être humain y a droit et devrait apprendre à développer une lecture active et constructive du bonheur. En somme, il ne faut pas attendre le bonheur, il faut savoir le chercher, le provoquer même, sans pour autant oublier que Dieu a un regard sur l'itinéraire humain. Qohéleth semble dire que le *bon*-heur et le *bon* Dieu peuvent se rencontrer dans l'existence humaine...

A méditer :

    1.   Comment définiriez-vous votre vie actuelle ?
    2.   Qu'est-ce qui fait le bonheur d'un être humain ?
    3.   Quels sont les vrais obstacles au bonheur ?
    4.   Croyez-vous que le bonheur est un don de Dieu ?
    5.   Faites-vous une différence entre le plaisir et le bonheur ?

6

L'homme, le temps et l'éternité

« Il y a un temps pour tout
Un temps pour toute chose sous les cieux
Un temps pour naître, un temps pour mourir
Un temps pour planter, un temps pour arracher
Un temps pour tuer, un temps pour guérir
Un temps pour abattre, un temps pour bâtir
Un temps pour pleurer, un temps pour rire
Un temps pour se lamenter, un temps pour se
réjouir
Un temps pour lancer des pierres, un temps pour
les ramasser
Un temps pour embrasser, un temps pour
desserrer l'étreinte
Un temps pour chercher, un temps pour perdre
Un temps pour garder, un temps pour jeter
Un temps pour déchirer, un temps pour coudre
Un temps pour se taire, un temps pour parler
Un temps pour aimer, un temps pour haïr
Un temps pour la guerre, un temps pour la paix ».

(Ecclésiaste 3.1-8)

L'homme naît dans le temps et en reste prisonnier malgré lui. Il peut faire de nombreuses découvertes et de nombreux projets, il n'en demeure pas moins tributaire du temps qui passe et que lui-même ne peut dépasser.

Chaque jour comporte 24 heures, donc 1440 minutes, ce qui fait un total de 86400 secondes mais il nous semble que certains jours sont trop courts et d'autres trop longs, dépendant du type d'engagements que nous avons. S'il y a un temps pour tout sous le soleil, chaque jour apporte son lot d'événements, de paroles, d'attitudes, de choix, de joie et de peine. Mais nous observons que souvent les jours se suivent et ne se ressemblent pas... et qu'il n'est pas toujours aisé de jongler avec le temps. C'est l'un des défis de l'être humain sur terre. Peut-être qu'aujourd'hui nous avons le temps que nous n'avions pas hier. Et nous nous retrouvons devant plusieurs possibilités.

101

L'homme met en place un calendrier, il invente la montre, le chronométrage de ses activités, il minute certaines actions jusqu'à la fraction de seconde mais il découvre qu'il ne peut pas tout faire de la même manière et dans la durée. N'est-ce pas là encore une futilité ? N'est-ce pas là encore un autre rappel de la vanité inhérente à la condition humaine ?

Une question de définition

Le chapitre 3 du livre de l'Ecclésiaste commence en disant que pour tout il y a un moment propice et un temps pour toute affaire. Deux termes sont employés en hébreu pour nuancer ces références au temps : *êt* « temps » et *zemân*, « moment propice ». Il est difficile d'établir une nette différence entre les deux termes mais ils sont significatifs de l'opposition entre un moment précis dans le temps et l'éternité, que l'on trouve dans le sens de l'hébreu *olam*. Cela signifie qu'il y a dans la conception orientale une différence entre le temps en général dans lequel l'homme est pris et le moment qu'il juge opportun pour réaliser ses engagements ou ses projets.

La séquence sur les différentes possibilités dans le temps (3.2-8) n'a pas d'ordre déterminé ou motivé par un objectif précis. En même temps, il y a une réelle réflexion qui paraît ordonnée, puisque l'auteur énonce les différents aspects de la vie en paires antithétiques, chaque action ou situation ayant systématiquement sa contrepartie. Cet alignement par paires suggère probablement l'incertitude de l'homme sur la nature des temps de son existence ; l'énumération de 14 paires, pêle-mêle, suggère l'incertitude sur l'enchaînement des divers temps de la vie et sur le sens de celui-ci.

Le penseur laisse entendre que l'homme n'est pas en mesure de gérer le déroulement chronologique et il est évident que ce dernier fonctionne de manière aléatoire. Les éléments de base qui entrent dans la composition des existences humaines sont des moments privilégiés qui peuvent et doivent porter l'homme jusqu'à son idéal spirituel. Chaque élément a sa raison d'être et ne se confond avec aucun autre. La suite éclaire la portée de cet inventaire. C'est un inventaire sur lequel va pouvoir s'exercer la réflexion. Qohéleth ne dit pas qu'il faut ou qu'il ne faut pas assumer ce qui se passe dans le temps d'une vie humaine. Il constate qu'il y a un temps pour chaque activité de la vie ; il ne juge pas, il ne suggère pas. Qu'elles soient positives ou négatives, les choses sont là, inévitables : la construction, la destruction ; la guerre, la paix ; tous les événements majeurs ou habituels d'une vie d'homme : naître, mourir, pleurer, rire, danser, se séparer, s'unir, se taire, parler, aimer, tout est dit. Qohéleth ne dépasse pas le cadre de son énumération. Il n'assimile pas cette série d'événements comme étant constitutifs de l'histoire, au sens chronologique, de l'homme, mais il pose plutôt un canevas relatif à l'existence. Il n'y a pas de progression dans cette description mais il y a la constatation, sévère et sans retour, que c'est ainsi qu'évolue le sort de l'homme.

Pour toute action humaine, dit le sage, il y a ou il devrait exister un temps déterminé, propice, opportun. En dehors de ce moment précis, il n'y aurait pas de succès possible[50]. Pour réussir, l'homme ne doit pas compter sur ses propres compétences ou sur ses efforts, même s'ils sont nécessaires.

Le temps n'existe pas, disait Simone Weil et pourtant, c'est à cela que nous sommes soumis. Que cherche le Qohéleth en montrant ces oppositions entre les actions limitées *par* et *dans* le temps ? Cherche-t-il à démontrer que l'homme est tiraillé entre deux temps, deux moments qui conditionnent sa vie et qui ne lui laissent aucun choix ?

L'un des Pères de l'Eglise, Saint-Augustin, entre autres, définit la notion du temps de la manière suivante : « Qu'est-ce que le temps ? Si personne ne me le demande, je le sais ; mais si on me le demande et que je veuille l'expliquer, je ne le sais plus. Pourtant, je le déclare hardiment, je sais que si rien ne passait, il n'y aurait pas de temps passé ; que si rien n'arrivait, il n'y aurait pas de temps à venir ; que si rien n'était, il n'y aurait pas de temps présent »[51]. Cela montre bien que l'homme a la conscience du temps même s'il ne peut aucunement l'arrêter, l'écourter ou le prolonger.

Certes, l'homme gère un instant qui lui appartient parce qu'il a le sentiment de le maîtriser. Donc, il peut s'organiser pour faire un certain nombre de choses utiles, nécessaires. Il trouve même le temps de vaquer à des choses secondaires mais qui lui apportent malgré tout de la satisfaction ou du réconfort. Ce que Qohéleth ne dit pas dans les oppositions temporelles qu'il met en avant, c'est que le temps est passif et non actif. Il y a un temps pour tout mais qui fait le temps ? Qu'est-ce qui le

---

[50] André BARUCQ, Ecclésiaste, Verbum Salutis 3, Beauchesne, Paris, 1968, p. 77.

[51] Saint-Augustin, Les Confessions, Livre XI, ch. 14-20.

détermine ? Est-ce l'action en elle-même ou sa durée ? Est-ce l'action ou la durée de vie de celui qui l'opère ?

S'il y a un temps pour l'action, l'homme est invité à y poser un regard lucide, celui qui le situe entre le temps de la naissance et celui de la mort, deux instants dans l'éternité puisqu'il n'y a pas de durée ni dans l'instant de la naissance ni dans celui où survient la mort. Qohéleth encourage l'homme à considérer que, quoi qu'il fasse, grâce à ses efforts et à son savoir-faire, c'est l'observation du moment propice qu'il ne doit pas laisser passer[52].

Le temps est-il un mythe ou l'étoffe de notre être ? La question est facile mais la réponse est tellement entourée de paradoxes. En essayant de bien comprendre, de saisir objectivement, si tant est que nous soyons objectifs dans le temps qui nous entoure, l'analyse ouvre nos yeux sur un paradoxe, à savoir que le passé n'est plus, que l'avenir n'est pas encore et que l'instant présent est comme inexistant puisque déjà passé ou en devenir.

Qohéleth dit qu'il y a un temps pour toute chose. Il souligne là une évidence, dirait-on, mais il a ô combien raison de dire les choses ainsi parce que l'homme est un assoiffé d'actions. Il a une pensée hégémonique sur les événements. Cela s'explique probablement par sa hantise de la mort, terminus physique de sa vie. Il naît et grandit souvent dans l'insouciance mais dès lors qu'il acquiert le sens des responsabilités, il fait tout pour accomplir un maximum de choses mais il doit se rendre à l'évidence qu'il n'a pas le temps de tout faire, si ce n'est aux dépens de sa santé, de ses proches, bref de ce qui lui est autrement cher...

S'il y a un moment propice pour toute action, l'homme devient ainsi une sentinelle du temps pour organiser ses choix, ses discours et ses actions. Cela implique pour lui, tandis qu'il est engagé dans le temps présent qui lui échappe si vite, une convergence possible entre le passé rempli de souvenirs et le futur qu'il apprend à anticiper. N'est-ce pas une manière pour Qohéleth de dire que l'humain, en dépit de sa bonne volonté de construire, de réorganiser, doit s'assumer devant l'irréversibilité du temps, de son caractère fatidique et incohérent [53]?

---

[52] A. BARUCQ, *Op. Cit.*; p. 78.
[53] *Ib.*

Aujourd'hui

Alors, que faire d'important aujourd'hui, si Qohéleth insiste sur le fait qu'il y a un temps pour tout sous le soleil ? Faut-il abandonner tout ce qui a été démarré, commencé avec l'intention de construire, d'organiser ou d'achever ? Le monde est rempli de bruits et de sollicitations. Sans le vouloir, nous les entendons même si nous ne les écoutons et ne les recherchons pas. Alors, si nous n'avons aucune prise sur le passé et aucune certitude sur nos lendemains, comment rendre utile le présent, le temps d'aujourd'hui ?

Le terme « aujourd'hui » est très présent dans la pensée biblique. Beaucoup de décisions se construisent aussi autour de *l'aujourd'hui*, mais tandis que certains s'y engouffrent avec le sentiment de l'urgence, d'autres font preuve de sérénité, estimant que le temps présent est le temps à vivre.

Quand nous considérons le temps dans la pensée biblique, en particulier dans l'Ancien Testament, nous découvrons qu'il est partagé entre l'accompli et l'inaccompli, le passé et le futur, ce qui implique que le présent n'existe pas. L'homme d'aujourd'hui est tellement pétri de tout son passé, de ce qui l'a fait et le façonne encore. Par ailleurs, il lui faut faire l'effort de s'arracher à ce passé, qui tantôt l'identifie tantôt le ralentit. Il trouvera la force de s'émanciper de cet espace-temps qu'il ne peut en aucun cas modifier sauf par l'oubli volontaire ou par reniement, afin de se lancer dans le futur qu'il lui reste à organiser, au moins théoriquement et sur lequel il n'a aucune prise non plus.

Que reste-t-il donc à l'homme aujourd'hui ? La pensée biblique qui nous intéresse propose trois pistes intéressantes. La première vient de la bouche de Jésus lui-même et résonne comme une parole de responsabilité : « Ne vous inquiétez donc pas, en disant : Qu'allons-nous manger ? Qu'allons-nous boire ? De quoi allons-nous nous vêtir ? - tout cela, les païens le recherchent sans répit, il sait bien, votre Père céleste, que vous avez besoin de toutes ces choses. Cherchez d'abord le Royaume et la justice de Dieu, et tout cela vous sera donné par surcroît » (Matthieu 6.31-33).

Nous voici devant un choix existentiel certes mais essentiel dans son but ultime. Chercher le royaume de Dieu et sa justice devrait prendre la priorité sur toutes les recherches émanant de la terre et de son organisation ainsi que toutes les revendications de justice ou les réflexes de justification de nos pensées, paroles et actions. La proposition de Jésus est existentielle dans le fond puisqu'il propose de gérer notre rapport avec la condition humaine en prenant de la hauteur.

Gardons-nous de tomber dans le piège spiritualiste qui transformerait cette parole en encouragement à la négligence des besoins de cette vie présente. Jésus lui-même, en apprenant à ses disciples comment prier le Père céleste, les encourage à demander aussi « aujourd'hui, le pain quotidien » (Matthieu 6.11). Le problème n'est pas dans une sorte d'opposition entre le ciel et la terre, entre le spirituel et le matériel, mais plutôt une question de priorités.

Une deuxième exhortation vient de l'apôtre Paul. « Frères, je n'estime pas l'avoir déjà saisi. Mon seul souci : oubliant le chemin parcouru et tout tendu en avant, je m'élance vers le but, en vue du prix attaché à l'appel d'en haut que Dieu nous adresse en Jésus Christ » (Philippiens 3.13-14). Paul estime que toute expérience spirituelle ne vaut que si elle témoigne d'une croissance, d'une progression. Il donne vraiment un sens à l'avenir de tout croyant dès lors que celui-ci accepte de gérer le passé comme un acquis, un héritage mais non comme une fin en soi. Il invite l'homme de foi à ne pas s'attarder sur le passé pour mieux se lancer en avant, courir, avancer, progresser en vue d'obtenir la couronne incorruptible, celle de la vie éternelle : c'est la vocation du croyant !

Il faut avouer que ce n'est pas toujours facile. Combien d'hommes et de femmes vivent avec de mauvais souvenirs, des blessures encore béantes ou qui cicatrisent difficilement ? Combien d'individus, malgré la foi en Dieu, ont encore besoin de parler, de libérer ces souffrances, subies pendant l'enfance ou l'adolescence et qui, devenus adultes, aujourd'hui, se trouvent empêtrés dans des comportements contradictoires, générant une forme d'instabilité émotionnelle chez eux et d'incompréhension chez les autres. Cette guérison des mauvais souvenirs est nécessaire. C'est un travail sur soi certes mais aussi un travail avec autrui, surtout les interlocuteurs concernés, non pour régler des comptes, non pour revendiquer ou accuser, mais pour se libérer mutuellement.

Finalement, nous entendons une autre parole biblique qui met l'homme devant une décision morale : « Oh ! Si vous pouviez écouter aujourd'hui sa voix ! N'endurcissez pas votre cœur... »[54], décision qui trouve son enracinement dans un moment important de l'histoire du peuple de l'alliance.

---

[54] Psaume 95.7,8a ; Hébreux 3.7; 4.7; (voir également Nombres 14).

La Bible encourage ainsi les croyants à vivre dans la pleine confiance que Dieu prend soin d'eux. Jésus le précise quand il leur dit de ne pas se faire du souci pour les lendemains. Le croyant qui sait que le temps n'est ni sa propriété ni son alibi existentiel, doit apprendre à décider l'essentiel : écouter la voix qui vient d'en haut, l'appelant au salut et dans le quotidien apprendre à se reposer sur les promesses divines.

S'il y a un temps pour tout sous le soleil, il y a aussi un temps pour la quiétude et la confiance, car c'est dans une telle attitude que se trouve le salut de l'homme. Celui qui fait cette expérience s'en remet au divin créateur, au Seigneur de la vie et il regarde vers l'avant plus que vers le passé. D'ailleurs, vivre sur le passé ou dans le passé, c'est inexorablement se priver d'avenir.

Demain

Si aujourd'hui devient le temps de la décision, de la repentance, voire le temps de la rencontre, « demain » ne devra surtout pas devenir une préoccupation pour le croyant. Est-ce à dire qu'il ne devrait vivre que dans l'immédiat, dans le *hic et nunc*, « ici et maintenant » ?

Demain ne nous appartient pas, selon la formule populaire. Quand nous disons « demain » nous prenons visiblement un pari sur l'avenir, sur la vie que nous ne pouvons maîtriser. Shakespeare aussi en était conscient et c'est ainsi qu'il disait que « nous ne savons pas ce que nous serons ». Jésus nous invite également à ne pas capitaliser sur le lendemain, surtout à ne pas nous en inquiéter, en cherchant d'abord le Royaume et la justice de Dieu : « Ne vous inquiétez donc pas pour le lendemain : le lendemain s'inquiétera de lui-même. A chaque jour suffit sa peine » (Matthieu 6.33-34).

L'apôtre Jacques demande aux croyants de ne pas faire trop de projets sur un lendemain qui pourrait ne pas être sur notre itinéraire, la vie, notre vie, étant si fragile. Alors, vous qui dites : « Aujourd'hui -ou demain, nous irons dans telle ville, nous y passerons un an, nous ferons du commerce, nous gagnerons de l'argent », et qui ne savez même pas, le jour suivant, ce que sera votre vie, car vous êtes une vapeur, qui paraît un instant et puis disparaît ! Au lieu de dire : « Si le Seigneur le veut bien, nous vivrons et ferons ceci ou cela», vous tirez fierté de vos fanfaronnades. Toute fierté de ce genre est mauvaise. Qui donc sait faire le bien et ne le fait pas se charge d'un péché » (Jacques 4.13-17).

Il est important d'éviter toute confusion : la Bible ne dit pas que le croyant doit vivre au jour le jour, sans projet, sans vision de l'avenir. Il n'est pas question non plus de mettre sa vie en « pilote automatique » et se laisser entraîner par un certain sentiment de sécurité ou par les circonstances...
Deux orientations se dessinent dans les paroles citées plus haut :

> - faire confiance à Dieu pour les lendemains ;
> - se soumettre à la volonté divine dans tout projet que nous faisons.

Le temps dans la Bible n'est pas un problème en soi. Le temps devient source d'interrogation dès lors que nous sommes aux prises avec notre lot de décisions, de projets et d'activités. Nous savons ce que nous voulons faire certains jours, parfois nos plans s'élaborent pour plusieurs mois ou années mais nous devons nous rendre à l'évidence : l'homme n'a aucune maîtrise sur le temps !

Le temps du souvenir

Qohéleth ne cherche pas à dire que l'homme est une sorte de victime du temps, qu'il est le jouet des circonstances et des événements. L'homme entre dans le temps, vit avec le temps et apprend à le gérer même s'il ne le maîtrise pas. Ce que le livre dit implicitement, c'est que l'homme n'est fait ni pour l'activisme ni pour le passivité. Il n'est pas sur terre pour engranger un maximum d'actions en ne pensant qu'à l'avenir. Il n'est pas sur terre non plus pour passer son temps à ne rien faire. Dans le temps de vie qui lui est donné, l'homme doit se demander d'où il vient pour mieux cerner la direction que prend sa vie. L'un des plus beaux enseignements bibliques au sujet du temps se trouve dans les Dix Paroles ou le Décalogue[55], plus spécifiquement dans la quatrième parole qui parle du sabbat[56].

---

[55] J'ai une préférence pour l'expression « Les Dix Paroles », utilisée dans le texte biblique, non seulement par fidélité, mais aussi par respect pour le sens éthique de la parole révélée, proclamée, une parole d'alliance.
[56] Notons que la notion du sabbat renvoie premièrement à la création (Genèse 2.1-2) ; ensuite à la liberté retrouvée (Exode 20.8-12) et plus tard servira de rappel de l'alliance (Ezéchiel 20.12,20).

C'est le commandement du souvenir parce que l'homme peut tomber facilement dans l'oubli[57].

Selon Bergson, la conscience devient mémoire mais elle est aussi anticipation de l'avenir. En écoutant Qohéleth, nous découvrons qu'il est pris dans cette tension du temps entre le passé et le présent qui lui renvoie l'image de la futilité. Le monde paraît figé mais il reconnaît quand même que l'homme doit se rendre à l'évidence qu'il y a un moment pour chaque chose. C'est un pas important vers une saine gestion du temps.

Et c'est là que la question du sabbat vient, à mon sens, résoudre la tension. Je sais que Qohéleth n'évoque pas le sabbat de manière explicite mais il me met devant la question inhérente à l'énumération de ces couples sur le temps. Je veux parler du sabbat à ce stade de ma réflexion, car il est probablement implicite dans la culture de ce prédicateur et dans l'organisation du temps communautaire puisqu'il y a un temps pour le repos, pour s'arrêter, se poser et trouver le réconfort et, pourquoi pas, un sens à ce qui remplit l'existence.

S'il y a un temps pour tout sous le soleil, Dieu demande à ceux qui entrent dans sa sainte alliance de se souvenir du jour du sabbat. La quatrième des Dix Paroles est une parole de souvenir. Il est important de ne pas y voir une sorte de nostalgie ou d'attachement profond à une certaine tradition. L'ensemble du Décalogue cherche à rendre vivante et durable la relation entre Dieu et le partenaire de l'alliance, partenaire individuel ou collectif.

L'ordre est de se souvenir, non seulement dans le cadre de la mémoire, de l'exercice mental, mais dans un but actif : « Pour le garder, le sanctifier » (Exode 20.8-11). Le Seigneur demande un acte de recueillement, de souvenir et d'engagement.

La racine du sabbat : tout part de la création. Tout pourrait ramener à elle puisque Dieu est le même, le temps n'ayant aucun pouvoir sur lui. Le récit de la création (Genèse 2) se termine ainsi : « Dieu acheva au septième jour l'œuvre qu'il avait faite, il arrêta au septième jour toute l'œuvre qu'il faisait ».

Le substantif *sabbat* n'est pas utilisé dans le récit des origines, mais c'est le verbe qui est de la même racine, signifiant «se reposer », « cesser », « s'arrêter » « marquer une pause ». La

---

[57] Le thème du souvenir se retrouve également dans la série des fêtes instaurées depuis Moïse. L'exigence d'un ancrage dans le temps est inhérente à leur caractère cyclique. Toutefois le sabbat est différent grâce à son rattachement unique à la création originelle.

Bible dit que Dieu cessa son activité et marqua ainsi la fin de la semaine créatrice. Dans ce sens, le sabbat devient le signe sublime de la liberté et de la maîtrise divine sur l'ensemble de son œuvre. Dieu se reposa (littéralement, il fit sabbat le septième jour). Ensuite, il fit de tout le septième jour le témoin de son autorité sur l'espace créé et sur le temps qui l'englobe. Dieu a marqué la création par le sabbat, moins comme un jour de repos physique que comme un jour de cessation. Le sabbat deviendra, entre la Genèse et l'Exode[58], hautement symbolique de la liberté divine et de sa souveraineté sur la création. Personne n'oblige Dieu à créer et personne ne l'oblige à s'arrêter.

Dans la chronologie repérable, le sabbat est le signe le plus fort et le plus évident de la création. Il devient ainsi un référent palpable, visible, ce qui signifie qu'il n'est ni contingent ni mythique, encore moins mystique. Il est le témoin permanent des origines. Il est la signature divine dans l'histoire de cette planète en général et des hommes en particulier. Personne ne peut dire qu'il a vu la création originelle mais en observant le sabbat dans le cycle des jours, chaque individu peut remonter à la genèse de la création, donc à la genèse de l'homme lui-même.

En prenant le temps pour garder le sabbat, l'homme témoigne de son désir d'alliance et surtout de son désir de liberté face au cycle du temps. Entrer dans une alliance exige un minimum de liberté, pour la décision, et de sérieux, pour tenir son engagement. Entrer dans l'observation du sabbat demande également une certaine liberté et du sérieux. Seuls des êtres libres, dans le temps, peuvent entrer dans l'observation du sabbat. Il y a donc un temps de sabbat[59] pour l'être humain qui cherche à échapper à la vanité de certains efforts et du caractère éphémère de nombreuses actions.

Retour dans le temps : s'il y a un temps pour tout sous le soleil, le temps du sabbat devient un temps de réflexion. Il nous permet, en entrant dans le repos, de mieux saisir l'importance du temps, de la vie qui est offerte avec tous les possibles. Cet arrêt dans le temps est un retour vers le sens premier du temps. Le sabbat dit que Dieu est entré dans le temps de la création, donc dans le temps de l'homme : « Dieu bénit le septième jour et

---

[58] La formulation n'est pas la même lorsque nous comparons les passages bibliques concernant la conclusion du premier récit de la création et le commandement du souvenir (tant en Exode 20 qu'en Deutéronome 4).
[59] Voir également Hébreux 4.1-11.

le consacra car il avait alors arrêté toute l'œuvre que lui-même avait créée par son action » (Genèse 2.3).

Le sabbat est significatif du fait qu'il est le seul jour de la semaine à porter la bénédiction divine. Il est marqué comme un tournant dans la création parce qu'il achève le cycle des jours de la semaine, il devient le point central du rythme hebdomadaire. Lorsque les croyants s'approchent du sabbat, ils devraient éprouver une grande joie et une fierté puisque c'est le seul jour qui porte une bénédiction pour l'éternité, un jour marqué par le nom divin. Célébrer le sabbat, en le sanctifiant, c'est célébrer le Dieu créateur[60]. C'est une manière de retourner vers les origines. Le sabbat rappelle que Dieu avait un projet pour l'homme, projet que la désobéissance a interrompu. En donnant cette quatrième parole, le Seigneur dit que la vie peut être renouvelée et l'homme peut sortir de tout désespoir généré par la condition humaine touchée par le mal et l'imperfection.

Le sabbat est jour d'espérance parce qu'il porte la joie du salut et l'attente d'un jour nouveau. Le sabbat est le seul des commandements qui n'a rien à voir avec le péché ou ses conséquences. Il est le seul qui précède le péché originel (Genèse 3.1s), donc il ne serait pas anormal de le revoir après le jugement final. C'est ce que la parole prophétique annonce lorsqu'elle dit que le culte continuera dans la nouvelle création[61].

Le sabbat, temps de rencontre : l'un des aspects du temps mis à part est d'ordre relationnel. Celui qui entend l'énoncé du commandement est invité à entrer dans ce *sanctuaire dans le temps* pour se retrouver dans un face-à-face vital et salutaire. Le sabbat est un lieu de rencontre privilégié entre Dieu et tout membre de l'alliance. C'est également une réelle occasion de sortir de l'éphémère et de l'illusion.

Il y a dans ce retour permanent vers le sabbat un lien ontologique et régulier vers les origines de l'humanité. Le sabbat, lorsqu'il est vécu dans la détente et l'adoration, lorsqu'il signifie jour de salut et d'espérance, devient un véritable retour aux sources. C'est le regard du croyant sur son identité universelle, sur son présent et surtout sur son avenir. Le sabbat étant le seul jour à porter le label de la création, donc du créateur, vient confirmer la présence divine dans l'Histoire de l'humanité.

---

[60] Ceci est en lien direct avec l'évangile éternel, d'Apocalypse 14.6.
[61] Esaïe 66.22,23.

Dans ce sens, le sabbat devient le jour du culte communautaire par excellence. Un culte qui fait plus que rassembler des individus ayant en commun la foi, l'espérance et l'amour. Il est question plutôt d'entrer dans le jour du sabbat comme on entre dans un temple, dans une église, dans un lieu saint pour offrir une adoration à celui qui a fait le ciel, la terre, la mer et les sources d'eau. Ici, la parole théophanique rencontre une parole prophétique porteuse de l' « évangile éternel » (Apocalypse 14.6). Aussi, ce culte doit revêtir des aspects théologiques majeurs. Le sabbat est en lui-même un jour béni et sanctifié, jour qui dit que Dieu est créateur. Tout culte qui s'y inscrit devrait normalement exalter le créateur.

Finalement, le temps du sabbat devient un temps de rencontre par excellence parce qu'il est porteur d'espérance. En entrant dans cet espace-temps qu'est le sabbat, le croyant entre dans le repos du Seigneur, un repos qui l'amène à considérer toutes les promesses de Dieu, les promesses qui orientent le cœur et les yeux vers un monde nouveau, un monde où la paix et la joie, la justice et l'harmonie règneront pour le bien de la créature de Dieu. Pour comprendre ce que la Bible veut nous communiquer, il faut d'abord prendre le temps du repos auquel nous invite la parole divine sur le sabbat.

Racheter le temps

L'homme du troisième millénaire vit dans une réelle course contre le temps. Il vit en permanence au milieu de nombreux éléments et moyens qui lui donnent le sentiment – en tout cas l'idée confortable – qu'il maîtrise son temps et qu'il sait même en gagner... L'homme postmoderne est un homme pressé. Il court toute la journée et pourtant il lui vit avec l'impression d'avoir beaucoup de temps. C'est le paradoxe de notre siècle. Plus l'homme pense gagner du temps, plus celui-ci lui semble court et fuyant. Il suffit de lire un livre, regarder un film, écouter de la musique et se dire que tout cela est intéressant, qu'on a du temps pour le faire que déjà nous nous rendons compte qu'il y a d'autres livres à lire, d'autres musiques à écouter et de nombreux films à voir mais le temps manque. L'invention du magnétoscope (aujourd'hui l'enregistreur DVD) a facilité la vie de millions de personnes qui enregistrent des films, des documentaires pour regarder plus tard mais n'y arrivent pas, parce qu'entre temps d'autres films et d'autres documentaires tout aussi intéressants ont été diffusés.

Parlons justement des chaînes de télévision, des abonnements par satellite et autres possibilités en ligne, avec le haut débit et Internet. Des millions de foyers ont entre cent cinquante et trois cents chaînes mais c'est un véritable casse-tête pour tout suivre : il n'y a pas suffisamment de temps !

On gagne du temps sur beaucoup de choses, par exemple sur beaucoup de petites tâches ménagères. Votre lave-vaisselle vous évite de rester de longues heures devant l'évier, votre lave-linge vous évite de faire la lessive à l'ancienne, bouillir du linge ou aller au lavoir communal. Toutes ces aides auxiliaires apportent le confort, mais il arrive que vous ne sachiez que faire pendant le temps économisé. Certaines personnes dépriment même devant cette gestion du temps... Qohéleth avait raison de dire que cela aussi est une vanité et une course folle après le vent. Je pourrais rallonger la liste mais je n'ai pas le temps (je dis cela pour rire, vous l'avez compris). Allez, un dernier exemple, juste pour vous faire plaisir. Entre deux villes, vous prenez l'avion pour gagner du temps par rapport au train mais vous devez partir une heure au moins avant le départ, vous passez du temps dans un taxi ou dans les transports en commun, ce qui ajoute une autre heure à votre démarche. Une fois arrivé à destination, il vous faudra peut-être une autre heure entre l'aéroport et votre point de chute. Sur quoi gagnez-vous du temps réellement ?

Les éléments qui nous font apparemment gagner du temps n'empêchent pas le temps de s'écouler. Nous courons contre le temps et pourtant rien ne l'arrête. Nous vieillissons mais nous vivons toujours avec le sentiment que notre enfance et notre adolescence ne sont pas si éloignées que cela de notre âge actuel. Les souvenirs les plus pressants nous font sortir hors du temps présent. Avons-nous toujours l'impression de faire de notre mieux pour racheter le temps, de l'exploiter pour en sortir l'essentiel et l'utile ?

D'une part, Qohéleth montre bien que la vie n'est ni monotone ni uniforme. Il est impossible, même dans un temps où le quotidien n'était pas encore si tributaire de la montre, de ne pas avoir le sentiment d'avoir gaspillé le temps qui passe et qui concerne différents aspects de notre vie. D'autre part, Paul dit aux croyants : « Prenez donc garde de vous conduire avec circonspection, non comme des insensés, mais comme des sages ;

rachetez le temps, car les jours sont mauvais » (Ephésiens 4.15-16)[62].

Le temps est pour l'homme l'occasion de faire son chemin dans l'existence. Il est invité à gérer sainement son statut d'être créé à l'image de Dieu, en dépit de toutes les imperfections inhérentes au péché. Le temps n'est pas supérieur à l'homme qui est appelé à le dominer, à le maîtriser par le travail et par la bonne gestion de ses temps d'arrêt, de cessation. Et comme nous venons de le voir, le sabbat devient le sanctuaire où l'homme peut se réfugier régulièrement, pour retrouver ses racines aussi bien que pour retrouver son équilibre. Il n'a pas besoin de chercher ce temps puisqu'il est fixé depuis la création du monde.

Mais voici que tombe l'exhortation paulinienne de racheter le temps. Une bien curieuse manière de parler du temps puisqu'il semble tellement nous échapper. Qui peut penser que c'est possible de retrouver le temps passé, celui qui s'écoule ou le temps perdu, celui que nous laissons filer sans rien faire de concret et de constructif ?

Comment comprendre ce que Paul veut dire aux croyants ? Il encourage les chrétiens à faire deux choses bien précises :

- marcher avec sagesse ;
- racheter le temps.

Ce qui est intéressant dans le lien que nous faisons avec Qohéleth, c'est que la sagesse se trouve inscrite dans la gestion du temps. Il n'y a donc pas d'ambiguïté en ce qui concerne la démarche du croyant pris dans une condition humaine qui connaît des jours mauvais. La sagesse s'impose de même qu'une attitude équilibrée.

Le terme employé par Paul pour parler du temps est *kairos*. Il ne fait pas référence au *chronos*, le temps absolu, long mais au *kairos*, « le temps présent », « ponctuel », « accessible » et « immédiat ». En cela, il se met dans la même perspective que Qohéleth. Le *kairos* est important aux yeux de l'apôtre, mais que veut-il insinuer dans cette exhortation ?

Le *kairos* est le temps ponctuel, le temps présent, le moment accessible, immédiat. Paul demande de racheter le temps dans le sens de le remplir, de ne pas le laisser nous échapper à cause de la passivité. En exploitant le temps présent, le croyant qui entend l'encouragement de l'apôtre, devient un engagé, un actif

---

[62] (Louis Segond). Voir également Colossiens 4.5.

et un acteur de sa vie. Il répond présent à son présent et au présent de l'autre. Il ne vit pas dans une sorte d'illusion que demain ça ira mieux ou que demain se décidera ce qu'il y a à faire ou à dire. Il ne dit pas non plus que le temps résoudra certains problèmes, effacera des erreurs et des négligences. Il prend conscience de sa responsabilité. Nous serions ainsi d'accord avec Goethe quand il dit que son champ c'est le temps, même si Camus trouve cela absurde[63]. L'homme est invité à racheter le temps parce que le temps devient curieusement l'occasion d'agir et non de laisser venir les événements. C'est le réel qui devient possible.

Pascal disait que nous ne savons pas nous tenir au temps présent, que nous anticipons l'avenir comme trop lent à venir et cela nous cause de nombreux torts. Nous sommes ici entre le temps relatif et le temps absolu (quoiqu'on pourrait aussi évoquer l'absolu comme étant hors du temps). L'homme n'a pas de maîtrise sur le temps qui le dépasse. Cela ne signifie pas qu'il faut vivre ici et maintenant sans anticipation, sans prévoyance. Il ne faut pas imiter la cigale de la fable de La Fontaine mais plutôt utiliser le temps présent, comme la fourmi, pour organiser l'avenir. En somme, demain se prépare aujourd'hui[64].

La pensée de l'éternité

« Il fait toute chose belle en son temps ; à leur cœur il donne même le sens de la durée sans que l'homme puisse découvrir l'œuvre que fait Dieu depuis le début jusqu'à la fin ». (3.11)

L'homme est donc pris entre deux temps. D'une part, « son temps », c'est-à-dire le temps qu'il pense pouvoir contrôler et d'autre part, la pensée de l'éternité, ce temps que Dieu a mis dans son cœur, ce « sens de la durée ».

Qohéleth est vraiment intéressé par la question du temps, n'est-ce pas ? Le voici qui partage sa conviction que Dieu a mis dans le cœur de l'homme une pensée temporelle qui va plus loin que ce qui vient d'être énoncé dans le balancement des quatorze couples. Chercherait-il un synonyme au mot « temps » qu'il utilise exclusivement par la suite ? Le terme *olam* signifie à la fois le temps incontrôlable et l'éternité sans mesure, le monde et l'éternité qui échappent à l'homme, le temps le plus éloigné,

---

[63] *Op. Cit.* ; p. 93.
[64] Nous reviendrons plus loin sur cet aspect de l'organisation de notre vie.

celui dont les limites sont invisibles[65]. Une telle référence au temps durable est liée à la volonté ou à la vision de Qohéleth d'un recours contre la vanité. *Olam* se positionne comme le contraire positif et optimiste de *hevel*, ce qui devient espoir, voire espérance, pour l'homme pris dans une réalité qu'il ne parvient pas toujours à maîtriser. Par ailleurs, en grec l'éternité se traduit par *ayon*, qui exprime un espace de temps de durée illimitée et incalculable. Les concepts d'espace-temps s'y trouvent réunis. C'est le temps de Dieu, temps caché et secret, pendant lequel se déploie le projet divin sur le monde. Il peut s'agir d'une durée indéfinie.

L'homme que présente Qohéleth se situe, à l'instar de l'homme de Pascal, entre deux infinis, et c'est là que se déroule sa vie, c'est là qu'elle se construit, se fait ou se défait. Le regard que jette le Sage sur l'homme et ses activités semble être un regard pessimiste. L'homme ne tire aucun avantage de son travail puisque rien n'est stable, rien n'est constant, rien n'est appréciable dans une durée indéterminée. S'il y a un temps pour tout sous le soleil, c'est qu'il y a pour l'homme une tension entre le perceptible et l'inexorable.

Un temps pour tout et un temps pour chaque chose ! L'homme doit faire face à cette réalité et il lui appartient de développer une vision réaliste ou pessimiste. Soit il accepte de construire avec cette dualité inhérente au temps que présente Qohéleth, soit il se laisse convaincre que tout est vanité et justement perte de temps et qu'il ne vaut même pas la peine de construire, surtout s'il y a aussi un temps pour détruire.

Qohéleth ne le dit pas mais il précède les discours du Christ qui parle lui aussi d'éternité. Il confirme que c'est bien Dieu qui se préoccupe de l'homme et qui lui donne la chance et le privilège d'entrer dans la vie éternelle. « Dieu, en effet, a tant aimé le monde qu'il a donné son Fils unique pour que tout homme qui croit en lui ne périsse pas mais ait la vie éternelle » (Jean 3.16). La pensée de l'éternité se concrétise certes mais elle ne trouve sa vraie signification et son plein accomplissement que dans la personne de Jésus-Christ et dans l'amour de Dieu pour l'homme. Dieu a aimé l'homme avant de le sauver. Dieu a mis

---

[65] Il est à noter que le terme *olam* signifie à la fois « durée », « éternité » et « monde ». Les commentateurs intègrent également d'autres sens tels que « obscurité » ou « ignorance », ce qui peut être juste, sur le plan philologique mais le contraste est établi entre *olam* et *èt*, le situant dans un contexte temporel.

cet amour au cœur de son projet mais parce qu'il s'est révélé en Jésus, il l'a en fin de compte mis dans le cœur de l'homme.

Que reste-t-il à l'homme de tous les jours, l'homme de toutes les cultures et de tous les continents, sinon de traduire cette pensée en parole, une parole de confession ou d'aveu, une parole d'acceptation mais aussi celle du refus possible – parce que chacun reste libre de la suite qu'il donnera à cette pensée. Pour avancer dans sa réflexion et comprendre quelle réponse il peut donner à Dieu, l'homme doit vivre l'expérience personnelle de la foi, celle qui fait de son existence un lieu et temps de rencontre avec cet autre divin, c'est ce que Jésus indique quand il dit que « la vie éternelle, c'est qu'ils te connaissent, toi, le seul vrai Dieu, et celui que tu as envoyé, Jésus Christ » (Jean 17.3).

Qohéleth n'est finalement pas si pessimiste que cela puisqu'il confesse sa foi en un Dieu qui a donné à l'homme « un avenir et de l'espérance » (Jérémie 29.11). La vie que l'observateur décrit comme une futilité et une illusion est celle qui se voit à l'œil nu, celle du quotidien de l'homme. Il est donc possible, à en croire Qohéleth, de trouver un sens à la vie en laissant cette pensée de l'éternité se réveiller et tracer son chemin dans notre histoire personnelle, un itinéraire de vie qui peut faire de la place au Dieu révélé par Jésus-Christ.

Platon opposait déjà le temps à l'éternité, antithèse qui n'entre pas dans la pensée biblique. Nous découvrons que la notion biblique du temps n'est pas abstraite. La pensée de l'éternité n'est pas si inaccessible puisque l'homme apprend à vivre avec la foi en un Dieu éternel. L'homme est sollicité par elle et d'une manière ou d'une autre, il pense à la durée, au prolongement du temps, donc de la vie. Face aux changements qui souvent déstabilisent les êtres humains, il n'est pas inintéressant de dire avec le penseur danois Sören Kierkegaard, que « seul l'éternel est toujours de saison et ne passe jamais ; toujours vrai, il concerne chacun, à tout âge ... seul l'éternel a une vertu édifiante ; seule la sagesse de l'éternité permet de s'élever »[66]. Le « temps » de Dieu étant l'éternité, le croyant se trouve confronté à cette notion. Il n'invoque pas quelque chose d'incompréhensible même s'il ne peut prouver quoique ce soit sur la notion d'éternité.

En vivant dans cette pensée que Dieu fait toute chose belle en son temps, l'homme entre dans la notion du temps total. Le

---

[66] S. KIERKEGAARD, La pureté du cœur, Bazoges-en-Pareds, (Vendée), 1935, p. 15-18.

paradoxe, dit D. Lys[67], c'est que Dieu a mis l'humain dans le *olam* mais il a également mis le *olam* dans l'homme, au plus profond de son être. Que découvrons-nous, comme exigence inhérente à cette pensée de l'éternité, sinon que même si l'être humain ne sait pas tout de Dieu et du temps, il peut s'efforcer de comprendre son temps présent, saisir les occasions propices pour faire ce qui mérite d'être fait et laisser justement battre son cœur au rythme de cette pensée. Il apprend ainsi à mettre le *kairos* dans la durée, c'est-à-dire dans le *chronos* et inversement, en vivant dans l'espérance, il laisse entrer le *chronos* dans son *kairos*. En d'autres termes, l'homme qui fait confiance à Dieu apprend à vivre son présent dans l'espérance...

Conclusion

Un temps pour tout sous le soleil ! Il y a un moment pour chaque chose parce que rien ne se fait de manière fortuite. L'homme sait ou devrait savoir qu'il risque souvent de vivre au passé, avec des souvenirs passifs (voire un passif), ce qui mettrait en péril son avenir. Il ne peut prédire l'avenir (tant pis pour les horoscopes et les diseurs de bonne aventure...) mais il peut l'anticiper et l'organiser comme si rien ne l'empêcherait de se réaliser. L'homme qui réfléchit veut échapper à la contingence et au hasard. Qohéleth arrive à sortir de cette structure temporelle pour partager sa profession de foi : Dieu a mis dans le cœur de l'homme la pensée de l'éternité !

En somme, le temps pour l'humain, c'est maintenant. Cela signifie qu'il doit décider de trouver sa place dans le temps présent, être en phase avec son présent, pour faire des choix, comprendre et organiser sa vie, donc son avenir, dans les aspects tant moral que social. L'homme apprend qu'il n'est pas prisonnier du temps universel mais plutôt qu'il lui est proposé de découvrir que son temps est lié à l'œuvre de Dieu. Il est invité à se construire sur cette pensée de la durée, en saisissant les moments propices pour faire ce qui correspond à la belle œuvre de Dieu. Quand l'homme entre dans le temps de Dieu, il donne un sens à son itinéraire terrestre, et par la foi et l'humilité mais aussi avec sagesse et bonne volonté, l'homme apprend à vivre avec la pensée de l'éternité, tout en restant lui-même. Est-ce là la clé qui aide à sortir de l'éphémère et du vent

---

[67] Daniel LYS, *Op. Cit.*, p. 351.

qui ne se laisse pas attraper ? C'est probablement le moment d'y penser... Et d'y penser sérieusement !

A méditer :

1. Quel sens le temps revêt-il pour vous dans la société contemporaine ?
2. Le sabbat est-il un jour de repos ou un jour de culte ?
3. Comment faire pour ne pas oublier les actions de Dieu dans le passé ?
4. Comment le sabbat peut-il devenir un temps d'espérance ?
5. Ressentez-vous au fond de votre cœur la pensée de l'éternité ?

7

L'oppression et l'oppressé

« D'autre part, je vois toutes les oppressions qui se pratiquent sous le soleil. Regardez les pleurs des opprimés : ils n'ont pas de consolateur ; la force est du côté des oppresseurs : ils n'ont pas de consolateur ». (Ecclésiaste 4.1)

Toute question liée à la souffrance interpelle encore, d'autant qu'elle se retrouve sur les lèvres du croyant aussi bien que sur celles du non croyant. Chez le premier, elle résonne comme une prière et chez le second, comme un défi. Puisque l'on parle de Dieu, il est nécessaire de découvrir ce qu'il laisse entendre sur le sujet et puisqu'il s'agit de la condition humaine, il est bon d'aborder la question dans sa dimension existentielle. A chaque fois qu'il y a des catastrophes ou des tragédies personnelles, des questions se posent sur la notion de souffrance injustifiée, confrontée à la vanité de la vie. Y aurait-il une souffrance imméritée, contingente, de même qu'une souffrance injustifiée donc inutile ?

L'Ecclésiaste est lucide et réaliste. Il n'hésite pas à dire que l'oppression est présente sur la terre, que le mal est un réel poison dans la vie de l'homme. Il ne cherche pas à expliquer son origine ou ses motivations mais il constate l'hégémonie du mal, que n'arrête aucune frontière : il est chez lui partout dans le monde. Cruel, il frappe en aveugle, sans faire de distinctions entre bons et méchants, entre croyants et athées. Et même, comme le dit Job, bien souvent les méchants jouissent encore de la vie, alors que les innocents en sont les premières victimes.

On aimerait bien résoudre l'équation entre l'amour et la souffrance, d'autant que surgit subitement comme une antinomie entre les deux. L'homme qui s'interroge sur cette équation se demande s'il n'y a pas une contradiction entre l'amour de Dieu et son acceptation ou sa tolérance de la souffrance. De là, le pas est vite franchi quant à la question ontologique : si Dieu existe, pourquoi la souffrance, pourquoi toutes les oppressions ?

Au commencement

La souffrance n'est ni un projet ni une fatalité. Mais elle a une origine, donc une explication. La Bible, puisque nous parlons de Dieu, donne un premier enseignement sur l'origine de la souffrance de l'homme. Dans le livre de la Genèse, il est clairement dit à l'homme de se conformer à une consigne, celle de ne pas « manger de l'arbre de la connaissance du bien et du mal car le jour où tu en mangeras, tu mourras ». (Genèse 2.17) En somme, il lui est dit que le jour où il transgressera cette simple loi, de mort certaine il mourra. Cette sanction se confirmera après la désobéissance et la sentence tombera de manière claire.

Si l'on comprend bien le récit biblique, la souffrance est entrée dans le monde, non à cause de la volonté, de la négligence ou de l'indifférence de Dieu mais plutôt à cause de la désobéissance de l'homme. Dans ce contexte, il importe de ne pas considérer Dieu comme la cause première de nos maux et de nos souffrances. La souffrance est une conséquence de la désobéissance et non une cause en soi, comme une entité indépendante.

A cause du comportement de l'homme, la famille humaine est touchée par la souffrance et par l'oppression ; la terre est également maudite et sans doute, il faudra s'attendre à y voir des choses bouleversantes et terriblement tragiques. La Bible dit que même la création attend une sorte de délivrance[68].

Face au mal, tous sont logés à la même enseigne. Dans ces conditions, on ne peut s'empêcher, avec Job, d'interpeller le Seigneur : « Que gagne-t-on à invoquer le Puissant ? C'est tout un, et j'ose dire : Dieu fait périr de même justes et coupables. Quand un fléau mortel s'abat soudain, il se rit de la détresse des innocents »[69]. Pour Job, le mal est un scandale insurmontable, qui ne peut qu'inspirer l'indignation et la révolte. Job, c'est l'homme ou le croyant révolté qui, face au mal, n'hésite pas à demander des comptes à Dieu. Le scandale n'est pas moindre pour nous, devant ces populations meurtries et ces vies brisées dont plusieurs coins de la planète offrent le spectacle.

Dans ces cas bien précis où le croyant ne peut s'empêcher d'analyser sa condition humaine, il est violemment interpellé. La foi la plus solidement chevillée au corps ou au cœur, risque de vaciller. Déjà Thomas d'Aquin voyait dans le mal l'objection la plus redoutable contre l'existence de Dieu. Il pensait à un

---

[68] Romains 8.19-22.
[69] Job 9.22.

Dieu qui ne serait que producteur ou créateur du bien et qui ne tolérerait aucun mal dans sa création.

L'objection renaît à chaque nouvelle catastrophe. Le marquis de Sade voyait en Dieu l'être suprême en méchanceté. D'autres, pour dédouaner Dieu, mettent en procès l'homme, quitte à renvoyer au « péché originel ». Mais la pensée biblique n'hésite pas à faire remonter à une sphère supérieure l'origine du mal, symbolisé tantôt par un serpent, tantôt par un dragon[70].

Le mal apparaît alors comme un « mystère d'iniquité », insondable et insoutenable. Nous ne sommes guère plus avancés que Platon qui voyait le mal rôder autour du bien, en négatif, comme un destin inexpugnable. On pourrait alors se résigner à rattacher le mal à l'idée d'un monde inachevé, ce qui correspond à une explication positiviste qui résonne comme un aveu d'ignorance. Nos explications s'écroulent devant la réalité, quand le malheur devient incontestable. Bergson faisait justement remarquer que le philosophe peut se satisfaire de certaines spéculations de ce genre dans la solitude de son cabinet mais que dira-t-il à une mère qui vient de voir mourir son enfant ? La souffrance est une terrible réalité, et c'est un optimisme insoutenable que celui qui définit a priori le mal. Que penser, au juste, devant tous les malheurs qui n'ont pas fini de frapper le monde ?

L'expérience de Job

L'oppression a toujours un caractère injuste et cruel. Le cas de Job rend service à notre réflexion dans le cadre de la foi. Là où Job crie sa révolte, l'Ecclésiaste constate posément une sorte de dysfonctionnement dans la justice qui encadrerait la relation entre ciel et terre, entre Dieu et le croyant. L'expérience de Job ne répond probablement pas à toutes les interrogations mais il permet de saisir une leçon majeure : la souffrance ne se trouve pas par hasard dans la condition humaine.

Que comprendre de toutes ces injustices qui n'en finissent pas ? Est-ce que Dieu tolère, supporte ou même subit le mal ? La question est valable pour la foi qui se révolte mais aussi pour l'absence de foi ; valable pour les dérives, pour le mal sous ses diverses formes ; c'est même valable pour le Satan qui est pernicieux, mesquin, tortueux et cruel. Dieu tolère mais la Bible annonce qu'un jour il se lèvera et arrêtera les choses parce qu'il

---

[70] Genèse 3; Esaïe 14. 3-23; Ezéchiel 28.11-19; Apocalypse 12. 1-9.

est souverain et qu'il aura le dernier mot. L'Ecclésiaste dit que Dieu amènera toutes choses en jugement, y compris toutes les oppressions et tous les oppresseurs. Yahvé ne s'acharne pas sur les hommes pour qu'ils croient en lui. Il n'oblige personne à accepter le salut, respectant la liberté de ses créatures mais la pensée biblique laisse entendre clairement que toute forme de mal sera confrontée à l'autorité divine.

L'homme peut donc trouver la force pour ne pas désespérer de Dieu mais plutôt se mettre en phase avec celui qui vient à sa rencontre. Le silence divin n'est pas synonyme d'absence ou d'inexistence. Ainsi, l'Histoire de l'humanité peut aussi s'attendre à le voir se lever et arrêter le mal sous toutes ses formes. C'est dans ce sens que l'attente du rédempteur se fait de plus en plus forte. La Bible annonce que Jésus est venu pour sauver l'homme du péché et surtout qu'il reviendra pour mettre un terme définitif à ce qui rend douloureuse la condition humaine : la maladie, la souffrance morale, le manque d'amour, l'injustice, la violence, la méchanceté et surtout la mort. Cette dernière est la conséquence la plus forte du péché et rien ne pouvait s'opposer à elle sauf l'amour tout-puissant du Dieu de la vie.

Alors, pourquoi toutes ces larmes...

L'Ecclésiaste a un regard réaliste sur le mal et l'injustice, qui sont bien ressentis au sein de la société humaine. Des millénaires après ses déclarations, rien n'a changé, sinon les moyens ou la médiatisation des maux qui gangrènent la société. Les croyants contemporains se posent encore les mêmes questions que Job ou que l'Ecclésiaste. Ils aimeraient avoir une réponse dans des cas bien précis ou savoir le pourquoi des événements ponctuels.

Le silence divin sur la problématique du mal est significatif. Est-ce que le livre de Job a été écrit pour nous dire que Yahvé n'a pas à s'expliquer ou à se justifier sur le mal ou sur le péché ? Fort probablement et la grande déclaration divine sur la création est là pour le prouver. Dieu s'explique sur ce qu'il fait et sur ce qu'il fera. Dieu s'explique mais il ne se justifie pas. Il ne rougit pas devant ce qui tombe sous sa responsabilité. Il ne parle pas du mal, de la souffrance parce qu'il n'a de compte à rendre à personne, ni aux anges ni aux hommes. Il n'y est pas indifférent et toute la Bible est là pour éclairer la question mais il n'en est pas responsable. Dieu se présente comme le Dieu d'amour et de la vie et jamais comme l'Etre Suprême opposé au Satan. Dieu n'est pas en guerre contre le Satan, c'est ce dernier qui est en colère[71], qui fait mal et c'est à lui de s'expliquer… La souffrance dont il est responsable est celle que Jésus a prise sur lui-même, lorsqu'il est venu souffrir à notre place et mourir pour nous, pour nous arracher à la pire des souffrances, celle qui maintiendrait une séparation éternelle entre l'homme et Dieu. Cette souffrance-là est réellement injuste parce que rien de logique ne justifie un tel amour, sauf l'amour de Dieu lui-même.

Le livre des Psaumes[72] vient conforter le croyant qui ne baisse pas les bras devant les problèmes. Par la foi, il sait pouvoir encore compter sur le Seigneur et que les maux qui frappent l'humanité ne sont pas du fait divin. Il cherche encore son Dieu même si le mal semble triompher. Il espère en l'Eternel de tout son cœur, de toute sa force et cela ne l'empêche pas d'avoir un engagement sérieux et concret ici-bas, en attendant que le rédempteur se lève. Le croyant n'est pas un être passif ou un contemplatif béat. Il vit *de* et *dans* l'espérance et il sait que Dieu est bon et mettra un terme au problème du mal. Le message central du livre de Job montre bien que c'est Yahvé qui a le dernier mot dans toute cette histoire. Devant les souffrances de l'homme, le Seigneur ne reste pas sans rien faire, les bras croisés mais il ouvre ses bras, des bras qui ont connu la croix, des bras ouverts en croix pour accueillir les hommes de partout et à chaque instant.

Quelle attitude face à l'oppression ?

L'Ecclésiaste constate que la force est toujours du côté des oppresseurs. C'est la loi de la jungle où le plus fort, le plus violent, le plus cruel a le dernier mot parce qu'il peut tuer, éliminer sans scrupule, sans regrets ou remords. Alors se pose la question qui fait parfois frissonner : quelle attitude adopter ?

Sous l'angle de la foi, l'homme qui repose sur les promesses divines dira : « Ni résignation, ni négation ! » Ce n'est pas parce que Dieu a intégré la souffrance dans l'histoire du salut qu'il faut se résigner à souffrir ici-bas, en se disant que c'est la sainte volonté du Tout-Puissant. Il y a encore trop de croyants, en ce troisième millénaire, qui se complaisent dans les douleurs, espérant gagner à coup sûr le royaume des cieux. Une telle démarche nuit à la Bonne Nouvelle du salut. Une telle

---

[71] Apocalypse 12.12; 1 Pierre 5.8.
[72] Voir les psaumes 27 ; 34 ; 37.

démarche donne un témoignage pessimiste, négatif de la foi et ne peut faire des croyants heureux. La résignation est une négation de la bonté du Seigneur, une démission devant l'espérance.

Le Dieu de la Bible n'encourage personne à rechercher la souffrance comme un chemin de salut et écarte toute vision doloriste de la foi ou de l'expérience spirituelle. Dieu nous demande de résister au mal et à la souffrance, de tenir bon dans la souffrance, comme un réel témoignage de notre foi. Le chrétien a appris que le péché a engendré toutes les misères, physiques et morales, que l'humanité a connues. Face au mal, il ne doit y avoir aucun fatalisme mais plutôt de la résistance.

Par ailleurs, tout croyant ne doit pas oublier qu'il partage la condition humaine et que c'est voulu de Dieu[73]. Cette volonté n'est pas une volonté de persécution, de harcèlement ou de sanctification humiliante. Elle prend simplement acte de la liberté et de ses conséquences inhérentes. Le péché a fait et fait encore des ravages. Il est cruel et tous les fils d'Adam en ont hérité. Personne n'est épargné et le croyant apprend à rencontrer et à comprendre son Dieu dans les occasions de souffrance, de larmes, de deuil...

Parler de la vie, surtout de la vie éternelle, n'est pas un « moyen de narguer la mort » comme disait Bergson. Ce n'est pas non plus une ruse ou un biais : c'est le sens même de notre existence habitée par la foi et l'espérance. La souffrance ne devient pas un divertissement ou une contingence. Elle est réelle et la Bible en a une vision réaliste. Il y a un lien causal entre le péché et la souffrance ainsi que la mort mais il n'y a pas de fatalité, d'impasse parce que Dieu se présente comme un Dieu d'espérance.

L'Ecclésiaste ne remet jamais en question sa foi en Dieu même si l'oppression existe. Il ne renie en rien Celui qui fait tout bien en son temps, celui qui aura en somme le dernier mot, y compris sur toute forme de mal ou de malheur. Dieu est bon, dit le Nouveau Testament et il a envoyé son Fils unique pour sauver l'homme de toute tentation fataliste. L'amour produit tout sauf le fatalisme et la négation... La solidarité exige de tout individu attentif une démarche pédagogique. Qu'est-ce que Dieu veut apprendre à l'homme soumis à toutes les oppressions inhérentes au mal qui règne en ce monde ? Que veut-il me dire dans mes

---

[73] Jean 17.15. Etre *dans* le monde sans être *du* monde ne doit pas faire oublier que la foi trouve sa pleine expression justement dans la confrontation avec l'altérité du monde.

rapports avec mes semblables ? Comment comprendre son amour pour moi à travers les souffrances qu'il a connues par l'Incarnation ?

Avoir la foi aujourd'hui ?

L'Ecclésiaste nous dirait-il encore que tout est vanité et poursuite du vent ! Si beaucoup de choses paraissent vaines ou sans intérêt pour l'homme, la Bible propose de lever les yeux vers le ciel et chercher ce Dieu qui n'est pas aussi indifférent que nous pourrions l'imaginer. Mais quel Dieu accepter lorsque la foi rencontre toutes sortes d'oppressions et d'injustices ? Quel Dieu reconnaître dans un monde qui encourage une mentalité individualiste, où chacun essaye de survivre face aux risques multiples de la condition humaine ? Un Dieu d'amour ou un Dieu de justice, comme le cherchait l'écrivain russe Dostoïevski, pour lequel un Dieu d'amour ne fait pas l'affaire de la justice. Si Dieu aime trop, il écrase sa justice, mais en revanche la condamnation à mort qui pèse sur l'humanité est injuste.

Au début de son discours, Job croyait que Dieu n'était pas juste parce que lui, Job, souffrait de manière injustifiée. Après l'irruption de Dieu et la leçon sur la création, Job change d'avis. Il est mis en présence d'un Dieu qui représente la vie et qui agit avec sagesse même si cette sagesse ne rencontre pas la logique humaine. Dieu n'accuse pas le Satan d'injustice ni de cruauté et il laisse l'homme libre de son choix. Dieu ne se livre pas au même jeu douteux et cruel que l'ennemi, celui qui sème le doute et répand des insinuations mensongères. Dieu ne dit même pas à Job : « c'est un ennemi qui a fait cela » [74]! En somme, Dieu prend le risque de voir sa justice se fracasser sur les questions rationnelles de l'homme devant l'irrationalité de la souffrance, des catastrophes et autres sinistres auxquels il est confronté.

Nous ne voulons être ni du côté des alarmistes ni du côté des fatalistes. La Bible nous invite davantage à une vision réaliste certes, mais optimiste parce qu'il y a effectivement un Dieu qui n'est pas responsable du mal et de la souffrance et encore moins de la mort. Ceux qui croient en Dieu comme seul Sauveur et Seigneur ne le font ni par faiblesse ni par peur. Ils ont appris, et apprennent encore à croire, même si la condition humaine n'est pas toujours aussi agréable que nous le souhaiterions. Seul un Dieu créateur et rédempteur peut aller au-delà de notre

---

[74] Voir Matthieu 13.28, 38. Jésus dit clairement que le mal a un pouvoir de corruption et de confusion.

désespoir, lui seul peut nous en ramener, nous en guérir. Il en va de même pour la misère spirituelle de notre troisième millénaire. Le Seigneur qui se révèle propose à l'homme une relation qui le réhabilite face au mal moral qu'a connu l'humanité depuis Adam[75]. Pour ce faire, il a envoyé celui qui promet la vie éternelle mais donne déjà un sens à la vie actuelle[76].

Dieu devrait-il aujourd'hui être le Dieu des chercheurs, des scientifiques et des universitaires, ceux-là même qui émettent des théories aujourd'hui, pour les remettre en question demain ! Quel Dieu pour l'homme moderne ou post-moderne, l'homme héritier de tous les rationalismes, de toute l'histoire des idées, positivistes ou relativistes, métaphysiques ou réalistes ?

La question vient à l'esprit : être ou ne pas être croyant face à la douleur ? Espérer encore un peu ou « tout nier », pour reprendre le mot d'Albert Camus. Le temps peut amener une vision pessimiste sur la vie, les êtres et les choses, ce qui mettrait facilement des limites à notre espérance. Le temps nous écrase parce que nous avons l'impression d'en être prisonniers. Si la Bible dit vrai, Yahvé n'a pas racheté l'humanité pour la perdre, l'abandonner ou pour la mépriser. Quel Dieu pour aujourd'hui ? La Bible nous propose de rencontrer le Dieu qui s'est incarné en Jésus-Christ, celui qui s'est fait proche de l'homme, de tout homme parce que l'incarnation est un humanisme, une médiation permanente dans l'histoire de notre civilisation : c'est Dieu qui est entré dans nos souffrances...

Le Dieu que présente la Bible n'est certainement pas ordinaire ou banal, un Dieu qui correspondrait bien à notre imagination, un Dieu taillé sur mesure, fait moralement « à notre image » et pratiquement « selon notre ressemblance ». Ce Dieu-là nous conviendrait, idéalement et idéologiquement, face à toutes les questions que nous impose la condition humaine, face à nos interrogations personnelles ou encore sous la pression de l'athéisme et du matérialisme ambiant. Nous pensons connaître Dieu mais il reste constamment à découvrir, un Dieu qui ne se cache pas mais qui se révèle à ceux qui le cherchent et qui sait aussi s'adapter à chaque situation, à chaque cas humain. L'homme a indubitablement la chance de se trouver en chemin de vie dès lors qu'il se met en chemin de foi.

---

[75] Romains 5.12s.
[76] Jean 3.16; 1 Jean 5.10-12.

Cette rencontre devient l'occasion d'un aveu, celui des accusations trop souvent portées contre Dieu. L'homme pense que le Seigneur joue avec lui, qu'il le maltraite, qu'il est sourd à ses prières ou indifférent à ses malheurs. Le doute finit par s'installer d'autant plus que l'homme a l'impression que Dieu ne fait rien pour dissiper ce malentendu. L'homme est partagé entre sa foi et la réalité dans laquelle il évolue. C'est une tension, un déchirement mais grâce à la foi, il évite la rupture, l'abandon, le reniement. La foi n'est-elle pas « une ferme assurance des choses qu'on espère et une démonstration de celles qu'on ne voit pas » (Hébreux 11.1) ?

A la lumière de la question qui est posée, nous découvrons des hommes et des femmes, des jeunes gens et des jeunes filles qui continuent à croire et à aimer Dieu en dépit des horreurs de l'Histoire, des guerres, des camps de concentration, des génocides ; la foi se maintient malgré les tsunamis, la famine, les déportations... La foi s'exprime encore malgré des émeutes, des guerres de gangs, du terrorisme, des prises d'otages, des règlements de compte et autres exactions. Regardez autour de vous, tous ces jeunes hommes et toutes ces jeunes filles qui ont encore un cœur disponible à la grâce face à la violence, au chômage, à toute forme de précarité. Alors, nous comprenons que Dieu est réellement Amour et que son amour transforme les cœurs. La vie prend du sens et de la valeur dès qu'elle est habitée par cet amour.

L'Ecclésiaste ne s'y attarde pas mais il faut que le croyant jette un regard réaliste sur la vie et sur certains événements qui le touchent de près ou de loin. Le paradoxe de notre monde qui a connu et connaîtra tant de progrès techniques se trouve dans la recrudescence de la violence, de la haine, du racisme et de la cruauté. La barbarie n'est pas si loin que cela, ni dans le temps ni dans l'espace. Et le croyant se trouve engagé dans un monde où l'oppression n'a pas de raison d'être, elle n'a que des alibis et des prétextes.

Le mal est atroce et cruel et rien ne le justifie. L'amour de Dieu est souvent incompris et pourtant qu'est-ce qui le justifie ? Le Satan qui vient narguer Dieu au début du livre de Job sait que Dieu aime les hommes à un point qui dépasse toute imagination. Il le sait et il poursuit son œuvre perverse ici-bas parce qu'il veut amener les hommes à servir ou à nier Dieu par intérêt. Dieu aime l'homme malgré le péché et il faut que l'homme le sache ou le comprenne. Il est évident que ce n'est pas le péché qui a suscité l'amour divin car, avec ou sans le péché,

Dieu reste un Dieu d'amour, c'est un trait de sa personne, de son être, un amour qui se donne dans la création et dans la rédemption[77].

Conclusion

Que faire en face de toutes les oppressions présentes au cœur de la condition humaine ? Que faire face au silence de Dieu qui se transforme en oppression par moments et qui a découragé plus d'un ? Comme un lointain écho qui nous parvient, la Bible nous invite à ouvrir les yeux et à contempler les œuvres du Créateur, à apprécier sa sagesse. Sur le témoignage de ses oeuvres, Dieu reste le Dieu de la vie alors que se présentent de nombreux malheurs et catastrophes. Parce qu'il y a la foi dans la création, Dieu relèvera ses enfants et les fera triompher. Dieu ne se trouve pas dans les théories mais il se rencontre dans le quotidien. Il vient vers nous et nous invite à aller vers lui. Si Dieu est amour, nous pouvons aussi l'imiter en aimant ceux qui souffrent, en aimant malgré la souffrance.

La foi n'est surtout pas synonyme de naïveté car elle ne peut éviter les écueils ou les épines, c'est-à-dire tout ce qui dérange une vision conformiste et confortable de Dieu et de son amour. Elle doit apprendre à les affronter et à les surmonter. C'est tout le contraire du nihilisme qui ressemble plutôt à un désert, à un terrain vague tandis que la foi est comme un jardin qui produit des fruits de l'Esprit et de l'espérance. Dieu est bon et il subit également la souffrance, l'injure, l'opposition. Dieu est bon et il a surtout accepté la souffrance de la croix pour sauver l'homme du désespoir, du néant et de la négation. Dieu est bon, il tend une main à tout homme qui a la foi pour regarder au-delà des souffrances et de toute forme d'oppression. Si Dieu est bon, ne peut-il nous soutenir face à la souffrance ? La Bible répond que c'est lui qui aura le dernier mot, au nom de l'amour et de la justice.

A méditer :

1. Quel regard portez-vous sur la société contemporaine ?
2. Qu'est-ce qui explique la haine et l'injustice ?
3. Pensez-vous que l'homme a un esprit tortueux ?

---

[77] 1 Jean 4.7-10

4. Quelle attitude adopter face à l'oppression ?
5. Comment attendre sereinement le jugement de Dieu ?

8

La corde à trois fils

« Deux hommes valent mieux qu'un seul, car ils ont un bon salaire pour leur travail. En effet, s'ils tombent, l'un relève l'autre. Mais malheur à celui qui est seul ! S'il tombe, il n'a pas de second pour le relever. De plus, s'ils couchent à deux, ils ont chaud, mais celui qui est seul, comment se réchauffera-t-il ? Et si quelqu'un vient à bout de celui qui est seul, deux lui tiendront tête ; un fil triple ne rompt pas vite. » (Ecclésiaste 4.9-12)

Et voilà Qohéleth qui philosophe sur le bien-fondé de l'altérité ! Il est vrai qu'il ne s'exprime pas sur le même registre que la Genèse qui dit : « il n'est pas bon pour l'homme d'être seul »[78] mais la question relationnelle est tout de même posée. Tout pousse à croire que la réflexion de Qohéleth lui a permis de sentir le poids de la solitude ou même la nécessité de trouver un soutien dans l'altérité. Il est fort possible que l'homme biblique ait compris que toute relation épanouissante et constructive avec son prochain trouve une raison d'être lorsqu'elle se mesure à l'aune de la foi et de l'amour de Dieu.

Les versets ci-dessus font référence à l'esprit d'équipe, à la solidarité, bref l'intégration de l'autre. C'est une ébauche de *mashal* (exemple ou proverbe) numérique : « un » agresseur, « deux » agresseurs, « trois » fils… Deux valent mieux qu'un et trois valent mieux que deux. Tout agresseur doit déployer de la force pour maîtriser une personne isolée. Mais lorsqu'il affronte deux individus, son obscur défi est encore plus grand. Et c'est ici que la corde à trois fils devient le symbole de l'union qui fait la force. Quand deux amis s'unissent ils parviennent à faire face à de nombreux défis, surtout dans l'adversité, mais s'ils sont trois, la force est encore plus intense et résistante.

De même que la crainte de Yahvé est le commencement de la sagesse, l'association à deux est aussi une forme de sagesse ; celle à trois est encore plus solide. Il n'y a pas de raison de s'arrêter en si bon chemin. La force de deux amis, c'est au moins la force de trois. Le proverbe du « fil triple » figure sous sa forme

---

[78] Genèse 2.18. Toutefois, je ne peux m'empêcher d'y penser, pour des raisons que Qohéleth lui-même fournit. J'aborderai la question un peu plus loin, au chapitre 11.

133

assyrienne dans l'épopée de Gilgamesh : c'est toujours l'idée que deux réussissent où un seul serait impuissant. Gilgamesh disait à son ami Enkidu qu'à eux deux, ils arriveraient à dominer un géant invincible.

Par ailleurs, aux yeux de la tradition, les patriarches Abraham, Isaac et Jacob sont considérés comme une corde à trois fils qui dure éternellement. Jacob, l'élu, réunissait en lui les vertus d'Abraham, celles d'Isaac et ses propres qualités. Or si deux suffisent à procurer le résultat, a fortiori trois le pourront-ils. En tout cas, la métaphore du triple fil nous enseigne que les efforts conjugués et multiples valent mieux que l'effort solitaire.

La tradition rabbinique a retenu la leçon et l'a appliquée au respect et au renforcement de la loi mosaïque : « Quiconque a les deux phylactères, les franges aux vêtements, la mezouza sur ses portes, tout cela est une présomption qu'il ne péchera pas, suivant Qohéleth 4 :12 »[79].

Aussi, ce qui m'intéresse ici, c'est le lien qui nous unit à autrui, à commencer par Dieu lui-même car toute rencontre avec lui devient l'occasion d'une alliance solide. Et ce thème est un thème majeur dans l'enseignement biblique. D'ailleurs, Jésus lui-même va le résumer en montrant que l'homme trouve la plus forte expression de sa foi dans son attachement à Dieu et son ouverture à ses semblables.

Aimer Dieu

« Ecoute, Israël ! L'Eternel, notre Dieu, est le seul Eternel. Tu aimeras l'Eternel, ton Dieu, de tout ton cœur, de toute ton âme et de toute ta force » (Deutéronome 6.4-5).

Le *shema Israël* (*shema*, de l'hébreu « écouter ») est le fondement du credo du peuple de l'alliance[80]. Accepter Dieu comme le seul Dieu, le seul Seigneur, le seul Maître de l'univers est le premier pas dans l'altérité. Faut-il résumer ainsi la loi ? Peut-on résumer les normes morales et les ramener à leur sens le plus strict, c'est-à-dire l'amour ? Oui, je dis bien l'amour et non l'obéissance, qui est trop souvent le premier préjugé induit par la notion de loi. La réflexion sur la loi morale nous amène à un constat de taille : la loi parle d'amour plus que de contrainte.

---

[79] Talmud, section V, Qodashim, chapitre Menahot.

[80] Il est intéressant de noter que le credo commence avec une dimension relationnelle. Les Dix Paroles (Dix Commandements) s'énoncent sur le même registre.

Avoir un seul Dieu, c'est le premier pas pour entrer dans la fidélité. L'analogie avec le mariage est très forte. Il s'agit de dire à l'Autre, le divin, qu'il est le seul dans notre cœur, de même que nous déclarons que notre conjoint est le seul être que nous aimons dans l'intimité et le respect. Ce n'est pas facile de se consacrer à une relation unique, surtout lorsque la concurrence est possible. Parce qu'il y a des difficultés, le *commandement d'amour* (c'est paradoxal, n'est-ce pas ?) dit qu'il faut aimer de tout son cœur, de toute sa force et de toute sa pensée.

Pour aimer Dieu, il faut plus que la foi. Il faut du courage et de la volonté. Le courage face au doute, aux interrogations, face à ses silences. Il n'est pas toujours facile d'aimer et de se croire aimé lorsque les aléas de la vie nous touchent et que nous avons l'impression d'être seuls.

Entrer dans l'alliance, c'est entrer dans l'amour, un amour confiant. D'ailleurs, le croyant découvre que l'alliance que Dieu propose est une alliance d'amour, de protection, de sécurité. L'homme n'est pas appelé pour servir Dieu seulement en tant que témoin de la vérité. Il entre dans l'alliance avec la possibilité d'aimer Dieu, en tout cas la possibilité d'apprendre à aimer comme Dieu nous aime, selon ses capacités bien évidemment. L'amour de Dieu devient ainsi, d'une manière globale, le symbole, l'image de cette corde qui nous tient à la vie. Mais cette corde est l'entité qui trouve son véritable sens lorsqu'elle se construit et se pratique avec d'autres liens.

Coup de fil à un ami

« L'ami aime en tout temps et dans le malheur il se montre un frère ». (Proverbes 17.17)

L'ami, c'est celui qu'on choisit contrairement aux parents, frères ou sœurs. On n'a pas deux ou trois meilleurs amis dans la vie, même si on a beaucoup de bons amis. Ce qui nous intéresse ici c'est la manière dont nous gérons l'amitié. Il y a des amitiés qui durent de nombreuses années mais dès qu'il y a une déception, une incompréhension, elles prennent fin, sans explication. Je suis conscient que certaines déceptions conduisent inévitablement à des ruptures, surtout lorsqu'il y a des comportements pervers, dangereux, lorsqu'il y va de l'intégrité morale ou physique.

L'expérience humaine montre également qu'il y a de « faux amis ». Cette expression est ce que l'on appelle un oxymore : les

deux éléments ne devraient pas aller ensemble car qui dit ami dit vérité, sincérité... Or les faux amis existent et selon les circonstances, ils sont plus nombreux que les bons amis. Il ne s'agit pas de tomber dans le piège de la méfiance et de la suspicion. Mais à bien considérer les choses, il est évident que les faux amis sont ceux qui nuisent le plus à une relation durable et solide. Les faux amis sont aussi inquiétants et parfois aussi dangereux que les vrais ennemis ; en d'autres termes, quand on a de faux amis, on n'a plus besoin d'ennemis...
La véritable amitié, c'est celle qui dure et qui accepte la contradiction. Trop de personnes confondent le débat d'idées avec le lien affectif. Je peux ne pas partager l'opinion de mon ami mais je n'arrête pas de l'aimer. Il y a trop de facilité à fuir ceux qu'on considère comme ses amis dès qu'il y a des désaccords sur certains sujets. Cela prouve que l'amitié n'était pas si solide et si sincère qu'on le prétendait.
Voilà ce qui pourrait être assimilé à l'un des fils de cette corde. Personne ne peut dire qu'il n'a pas besoin d'amitié. L'homme est fait avec la capacité et le besoin d'aimer. L'amitié est un élément vital dans l'itinéraire terrestre.

Coup de fil au prochain

« Tu aimeras ton prochain comme toi-même... »

Qohéleth dit que la corde à trois fils ne se rompt pas facilement. Puisque nous sommes sur le registre relationnel, il n'est pas insensé d'y inclure l'amour du prochain. C'est un thème biblique majeur et qu'on se le dise avec sérieux et sincérité : l'amour du prochain ne doit pas correspondre à une belle théorie. Elle nous concerne aussi depuis que Jésus a donné une ligne de conduite sur ce sujet. En somme, il a dû faire face à une confrontation qui implique notre réflexion et notre prise de position. Pour comprendre sa position, suivons le récit que Luc fait d'un entretien entre Jésus et un homme qui avait un sens très personnel de la justice :
« Et voici qu'un légiste se leva et lui dit, pour le mettre à l'épreuve : « Maître, que dois-je faire pour recevoir en partage la vie éternelle ? »
Jésus lui dit : « Dans la Loi qu'est-il écrit ?
Comment lis-tu ? »

Il lui répondit : « Tu aimeras le Seigneur ton Dieu de tout ton cœur, de toute ton âme, de toute ta force et de toute ta pensée, et ton prochain comme toi-même. »

Jésus lui dit : « Tu as bien répondu. Fais cela et tu auras la vie. »

Mais lui, voulant montrer sa justice, dit à Jésus : « Et qui est mon prochain ? »

Jésus reprit : « Un homme descendait de Jérusalem à Jéricho, il tomba sur des bandits qui, l'ayant dépouillé et roué de coups, s'en allèrent, le laissant à moitié mort.

Il se trouva qu'un prêtre descendait par ce chemin ; il vit l'homme et passa à bonne distance.

Un lévite de même arriva en ce lieu ; il vit l'homme et passa à bonne distance.

Mais un Samaritain qui était en voyage arriva près de l'homme : il le vit et fut pris de pitié.

Il s'approcha, banda ses plaies en y versant de l'huile et du vin, le chargea sur sa propre monture, le conduisit à une auberge et prit soin de lui.

Le lendemain, tirant deux pièces d'argent, il les donna à l'aubergiste et lui dit : Prends soin de lui, et si tu dépenses quelque chose de plus, c'est moi qui te le rembourserai quand je repasserai.

Lequel des trois, à ton avis, s'est montré le prochain de l'homme qui était tombé sur les bandits ? »

Le légiste répondit : « C'est celui qui a fait preuve de bonté envers lui. » Jésus lui dit : « Va et, toi aussi, fais de même. » (Luc 10.25-37)

Quelle histoire ! Et surtout quelle belle leçon sur l'amour. Le prochain n'a pas de visage, pas de nom, pas de culture et même pas d'adresse. Pour aimer le prochain, il n'est pas nécessaire de lui demander ses papiers, sa catégorie socioprofessionnelle. Si on aime uniquement ceux de son milieu, on est décentré par rapport à l'amour du prochain. Le prochain, si l'on comprend bien ce que Jésus enseigne, vient de nulle part et va là où le mène sa destinée.

Le prochain est l'ami de Dieu. Il est l'un de ces plus petits frères du Christ. D'ailleurs, Jésus l'illustre dans la parabole des boucs et des brebis :

« Alors le roi dira à ceux qui seront à sa droite : Venez, vous qui êtes bénis de mon Père ; prenez possession du royaume qui vous a été préparé dès la fondation du monde. Car j'ai eu faim, et vous m'avez donné à manger ; j'ai eu soif, et vous m'avez donné à boire ; j'étais étranger, et vous m'avez recueilli ; j'étais nu, et vous m'avez vêtu ; j'étais malade, et vous m'avez visité ; j'étais en prison, et vous êtes venus vers moi.

Les justes lui répondront : Seigneur, quand t'avons-nous vu avoir faim, et t'avons-nous donné à manger ; ou avoir soif, et t'avons-nous donné à boire ?

Quand t'avons-nous vu étranger, et t'avons-nous recueilli ; ou nu, et t'avons-nous vêtu ?

Quand t'avons-nous vu malade, ou en prison, et sommes-nous allés vers toi ?

Et le roi leur répondra : Je vous le dis en vérité, toutes les fois que vous avez fait ces choses à l'un de ces plus petits de mes frères, c'est à moi que vous les avez faites. » (Matthieu 25.34-40)

Voilà donc où le Seigneur veut nous conduire. Il nous propose cette pédagogie de l'amour qui ne fait pas de préférence, un amour du prochain qui est exprimé envers tout homme, toute femme, tout jeune en situation de manque. Un tel amour n'est pas toujours facile, n'est-ce pas ? Surtout si l'on a fait de mauvaises expériences, mais la vie nous apprend que les préjugés ferment encore plus les cœurs et les mains. Nous sommes également sollicités dans les transports en commun. Comment faire pour ne pas toujours donner une petite pièce ou faut-il chercher à satisfaire tout le monde ? Là aussi, l'exercice est délicat car il y a de la mendicité organisée, des 'professionnels' du baratin, de faux vendeurs de journaux, etc. Notre capacité d'aider autrui est mise à l'épreuve lorsque nous ne savons pas si la personne qui est en face de nous est réellement dans le besoin.

Comment faire lorsque nous savons qu'il y a des pauvres, des démunis, des laissés-pour- compte dans notre quartier ? Comment agissons-nous également envers les membres de nos communautés de foi ? Il est également temps d'ouvrir nos yeux sur des réalités plus proches de nous, même si nous jugeons utile d'organiser des camps humanitaires sur un autre continent, utile d'envoyer des chèques à des ONG qui font de la bonne publicité. L'Evangile nous demande d'aider sans élever des barrières mais il est certain qu'il nous laisse la responsabilité de gérer toutes les sollicitations qui font partie de notre quotidien.

Le prochain est celui qui reçoit notre amitié et notre aide à chaque fois que l'occasion se présente, à chaque fois que c'est utile pour lui, même si ce n'est pas gratifiant pour nous. Il ne s'agit pas ici d'une bonté ou d'une générosité médiatisées. Il s'agit plutôt de cette capacité à aider l'autre, quel qu'il soit, sans arrière-pensées, sans préjugé défavorable. Le prochain est le deuxième fil de la corde qui consolide la dimension relationnelle d'une existence. Il faut savoir s'y accrocher fermement.

Coup de fil à un ennemi

« Aimez vos ennemis, faites du bien à ceux qui vous persécutent... »

Qohéleth laisse entendre que tout homme a besoin de soutien, que l'interdépendance est la meilleure chance pour l'homme social mais nous découvrons avec Jésus que l'homme de foi est tout aussi bien concerné. En ce qui concerne la relation humaine, l'Ecclésiaste sait que c'est un véritable défi de gérer les sentiments. N'a-t-il pas dit, entre autres, qu'il y a « un temps pour aimer et un temps pour haïr (3.8). Dès lors, on s'interroge : faut-il trouver un juste milieu entre l'amour et la haine ? Quand on n'a que l'amour, comme l'a chanté Jacques Brel, n'a-t-on que des amis ? Et quand on a de la haine, n'a-t-on que des ennemis ?
Pour en revenir au Christ, abordons justement le lien sous-tendu par la haine, plus encombrant celui-là. Jésus fait appel au côté le plus dur et le plus sombre de notre cœur, car il veut sans doute nous voir exercer une foi intelligente et constructive et non une foi qui s'enferme dans un ghetto de sainteté, avec des vœux pieux, une foi pleine d'apparences. Il pousse la réflexion sur l'amour le plus loin possible, là où personne ne l'attendrait. Il nous entraîne sur le terrain de nos adversaires, de nos ennemis, de ceux qui nous cherchent des histoires, de ceux qui ne nous aiment pas et nous le font comprendre, de ceux qui nous mettent à l'écart parce qu'ils se sentent menacés par notre personne, notre personnalité. Jésus fait un commentaire expansif de la loi. Il la transforme en idéal : « Vous avez appris qu'il a été dit : Tu aimeras ton prochain, et tu haïras ton ennemi. Mais moi, je vous dis : Aimez vos ennemis, bénissez ceux qui vous maudissent, faites du bien à ceux qui vous haïssent, et priez pour ceux qui vous maltraitent et qui vous persécutent, afin que vous soyez fils de votre Père qui est dans les cieux; car il fait lever son soleil sur les méchants et sur les bons, et il fait pleuvoir sur les justes et sur les injustes. Si vous aimez ceux qui vous aiment, quelle récompense méritez-vous ? Les publicains aussi n'agissent-ils pas de même ? Et si vous saluez seulement vos frères, que faites-vous d'extraordinaire ?

Les païens aussi n'agissent-ils pas de même ? Soyez donc parfaits, comme votre Père céleste est parfait ». (Matthieu 5.43-48)

Jésus reprend ici un ordre donné par Dieu dans l'Ancien Testament. L'ennemi peut être celui qu'on a choisi de désigner en tant que tel ou celui qui se pose en tant que tel. Il est important, par ailleurs, de ne pas confondre entre opposition et inimitié. Dans un débat contradictoire, par exemple, quelqu'un peut ne pas être d'accord avec soi sur un certain nombre d'idées, sur une méthode de travail, sur une approche des problèmes courants ou inhabituels mais cela ne veut absolument pas dire que cet individu doit être considéré comme un ennemi.

Il arrive que nous ayons des ennemis, c'est-à-dire des gens qui ont décidé, à tort ou à raison, de porter sur nous un regard mesquin, méchant et cruel. Mais en même temps, Jésus nous met devant nos responsabilités. Il nous fait comprendre que l'ennemi n'est pas toujours autrui. Chacun de nous peut tomber dans le piège de la haine, de la méchanceté et du conflit permanent. Personne n'est à l'abri d'une attitude antagoniste, où le cœur se remplit de mauvais sentiments au point de considérer l'autre comme un ennemi. L'exhortation concerne le croyant dans sa manière de se conduire face aux ennemis déclarés, aussi bien que dans la manière dont il considère ceux qui lui sont opposés. Toute la réflexion qui nous concerne a comme point de départ l'amour du prochain et tout ennemi est aussi un prochain pouvant bénéficier de notre amour.

Un tel exercice, avouons-le, n'est jamais facile. Il se complique surtout lorsque la raison est troublée par les sentiments. Ce n'est pas facile lorsque nous ressentons qu'on porte atteinte à notre dignité, à notre honneur. Dans ces cas-là, nous avons des blessures qui demandent du temps et du courage pour guérir. Ce qui est encore plus éprouvant quand les offenseurs ne réalisent même pas qu'ils ont commis des actes répréhensibles.

Jésus s'adresse en particulier à des croyants, sachant qu'il leur arrive aussi de connaître des expériences terribles, douloureuses, où ils sont humiliés, traités comme des ennemis aussi bien par des inconnus que par des gens proches, en tout cas qui sont censés l'être. Et quand on découvre l'hypocrisie, la rivalité, chez ceux qui se posent en défenseurs des valeurs nobles et honorables, la situation devient encore plus incompréhensible. Cela laisse cours à des coups de colère, de l'insatisfaction et un fort sentiment de gâchis, mais la Bible rappelle que le Seigneur est le Dieu des relations solides, fortes et épanouissantes et qu'il ne faut pas développer de la haine pour son semblable. Dieu donne la force face à l'adversité. Le croyant est donc invité à ne pas détester ceux qui le considèrent comme un ennemi parce que ceux-ci ont été manipulés par un autre ennemi, plus redoutable celui-là, parce que plus subtil. Ainsi, l'individu apprend à ne pas laisser sa colère 'intellectuelle' se transformer en haine, ou même en désir de vengeance, parce qu'il ne peut pas se venger contre des croyants qui ont prolongé l'œuvre du Malin.

Par ailleurs, l'antagonisme peut naître de petits riens qui font le quotidien de nombreuses personnes. Il n'est pas inhabituel de voir des individus qui finissent par se détester à cause d'un désaccord au niveau des opinions. Cela se voit souvent dans les réunions de travail, les conseils d'administration et autres moments de débats contradictoires. Alors des murs relationnels s'élèvent et les sentiments sont perturbés. Les propos du Christ interpellent chacun de nous. Qu'est-ce qui empêche, à la suite de ces temps de rencontre, ou d'un tête-à-tête, que les individus qui travaillent ensemble, qui fréquentent les mêmes bureaux, le même club sportif ou peut-être la même église, puissent sortir et partager un repas, s'amuser ensemble ? Les idées peuvent séparer un temps, mais il serait bon que la séparation reste au niveau des idées et non au niveau des personnes. En tant que croyant, je suis encouragé à éprouver de l'amour fraternel envers ceux qui ne sont pas d'accord avec moi, même si nous avons des divergences sur les idées ou sur une méthode de travail concernant certaines décisions ou actions. Pour aimer dans ce contexte, il faut savoir vivre sans aucun complexe, sans orgueil et sans arrogance.

Nous avons donc le troisième fil de la corde relationnelle, celui qui nous lie à nos ennemis. Il n'est pas toujours facile de le tenir mais face à tous les ennemis, la Bible nous invite à aimer et à croire que Dieu a la puissance de guérir et de transformer les cœurs. Il a le pouvoir de nous remettre debout, de nous consoler, de nous fortifier pour de futures épreuves. C'est probablement par là que passe le plus beau des dons jamais faits à l'homme : l'amour !

Une corde solide

Ainsi, la beauté des gestes, des paroles et des attitudes, se trouve dans la capacité de considérer l'autre dans ce qu'il est, dans son besoin d'être reconnu, apprécié, valorisé. La dimension relationnelle de la condition humaine se trouve ennoblie lorsque nous faisons les choses par amour et non pour avoir bonne conscience. Nous sommes loin de la *starisation* des gestes humanitaires. Loin également des caméras de télévision invitées à voir un ministre porter des sacs de vêtements, ou un maire offrant un colis alimentaire à un SDF parce que c'est la Journée de la solidarité. Le don a de la valeur s'il est motivé par l'amour et non par le gain, le désir de plaire, de paraître ou la soif du pouvoir.

Le véritable amour pour autrui, que ce soit Dieu ou le prochain, se donne, il ne cherche pas à prendre. C'est la corde que nous apprenons à tresser patiemment, avec les différents fils utiles. L'apôtre Paul, dans sa lettre aux Corinthiens, parle de cet amour fort, authentique, inconditionnel, amour qui supporte et sous-tend toute altérité[81]. Il propose et n'impose pas, il supporte et soutient l'autre, il ne lui montre pas son impatience et sa nervosité. C'est un amour tolérant, affable, accueillant, capable de supporter les mauvaises situations ou les contrecoups de la vie. Nous avons là encore du chemin à faire, n'est-ce pas ! Si Dieu nous parle encore en ce moment, c'est qu'il poursuit notre éducation dans ce domaine. Il a d'autres leçons de vie à nous apprendre...

Sans l'amour, toutes les dimensions de notre relation avec Dieu et avec autrui n'ont que peu d'intérêt. L'amour est plus fort que tous les rituels religieux, plus grand que la foi et que l'espérance. Il donne du caractère à la foi et de la force à l'espérance. Il est supérieur aux deux dans le sens qu'il a une destinée éternelle. L'amour est éternel parce qu'il reflète le caractère de Dieu qui est l'Eternel, le Dieu d'amour.

Conclusion

Les Paroles de la loi morale sont des propositions d'amour pour Dieu et pour le prochain. Tout est là, comme un mode d'emploi du *savoir-vivre ensemble*, avec Dieu et avec nos semblables. Qohéleth n'ignore pas que la relation à autrui est source de tension mais il veut faire comprendre qu'elle est surtout source d'enrichissement en termes d'humanité, un enrichissement qui n'est pas toujours mesurable. Si la corde à trois fils ne se rompt pas facilement, c'est parce que chacun des trois éléments est constamment lié, assemblé à l'autre. C'est une condition

---

[81] Voir l'hymne à l'amour dans 1 Corinthiens 13.

indispensable pour réussir le pari de tenir face à toutes les pressions et surtout face à tous les risques et à l'adversité.

L'amour est une source sans limites. Dieu l'alimente, le maintient en état de produire des fruits délicieux : seul le cœur de l'homme peut l'arrêter. Le véritable amour nous travaille sans cesse, il nous guérit de nos illusions et de nos déceptions, il nous purifie jour après jour de nos frustrations et de nos insatisfactions, dès lors que nous nous laissons entraîner par lui. Ensuite, il nous dirige vers les autres, vers le don de soi total. L'amour de Dieu, fort comme la corde à trois fils, est là pour nous soutenir dans cette ouverture à autrui car c'est le même amour qui nous fait don du royaume qu'il a créé pour nous. Jésus a résumé le sens fondamental de la loi d'alliance en donnant un commandement nouveau : Aimer !

A méditer :

1. Comment savoir que nous aimons Dieu ?
2. Avez-vous un ami sérieux, désintéressé ?
3. Avez-vous des ennemis ?
4. Comment gérez-vous l'amitié en cas de contradiction ?
5. Croyez-vous que Dieu aime vos ennemis ?

9

La parole risquée

« Surveille tes pas quand tu vas à la Maison de Dieu, approche-toi pour écouter plutôt que pour offrir le sacrifice des insensés ; car ils ne savent pas qu'ils font le mal. Que ta bouche ne se précipite pas et que ton coeur ne se hâte pas de proférer une parole devant Dieu. Car Dieu est dans le ciel, et toi sur la terre. Donc, que tes paroles soient peu nombreuses ! Car de l'abondance des occupations vient le rêve et de l'abondance des paroles, les propos ineptes.
Si tu fais un voeu à Dieu, ne tarde pas à l'accomplir. Car il n'y a pas de faveur pour les insensés ; le vœu que tu as fait, accomplis-le. Mieux vaut pour toi ne pas faire de voeu que faire un voeu et ne pas l'accomplir. Ne laisse pas ta bouche te rendre coupable tout entier, et ne va pas dire au messager de Dieu : « C'est une méprise. » Pourquoi Dieu devrait-il s'irriter de tes propos et ruiner l'œuvre de tes mains ? Quand il y a abondance de rêves, de vanités, et beaucoup de paroles, alors, crains Dieu. »
(Ecclésiaste 4.17-5.6)

L'Ecclésiaste s'adresse ici au croyant qui serait tenté de banaliser la religion et prendre à la légère toute participation à une liturgie d'adoration. Insinuerait-il qu'une certaine pratique religieuse ou cultuelle pourrait correspondre à une vanité et à la poursuite du vent ? Certainement, sinon il n'aurait pas encouragé celui qui va au Temple ou à l'église à faire attention à la forme d'expression de sa foi, car la forme traduit (ou trahit) souvent le fond. Il met en garde également contre les engagements hâtifs et irréfléchis : il y va de la crédibilité, donc de l'honneur de l'être humain...

Un petit pas en avant

La religion est présentée ici comme une dialectique du respect hiérarchisé[82]. Le croyant a souvent le sentiment que devant

---

[82] Les prophètes ont régulièrement rappelé à Israël cette exigence de vérité dans le culte (Amos 5.21-25 ; Osée 6.6; Michée 6.6-8 ; Esaïe 1.11-17 ; 43.22-28 ; Jérémie 6.20; 7.21-23 ; Psaumes 40.7-9 ; 50.8-15). Les sages ont été eux aussi préoccupés par la question (Proverbes 15.8.29; 21. 3.27; etc.). Voir également

Dieu il faut dire tout ce qui lui semble bien, moral, spirituel pour être agréé par lui. C'est probablement lié à son sens de la séduction d'une part et de l'autre à un réflexe commercial.

Le texte dit littéralement « veille sur ton pied » quand tu vas au Temple. Nous sommes ici dans le contexte de la visite religieuse pour laquelle un minimum de sérieux est attendu, sinon exigé. L'Ecclésiaste se sent fortement concerné et insiste auprès de son interlocuteur croyant, pour que ce dernier évite certains faux-pas tels que :

- les rites mensongers ;
- les prières irréfléchies et verbeuses ;
- les vœux inconséquents ;
- les engagements mimétiques.

Vous connaissez bien le dicton « la parole a été donnée à l'homme pour déguiser sa pensée ». Parler pour séduire est le propre de l'homme. Il en prend souvent conscience, mais feint de l'ignorer et ce qui est surprenant et navrant, il ne perd pas ce réflexe, même dans l'espace cultuel, à croire qu'il en est conditionné.

L'Ecclésiaste définit ici le chemin du croyant qui se rend à la maison de Dieu, donc qui pratique sa foi de manière assidue. Il met en garde contre le culte qui n'est pas dépouillé de soi pour se remplir du service de l'autre, qui sans doute est Dieu, et qui se vérifie dans le respect du droit et de la justice. Le premier faux-pas à éviter, c'est donc de poser une démarche rituelle ou de faire un acte religieux faux : le culte et le service de Dieu sont inséparables du respect et du service du frère. Vouloir assurer l'un sans l'autre, c'est être hypocrite et menteur. Offrir un sacrifice dont la signification religieuse serait démentie par le comportement de tous les jours, correspondrait à vider le sacrifice de sa substance et l'offrande de son sens. On ne peut confesser la seigneurie divine et déclarer sa soumission à Dieu du bout des lèvres seulement, sans grande conviction.

La foi contre l'éphémère

Comment donc faut-il parler à Dieu ? La question devient brûlante, si l'on se situe dans la conception de L'Ecclésiaste. Faut-il avoir peur et ne rien dire ? Faut-il dire quelque chose au

---

les psaumes 15 et 24, véhiculant une catéchèse sacerdotale au sujet de la correction liturgique.

lieu de se taire indéfiniment ? C'est toujours gênant de garder le silence lorsqu'on parle de relations bilatérales. Or, l'Ecclésiaste met en garde contre toute dérive, parce qu'il est convaincu que c'est une exigence inhérente à un culte sincère et authentique.

Parler, c'est toujours s'engager. Parler, c'est se risquer. Il vaut donc mieux éviter de parler trop et trop vite, pour ne pas être trop ou trop vite engagé. De plus, si on doit peu parler, c'est aussi pour prendre le temps d'écouter (4.17). La maîtrise de soi, la réflexion, la mesure, et le sens de l'à-propos, entre autres, sont des qualités fondamentales de l'homme sage et intelligent.

La maison de Dieu est assimilable à une maison de prière ou à une église et l'Ecclésiaste n'hésite pas à dénoncer les excès de la piété : il évoque, de manière critique ou dogmatique, la multiplication des pratiques religieuses par lesquelles on espère forcer la main de Dieu, en s'affairant à l'excès. De son point de vue, il faut se garder des prières irréfléchies, abondantes et répétitives.

L'Ecclésiaste a sans doute observé la piété naïve des gens simples ; elle charrie le meilleur et le pire, elle peut devenir enfantine ou chargée de superstition. De nombreuses prières contiennent des paroles insistantes, ce qui est une manière obstinée et naïve dont on attend de Dieu l'amélioration de son sort et la solution quasi miraculeuse des difficultés physiques, économiques et spirituelles.

L'expérience spirituelle de l'Ecclésiaste amène à conclure que Dieu décide souverainement du bonheur des hommes. Face à une telle perception, l'abondance des paroles devient langage d'insensé par l'insistance qu'elle met à vouloir modifier la décision divine ; cette même abondance verbale sous-entendrait que l'insécurité de la condition humaine est voulue par Dieu pour qu'on le craigne (3.14). La multiplication des pratiques et des prières voudrait tourner cette loi et récupérer une sécurité que Dieu n'a pas prévue. Ne pas multiplier les paroles lorsqu'on s'adresse à Dieu, c'est probablement apprendre à vivre dans la confiance que ce qu'il fait est bon et juste et qu'il ne faut pas chercher à le réduire au niveau de l'agent de notre bien-être, un agent maîtrisable ou manipulable. Dans ce cas, le croyant est tout simplement invité à dissocier le nom de Dieu de l'éphémère...

Nous voici donc en face du Décalogue et de la troisième parole, dont l'essentiel est repris dans le Lévitique sous une forme nuancée : « Ne prononcez pas de faux serment sous le couvert de mon nom : tu profanerais le nom de ton Dieu. C'est moi, le

SEIGNEUR ». (Lévitique 19.12) Cette parole est d'une grande importance puisque toute la relation entre le croyant et Dieu repose sur les sentiments que le premier éprouve à l'égard du dernier. Si Dieu est banalisé dans l'esprit ou dans le cœur du croyant, le culte qui suivra en portera les répercussions. L'Ecclésiaste fait appel au bon sens du croyant pour que toute son expérience spirituelle ne soit pas vaine.

Ne pas prendre le nom de Dieu en vain ! Une telle consigne est-elle facilement accessible à notre esprit postmoderne qui a hérité de tant de bouleversements et de renversements de valeurs ? Le nom ou ce qui lui est inhérent représente certainement quelque chose mais la question de l'honneur de Dieu se pose tout de même. Ceci est dû au fait que nous ne sommes pas toujours en mesure d'affirmer que nous savons quel est réellement son nom puisque nous l'invoquons davantage par des traits de sa personnalité que par son nom propre.

J'ai interrogé plusieurs personnes pour savoir si l'expression « prendre le nom de Dieu en vain » signifiait quelque chose pour elles. Voici quelques exemples des réponses reçues :

« Le nom révèle l'identité d'une personne, il est sacré. Il ne faut pas y toucher ».

« Faire ou dire n'importe quoi en parlant de Dieu ».

« Dieu est saint, il doit toujours le rester dans nos discours ».

« C'est une forme d'insolence ».

« On manque de respect quand on fait une telle chose ».

« C'est banaliser quelque chose de sacré ! »

« Le nom est unique, il ne faut pas l'égratigner ».

Différents témoignages bibliques montrent que le nom n'est pas donné par hasard ou par fantaisie. Il est donné par choix parce qu'il comporte une signification et a un sens pour celui qui le donne comme pour celui qui le reçoit. Dans ces cas, la personne qui le porte a une vocation et un avenir qui en sera éclairé. D'une manière générale et autant que cela dépend de son porteur, le nom doit exprimer la nature de celui qui le porte, puisque son choix est lié à un arrière-plan précis, par exemple, la naissance, ou un souhait, une promesse des parents à l'égard de leur enfant.

Si le nom revêt une importance capitale, tant pour l'homme que pour Dieu, c'est parce qu'il y va de l'honneur et de la dignité de la personne. A partir du moment où il existe un lien direct entre le nom et la personne, c'est que le nom participe à coup sûr de son essence, de sa personnalité, de son histoire qu'il a pour but de révéler. Il exprime la personnalité à tel point que, savoir le nom de quelqu'un, c'est le connaître intimement, et même en un sens avoir prise sur lui. L'Ecclésiaste invite le croyant à une attitude correcte lorsqu'il est en situation d'adoration car c'est le moment où le nom du Tout-Puissant est invoqué.

Si Dieu demande explicitement de ne pas prendre son nom en vain, c'est que le peuple doit comprendre que Dieu n'est pas son égal. Il n'infériorise personne mais il tient à ce que les statuts soient respectés, que chacun soit conscient de sa nature et de sa personne. L'homme créé à l'image de Dieu n'est ni l'égal de Dieu, ni un camarade de jeu, un copain du quotidien. Le nom invoqué permet une certaine proximité mais pas une banalisation. Par exemple, le nom de Dieu devient proche du peuple de l'alliance lorsque le sanctuaire est mis en place[83]. La même leçon sera rappelée plus tard avec la construction du temple[84]. Avec son nom, il y a aussi sa gloire, son honneur, sa sainteté. Cette proximité est une manifestation de sa grâce, de son amour et de sa capacité à accueillir, à partager et à honorer ceux entrent dans son alliance. Le lieu du culte ou de la médiation devient un lieu sacré, un espace de sainteté puisque tout est rattaché au nom de l'Eternel. De ce fait, son nom revêt un caractère particulier et chaque individu qui comprend le sens de ce qui se déroule dans cet environnement apprend que ce nom n'est pas un nom ordinaire, un nom commun.

Aussi, s'approcher de Dieu pour dire tout et son contraire, ce serait justement prendre son nom en vain, le banaliser, le rendre ordinaire, quelconque, futile, et cela ne reflète pas sérieusement l'objectif du culte. L'exhortation, que sous-tend la troisième parole du Décalogue, dit à l'homme, à tout homme, que le Dieu qui vient à nous à travers le culte, est un Dieu unique qui demande une relation de qualité, une relation basée sur la confiance mais également sur le respect, l'honneur et le sens du sacré.

Un nom sans concurrence

Quand l'Ecclésiaste rappelle que Dieu est au ciel et que l'homme est en bas sur la terre, il laisse entendre que les deux n'appartiennent pas au même monde. C'est pour cela que Dieu est intransigeant en ce qui concerne sa personne, son nom et son honneur. Selon ses propres déclarations, il y tient jalousement. Il ne veut pas que l'homme, partenaire de

---

[83] Exode 25.8.
[84] Deutéronome 12.11; 1 Rois 14.21; 2 Chroniques 33.4,7.

l'alliance, se donne d'autres dieux à travers des idoles ou des fausses conceptions de la puissance divine. Par la bouche du prophète Esaïe, il crie sa colère en disant clairement « Je suis Yahvé, tel est mon nom ! Ma gloire, je ne la donnerai pas à un autre, ni mon honneur aux idoles ». (Esaïe 42.8) [85]

C'est une terrible déclaration que celle de Yahvé qui crie sa détermination à rester unique. Il ne le dit pas par peur ou par désespoir mais parce qu'il sait que lui seul est Dieu et que tout culte offert à un autre est une erreur de la part de l'homme qui se trompe et par conséquent trompe son semblable.

L'unicité de Dieu se justifie dans le sens qu'il ne veut pas être associé à toute dérive idéologique ou tout désir de divinisation d'une entité quelconque. Prendre son nom en vain pour l'associer à autre chose ou à un autre être devient un sacrilège. Ce que Dieu demande ici, c'est de ne pas attribuer le nom de Dieu ou la place de Dieu à une idée, un être ou une chose. Une telle démarche est en lien avec la deuxième parole mais ici elle est plus subtile puisqu'elle se situe d'abord au niveau de la pensée qui motive les évocations inutiles du nom de Dieu.

Le Seigneur ne veut pas de concurrence parce qu'il n'y a pas de concurrence possible, en dépit des inventions de l'homme. En somme, Dieu ne cherche pas plus à combattre les faux dieux qu'il ne cherche à convaincre l'homme, surtout celui qui accepte l'alliance, de ne pas s'inventer des dieux car ce serait adorer ce qui n'existe pas, ce serait une religion du vide.

Le Dieu qui se révèle dans la Bible est unique parce qu'il est aussi bien le créateur que le rédempteur. De plus, il est le Dieu juste, le Dieu qui juge. Il a donc autorité sur toutes ses créatures, y compris les croyants, ceux-là même qui invoquent son nom, en privé comme en public. Dieu demande simplement de ne pas prendre son nom avec légèreté car il n'est pas un Dieu fabriqué par l'homme. Il n'a besoin de personne, et encore moins de notre culte pour exister.

Craindre Dieu

La parole du croyant dans l'espace cultuel devient une expression de foi. Elle dit le type de rapport que celui-ci entretient avec Dieu, du moins la conception qu'il se fait de cette

---

[85] Bible de Jérusalem. Le croyant d'aujourd'hui est aussi concerné parce qu'il n'est ni à l'abri d'une banalisation du nom de Dieu ni d'une focalisation de sa pensée et de ses intérêts sur autant d'éléments qui concurrencent Dieu, en dépit de sa profession de foi.

relation. L'Ecclésiaste évoque la notion de crainte à plusieurs reprises (5.6 ; 7.18 ; 8.13 ; 9.2 ; 12.13) dont quatre allusions directes à la crainte de Dieu. Son discours ne se veut pas fanatique ou intégriste, mais il invite à la crainte filiale, sans doute une autre forme de fidélité. Le terme *crainte* est intimement lié à des notions telles que « peur », « respect » et « honneur ».

Nous remarquons que l'Ancien Testament n'a pas de terme pour évoquer explicitement la « religion ». La Bible parle plutôt de « crainte de Dieu » pour parler de l'attitude de l'homme devant un Dieu disposé à faire alliance avec les êtres humains. En plus, la crainte de Dieu devient une exigence, car l'homme doit comprendre que cette crainte n'est pas une sorte d'accommodement avec une conception polythéiste, mais bien une adoration exclusive du Dieu créateur. La Bible présente un Dieu au-dessus de toutes les autres formes de divinité et le craindre devient en soi l'une des réponses les plus sérieuses pour tout homme entrant dans l'alliance.

La mise en garde de l'Ecclésiaste est faite au nom de la crainte de Dieu, impliquant la reconnaissance de la transcendance divine, la soumission à son autorité comme à ses exigences éthiques (3.14,17 ; 8.13 ; 11.9). Le culte se justifie s'il assure la correction de l'attitude religieuse : la volonté et l'humilité de se mettre à sa juste place de créature d'un Dieu souverain et la conscience de ses engagements relationnels.

La sainteté transcendante de l'Eternel est un aspect essentiel du message biblique. Le chapitre 19 de l'Exode le fait ressortir et le commandement vient le confirmer. Dieu est un être saint qui attend du peuple une sainte attitude. Le peuple est invité à la sainteté et à l'obéissance. Cette obéissance est synonyme de crainte, c'est-à-dire de respect. Si nous craignons véritablement Dieu parce qu'il est un Dieu saint, nous montrons que nous reconnaissons en lui le Dieu créateur, le souverain Maître de l'univers.

Un exemple biblique de crainte respectueuse devant le Seigneur est l'expérience du prophète Esaïe. Il raconte que pendant « l'année de la mort du roi Ozias, je vis le Seigneur assis sur un trône très élevé. Sa traîne remplissait le Temple. Des séraphins se tenaient au-dessus de lui. Ils avaient chacun six ailes : deux pour se couvrir le visage, deux pour se couvrir les pieds et deux pour voler. Ils se criaient l'un à l'autre : « Saint, saint, saint, le SEIGNEUR, le Tout-Puissant, sa gloire remplit toute la terre ! » (Esaïe 6.1-3)

Une telle réalité trouve un écho dans la vision que Jean rapporte dans le dernier livre de la Bible : « Les quatre animaux avaient chacun six ailes couvertes d'yeux tout autour et au-dedans. Ils ne cessent jour et nuit de proclamer : Saint, saint, saint, le Seigneur, le Dieu tout-puissant, celui qui était, qui est et qui vient ! Et chaque fois que les animaux rendaient gloire, honneur et action de grâce à celui qui siège sur le trône, au Vivant pour les siècles des siècles, les vingt-quatre anciens se prosternaient devant celui qui siège sur le trône, ils adoraient le Vivant pour les siècles des siècles et jetaient leurs couronnes devant le trône en disant : Tu es digne, Seigneur notre Dieu, de recevoir la gloire, l'honneur et la puissance, car c'est toi qui créas toutes choses; tu as voulu qu'elles soient, et elles furent créées ». (Apocalypse 4.8-11)

Cette vision sur la gloire éclatante de Dieu sur son trône est marquée par la déclaration « saint, saint, saint est le Seigneur ». Si le Seigneur est montré assis sur son trône, c'est pour que la révélation tienne compte également de sa grandeur, en plus de son amour. Dieu n'est pas à prendre à la légère.

Ainsi, pour en revenir au livre de l'Ecclésiaste, nous devons entendre l'invitation à développer un esprit de fidélité. Qu'est-ce que la fidélité sinon l'aptitude à respecter une parole donnée, prononcée dans des vœux, dans un engagement à suivre l'alliance. Une telle démarche est sans doute une réponse cohérente de la part du croyant auquel Dieu propose une alliance. La crainte, qui est définie comme étant davantage le respect que la peur ou la terreur, au sens de phobie, est à la base de la relation morale entre l'homme qui accepte l'invitation au salut et Dieu qui en est l'auteur[86]. Elle devient une sorte de recherche de pureté et de sainteté devant Yahvé décrit comme étant trois fois saint. L'insistance de l'Ecclésiaste sur la nécessité de respecter ses engagements trouve une motivation dans le caractère saint du nom de Dieu. Tout individu qui éprouve du respect pour Dieu fera de son mieux pour aller jusqu'au bout de ses vœux.

La révélation biblique nous fait découvrir une situation où la sainteté prend tout son sens. Dieu est le Tout-Puissant qui est constamment adoré par les créatures qui sont dans l'intimité de la cour céleste. Cet environnement est décrit comme étant pur, parfait et harmonieux. Les êtres qui voient la face de Dieu en permanence n'arrêtent pas de dire qu'il est saint. Il y a une

---

[86] Exode 18.21; 20.20; Job 2.3; 28.28; Proverbes 8.13.

révérence, un respect et une adoration qui expriment l'amour des créatures pour leur créateur. L'Ecclésiaste en est conscient et si c'est Salomon qui parle de la maison de Dieu, c'est que son expérience de la construction du temple de Jérusalem est encore bien présente à son esprit. Il se souvient que la puissance et la gloire de Dieu s'étaient manifestées lors de la dédicace de cet édifice exceptionnel[87]. Aussi, contrairement à certains, son invitation n'a rien d'ironique et de banal mais véhicule l'une des croyances bibliques sur la grandeur de Dieu. Parce que Dieu est grand, le croyant qui s'approche de lui se trouve devant l'exigence d'un engagement de qualité, en d'autres termes, il est invité à développer un esprit d'excellence.

Que dire en ce qui nous concerne ? Sommes-nous conscients que Dieu est Dieu pour l'éternité et que nous devons avoir une crainte respectueuse de son nom ? Quelle est notre attitude lorsque nous invoquons son nom ? Avons-nous fait de Dieu un ami ou un copain avec qui nous avons de temps en temps une petite conversation ? Comment exprimons-nous la conscience que nous avons de sa présence lors des services de culte communautaire ou pendant les cultes de famille, si c'est encore pratiqué ? Il est vrai que notre environnement terrestre est pollué, qu'il n'a rien à voir avec celui qui est décrit dans les passages bibliques ci-dessus. Toutefois, les Ecritures nous invitent à considérer attentivement la qualité de notre démarche lorsque nous invoquons le nom de Dieu.

Dieu est au ciel et nous sommes sur la terre. C'est ainsi que l'Ecclésiaste veut marquer la différence entre le Seigneur et l'homme. Le croyant ne doit pas banaliser le culte, et encore moins toute expression d'un engagement spirituel. Les vœux faits à la légère pour satisfaire ou épater autrui ne sont que vaines paroles. N'est-ce pas quelque part courir après le vent pour essayer de le rattraper ! Le croyant est averti afin que son culte ne repose pas sur la futilité et le non-sens...

Jésus et la crainte de Dieu

Jésus apprend à ses disciples à prier en commençant ainsi « Notre Père qui es aux cieux, que ton nom soit sanctifié ! » (Matthieu 6.9)[88]. Sanctifier, c'est rendre saint, purifier, mettre à part pour Dieu. Dans le rituel biblique, sanctifier, c'est aussi

---

[87] 2 Chroniques 5-7.
[88] (Louis Segond). La TOB dit « fais connaître à tous qui tu es », ce qui ne correspond pas au texte original où le verbe « sanctifier » est utilisé.

consacrer au Seigneur des personnes, des objets, des jours... Cela se confirme dans toute l'organisation du sanctuaire biblique, de la prêtrise, dans la vie de l'Eglise, du croyant par rapport à sa vie de croissance spirituelle.

Nous sommes ici dans une dimension tellement différente de ce qui motive les relations humaines faites de convenances, de conventions. Dans la société civile, dans les entreprises et même dans le domaine sportif, dès que quelqu'un est nommé à un poste qui lui fait changer de statut dans un organigramme, les regards autour de cette personne commencent à changer. Parfois, c'est de la gêne, si ce n'est de la jalousie ou de la méfiance. La crainte révérencieuse a du sens lorsque l'on reconnaît aux personnes concernées l'honneur et la dignité qui correspondent à la fonction représentée. Ainsi, craindre Dieu, c'est reconnaître qu'il est le Créateur, celui qui a autorité sur tout l'univers. Dire qu'il est aux cieux, c'est dire qu'il est élevé, qu'il n'appartient pas à la même nature ou au même environnement que nous.

Sanctifier le nom de Dieu, c'est sans aucun doute le considérer différent de tous les autres noms que nous connaissons. Il est non seulement différent mais aussi supérieur à tous les noms que nous apprécions, même celui des stars dont certains ont pu obtenir des autographes ou des photos dédicacées. Un nom différent de celui des héros, des personnalités qui ont marqué l'histoire de notre pays ou de la civilisation humaine.

Craindre Dieu, c'est fort probablement porter son nom avec respect certes mais aussi avec fierté. Cette fierté est loin d'être synonyme d'orgueil mais elle reflète la joie d'appartenir à la famille de Dieu, la joie de vivre et d'évoluer sur le chemin qu'il propose à tous les hommes. C'est la joie qui vient de la liberté morale retrouvée en Jésus-Christ.

Sanctifier le nom de Dieu devient un devoir lorsque le croyant réalise que Dieu lui a confié ce nom. C'est une responsabilité que prend le croyant, partenaire de l'alliance, responsabilité qui consiste à promouvoir le nom de Dieu par le témoignage d'une vie harmonieuse, cohérente. D'une vie qui reflète la sincérité et l'authenticité, une vie qui montre que la confession de foi est concrétisée par un comportement saint, c'est-à-dire à part. Le croyant accepte d'être en décalage par rapport à ses contemporains mais ce décalage ne le fait pas vivre dans un autre siècle. Il a les pieds bien sur terre mais il porte le nom de son Père avec la conviction qu'il doit l'honorer, lui donner du poids et de la considération.

Craindre Dieu, c'est apprendre à éviter de répéter son nom dans chaque phrase de nos prières. On entend souvent, et de manière répétitive les termes « Seigneur » et « Eternel » dans chaque phrase lors des prières publiques. Chacun a le droit de prier Dieu, mais il est important de vérifier si l'emploi répétitif des noms qui le qualifient ou qui l'évoquent ne devient pas banal. A force de répéter, l'on finit par amoindrir l'intérêt et l'importance de ce qui est évoqué.

Sanctifier le nom de Dieu, c'est éviter de jurer et d'employer des expressions triviales telles que « nom de Dieu ! » ou « grands dieux ! » ou encore « Seigneur Jésus ! » ; etc. Trop de gens utilisent encore le nom de Dieu sur la même tonalité que les jurons. Ils se comportent comme si c'était un code, un passe-partout, un talisman, un objet fétiche. Le nom de Dieu ne doit pas devenir le vecteur des imprécations, le signe de réactions nerveuses, de surprises ou d'agacement.

Craindre Dieu, c'est aussi apprendre à ne pas maudire nos semblables dans des circonstances peu réjouissantes. Cela s'adresse surtout aux croyants puisque l'athée ne dira jamais « Dieu te maudira ». J'ai déjà entendu des croyants commenter des événements tragiques et y associer Dieu, en disant « le bon Dieu l'a puni » ou « heureusement qu'il y a un Dieu » lorsque telle personne ayant commis quelque chose d'immoral a eu un accident ou un problème quelconque. Je ne dis pas que Dieu est absent de la condition humaine mais il serait prudent de ne pas le mettre « à toutes les sauces ».

Qu'insinue l'Ecclésiaste ?

Dans son invitation à craindre Dieu, l'Ecclésiaste fait écho aux paroles du Décalogue relatives à l'honneur et au culte dus à Dieu. Cette invitation vise à une prise de distance de la banalisation de la personne ou la personnalité, ce qui a trait à l'honneur et à la dignité. Il dit de respecter Dieu et surtout de ne pas multiplier les gestes ou les paroles devant lui parce que l'homme ne mesure pas la portée de la personnalité de Dieu.

En invitant tout auditeur à la crainte de Dieu, l'Ecclésiaste cherche fort probablement à dire que Dieu n'est pas un être quelconque. Il demande de le reconnaître en tant que seul Dieu, de l'adorer et il est logique, par conséquent, qu'il demande *aussi* de ne pas mal traiter son nom. Ce qu'il demande à son partenaire d'alliance est simple : la même bouche ne peut pas, d'une part, confesser le nom du Tout-Puissant et de l'autre le rabaisser dans une utilisation futile, un but trivial. Le nom de Dieu ne peut pas être invoqué pour un gain matériel. C'est pire que le renier. Le nom divin est autre chose qu'un talisman ou un passe-partout. Cela correspondrait à un comportement ouvertement méprisant envers ce qu'il y a de plus saint dans l'univers.

Craindre Dieu, c'est apprendre à ne pas prendre son nom en vain, à ne pas le profaner. Ce serait le rendre ordinaire à tel point qu'il n'aurait plus de signification noble. Dieu est Dieu et doit le rester dans notre cœur, nos paroles et nos actes. Celui qui veut témoigner de son appartenance à l'alliance, celui qui se voit confier le nom divin ne peut pas invoquer le nom du partenaire divin sans lui conférer tout l'honneur qui lui revient. Dieu dit qu'il ne laissera point impuni celui qui prendra son nom en vain. Est-ce que tout le monde en est conscient ? En même temps, est-il possible, en raison de la prise de distance envers ce nom, que beaucoup d'hommes et de femmes ne perçoivent même pas l'action divine dans leur vie ?

Conclusion

L'Ecclésiaste invite à la crainte de Dieu et c'est là une des conclusions majeures de ses observations. Dieu lui-même nous demande de ne pas prendre son nom en vain, ni dans les conversations banales ni dans les déclarations de foi. Cette crainte implique de nombreuses choses, ainsi que le révèle la pensée biblique. C'est le respect, l'honneur, la révérence que l'homme doit au Dieu Tout-Puissant, créateur des cieux et de la terre.

Craindre Dieu, c'est lui donner gloire, l'adorer et le servir. C'est également respecter sa loi morale, qui est le mode d'emploi de la vie et des relations autour de soi, relations avec Dieu aussi bien qu'avec ses semblables. Le partenaire de Dieu dans la sainte alliance est un partenaire qui se respecte et si c'est le cas, il montrera de la circonspection, de la probité et de la sobriété lorsqu'il s'agit de parler de celui qui a créé les cieux et la terre, la mer et les sources d'eaux, celui qui a donné le souffle vital à l'homme. En somme, craindre Dieu, c'est simplement l'aimer et lui faire confiance. Cette crainte ne devrait embarrasser aucun individu qui entend l'invitation de l'Ecclésiaste...

1. Comment comprenez-vous le sens du verbe « craindre » ?
2. Quel est le sens du culte au 21ème siècle ?
3. Que pensez-vous de votre relation actuelle avec Dieu ?
4. Quelle attitude adopter lorsque nous parlons de Dieu ?
5. Croyez-vous que le troisième commandement est toujours d'actualité ?

10

Question d'équilibre

*« Dans ma vaine existence, j'ai tout vu : un juste qui se perd par
sa justice, un méchant qui survit par sa malice. Ne sois pas juste
à l'excès, ne te fais pas trop sage ; pourquoi te détruire ? Ne fais
pas trop le méchant et ne deviens pas insensé ; pourquoi mourir
avant ton temps ? Il est bon que tu tiennes à ceci sans laisser ta
main lâcher cela. Car celui qui craint Dieu fera aboutir l'une et
l'autre chose. La sagesse rend le sage plus fort que dix
gouverneurs présents dans une ville. Car aucun homme n'est
assez juste sur terre pour faire le bien sans pécher. »* (Ecclésiaste
7.15-17)

Tout est dans la modération, semble dire l'Ecclésiaste. Que
faut-il comprendre dans cette recherche d'équilibre,
même si l'on a un sens poussé de la justice et de la
droiture ? Le raisonnement sapiential se cherche dans une
autodéfinition correspondant au bon sens, au juste milieu[89].
Etait-il en avance sur son temps ou en retard sur la pensée
politique ?

D'aucuns verraient là le sens du compromis, de la mesure, de la
pondération, bref de tout ce qui sied aux politiques ou aux
politiciens. D'autres y trouveraient à redire quant à l'idéal
inhérent à la vérité, la justice et la droiture.

Peut-on être juste à l'excès ? Le trop nuit, dit le proverbe et
l'Ecclésiaste laisse entendre que trop de justice ou un sens
poussé de la justice pourrait faire plus de tort que l'injustice
décriée elle-même.

Le juste selon la Bible

Il n'est pas juste de dire que tout le monde aime la justice en
toutes circonstances, sauf si l'on est personnellement concerné.
Le philosophe allemand Emmanuel Kant disait bien que « si la
justice disparaît, c'est chose sans valeur que des hommes vivent
sur la terre ».

---

[89] André NEHER, *op. cit.*, p. 13.

Peut-on imaginer ce que serait le monde sans justice ? Et plus encore, à quoi servirait la justice s'il manquait des justes pour la faire vivre ou pour la défendre ? Est-on juste à l'excès ? Est-on injuste à l'excès ? Ou encore est-on insuffisamment juste ou pas assez injuste ? Mais il est nécessaire de se dire qu'on n'est jamais trop injuste. Il ne faudrait même pas envisager le « trop » dans ce qui est négatif, où d'ailleurs le minimum est déjà intolérable. L'injustice reste toujours injustice, si « minime » soit-elle aux yeux de certains...

Dans l'Ancien Testament, la notion de justice prend sa source dans la conviction que Yahvé est seul en mesure de juger (ce) qui est juste. Le verbe justifier est souvent employé au passif, de sorte que l'homme est justifié, déclaré juste et il ne peut pas se justifier de lui-même. C'est Dieu qui juge, qui justifie, non pas comme dans nos constitutions modernes, où un juge appliquerait simplement la loi mais comme un souverain qui a droit de vie et de mort sur ses sujets[90].

Le juste n'est pas toujours l'homme cité en exemple, plein de vertus, de qualités incontestables. C'est plutôt celui qui reçoit l'approbation de son supérieur, en l'occurrence, Dieu ; cette approbation étant aussi bien sur la vie de l'individu en question que sur une situation où l'approbation ressemblerait à une recommandation, une reconnaissance, ce qui est une forme de libération.

La Bible fait bien comprendre que devant le Seigneur, il n'y a aucun juste. En tout cas, personne ne peut mettre en avant des qualités, des œuvres et surtout des intentions de bien faire. Dieu regarde les hommes et il déclare que personne n'est juste en lui-même[91]. Cela ne constitue en aucun cas un empêchement à toute relation entre le Dieu juste et l'homme injuste. La relation, que la Bible appelle l'alliance, est certainement la plus belle manière pour Dieu de reconnaître l'homme, de l'approuver et de lui dire qu'il est digne d'entrer dans son alliance de vie.

Le *trop* nuit

La sagesse pourrait se définir comme étant la recherche de l'essentiel, source de bonheur et d'équilibre. Or, l'Ecclésiaste déclare que trop de sagesse génère de l'affliction et trop de science complique la vie de l'homme parce que l'excès de connaissance augmente la douleur. Une lecture primaire

[90] Juges 5.4; Psaume 5.9,11 ; 7.12; 18.26ss ; Esaïe 42.21; Jérémie 12.1.
[91] Psaumes 53.2-4; 143.2.

permettrait d'y trouver un encouragement pour les fainéants et les fumistes.

Trop de sagesse humaine fait perdre la foi ou du moins éloigne des sentiers de la foi. L'Ecclésiaste semble dire que l'homme ne progresse pas vraiment tant qu'il se livre à son propre raisonnement et estime qu'il peut tout analyser et comprendre. C'est une vanité et poursuite du vent. Plus l'homme avance dans ce qu'il considère comme étant « sa » sagesse, plus il court le risque d'emprunter le chemin de l'erreur, de la dérive. Et dans ces cas-là, l'Ecclésiaste en oublie presque de faire appel au sage Salomon des Proverbes et au psalmiste, qui affirment que la vraie sagesse se trouve dans la crainte de Dieu.

Tantôt le pessimisme de l'Ecclésiaste pourrait décourager, tantôt le rôle qu'il se donne, en se mettant presque au second plan, nous interpelle. Le lecteur ne veut pas le voir dans ce rôle d'observateur résigné, de spectateur désabusé. Se serait-il éloigné du reste des hommes, les laissant à leur vanité et dans la tourmente ? Nous n'oserions le croire, n'est-ce pas ! N'oublions pas que dès les premiers mots du livre, il dit que c'est lui Qohéleth, ou l'Ecclésiaste, le rassembleur, le convocateur. Je l'imagine mal porter ce nom et vouloir en même temps être loin des hommes. Quand on est l'Ecclésiaste, on se veut aussi près que possible de ses frères d'humanité.

En faisant appel à la sagesse, l'Ecclésiaste se veut crédible mais il déconstruit parfois son objectif lorsqu'il dit que c'est aussi là une vanité et poursuite du vent. Ne dira-t-il pas qu'il ne faut pas banaliser ou exagérer la sagesse ? Il demande à son interlocuteur de ne pas être trop sage, de peur de se détruire (7.16). Cela semble si inconfortable pour qui veut le suivre, mais malgré toute rationalisation de ses propos, il suscite notre intérêt. Y aurait-il, dans ce cas, une forme de logique dans la déraison ?

Etre trop sage n'aide pas nécessairement l'homme, mais faut-il pour autant refuser d'être sage ? Certaines personnes pensent qu'il ne faut pas toujours tenir à son ambition de défendre la vérité et la justice jusqu'au bout, si autour de soi il n'y a pas moyen de convaincre ou de trouver un consensus. A leurs yeux, une fois qu'on a donné son avis, on peut dormir la conscience tranquille. Est-ce que le silence devant des aberrations ne deviendrait pas une forme de complicité avec ce qui n'est pas correct ? Il y a probablement une sorte de sagesse sociale que d'être politiquement correct mais qu'en est-il de la sagesse morale ? L'Ecclésiaste veut dire que trop de sagesse dans les situations contradictoires peut desservir le champion de la sagesse et du bien. Et cela s'applique très bien dans le contexte politique et des affaires, où les stratégies et les calculs vont bon train, parce que pouvoir, privilèges et sommes d'argent colossales sont en jeu. Mais ce serait difficilement compatible avec un projet éthique, ou avec des configurations ecclésiales et autres engagements moraux...

Que de fois l'homme idéaliste ne s'est-il retrouvé devant des portes closes, des mains fermées, des regards sévères ou indifférents parce que dans sa démarche il a fait preuve de naïveté et de candeur ! Il a cru que les autres pouvaient partager la même vision que lui mais il n'a surtout pas observé que, malgré l'apparente ambition de la majorité de faire ce qui est bien, bon et sage, vouloir tout changer au nom de ces mêmes valeurs viendrait bousculer les habitudes avec lesquelles certains se sont accommodés.

C'est ainsi que les idéalistes en viennent à se fracasser sur leurs propres idées et rien ne les fait reculer : ni la haine, ni l'indifférence, ni le rejet de la part d'autrui. Ils ont des convictions qui les isolent et l'Ecclésiaste le sait très bien, pour avoir exercé le pouvoir ; il a dû avoir en face de lui de nombreux idéalistes, lui-même a dû en faire partie mais la réalité a montré que ce qui est sage ou bien ne triomphe pas toujours dans la condition humaine.

Trop de sagesse nuirait à celui qui en est porteur lorsqu'il ne parvient pas à séparer l'essentiel de l'aléatoire, de l'éphémère. L'exercice n'est pas facile surtout si d'autres s'en sortent très bien lorsqu'ils arrivent à jongler avec un peu de sagesse et beaucoup d'hypocrisie et de faux-semblants. Mais ce qui est rassurant pour les justes, c'est que Dieu amènera toute chose en jugement, tant ce qui est bien que ce qui est mauvais.

Et l'insensé alors ?

Il existe puisque la Bible en parle. Ici pourrait résonner la parole du Christ qui demande aux gens de son assemblée de ne traiter personne de *raca*, c'est-à-dire « tête vide », ou « imbécile ». Mais entre « imbécile » et « insensé » ou « stupide », il faudra que chacun s'efforce à trouver des nuances...

Et voilà que l'Ecclésiaste introduit une nouvelle maxime : « le coeur du sage est à sa droite, et le coeur de l'insensé à sa gauche » (10.2). C'est probablement une question d'équilibre aussi. Le cœur est une notion importante dans la pensée biblique, en particulier dans l'Ancien Testament. Il désigne le siège des sentiments, de la réflexion, de l'intelligence de l'homme, donc de sa capacité de décision et d'action. Ainsi, « on peut dire que le sage a le cœur à droite, parce que ses projets et ses actes sont précisément « a-droits », habiles et sensés ; en prenant l'autre interprétation, on comprendra que son cœur mène le sage à droite, du côté favorable : celui du bon sens et du succès. L'insensé est « gauche », malhabile, irréfléchi ; son action est aberrante et va à l'échec »[92].

Que demande l'Ecclésiaste sinon de prendre conscience que l'insensé est l'opposé, le contraire du sage ! Le sage cherche l'équilibre dans son raisonnement et dans l'expression de ses pensées, ce qui habillera également ses actes, ses décisions et la manière dont il les réalisera. En revanche, l'insensé pense qu'il a raison avant même de réfléchir et fait les choses de manière instinctive, impulsive, ce qui ne manque pas de conséquences fâcheuses. E. Glasser dit que « les insensés existent, agissent, et sont mêlés aux sages : tandis qu'ils vont leur chemin, leur inintelligence se manifeste, chose encore normale, mais c'est parfois aux dépens des sages dont ils ne comprennent ni ne tolèrent le comportement ; de leur point de vue, l'action du sage est évidemment aberrante, et ils traitent ce dernier de fou »[93].

Il y a là certainement matière à réflexion pour nous tous car la frontière entre la sagesse et la bêtise est souvent invisible, n'ayant pas de *no man's land* entre elles.

Contre la colère du chef...

« Ne confondez pas la haine et la vengeance : ce sont deux sentiments bien différents ; l'un est celui des petits esprits, l'autre est l'effet d'une loi à laquelle obéissent les grandes âmes. Dieu se venge et ne hait pas. La haine est le vice des âmes étroites, elles l'alimentent de toutes leurs petitesses, elles en font le prétexte de leurs basses tyrannies »

Honoré de Balzac

L'Ecclésiaste nous entraîne ici sur le terrain des relations sociales et professionnelles, dans les rapports de force, en

---

[92] E. GLASSER, *op. cit.* p. 154-155. (Nous parlons aussi de pouvoir et de politique, mais il n'y a ici aucune allusion à une politique de droite ou de gauche...)

[93] *Ib.* p. 155.

somme celui où les sentiments troublent si facilement la raison, parfois du plus fort mais pas nécessairement du plus sage. Aussi donne-t-il le conseil suivant : « Si l'humeur du chef s'élève contre toi, n'abandonne pas ton poste, car le sang-froid évite de grandes maladresses » (10.4).

L'Ecclésiaste s'exprime certainement à partir de l'expérience qu'il a eue en tant que roi plein de sagesse. Il a dû lui-même se trouver confronté à des situations où le pouvoir devient un enjeu. Il invite donc à ne pas baisser les bras et tourner le dos face à l'esprit échauffé d'un chef.

Diriger n'est pas toujours facile car les défis sont nombreux. Mais la manière de diriger ou d'exercer son autorité fera d'un chef un homme respecté, craint ou même haï. « Il est plus facile d'obéir que de commander », disait Napoléon Bonaparte. Toutefois, l'expérience montre qu'il y a parfois des chefs qui ne sont pas respectés simplement parce qu'ils n'ont pas compris que l'autorité s'exerce dans le respect d'autrui et non dans l'autoritarisme qui engendre une crise d'autorité.

Celui qui crie souvent : « c'est moi le chef ici ! » est nécessairement dans une position d'insécurité. Il est conscient qu'il n'est pas encore reconnu comme chef, ou qu'il ne l'est pas devenu dans de sereines et honorables conditions. Alors, il se voit contraint de crier, vociférer et hurler des ordres pour se faire respecter. Parfois il cherche à manipuler les gens comme des objets, les jouant les uns contre les autres afin de mieux régner. Vieux comme le monde « diviser pour régner » a toujours été l'arme des dictateurs, des malhonnêtes et des parvenus. Celui qui dirige peut se faire piéger par ce type de comportement et ce qu'il obtiendra dans ces cas bien précis sera soit la peur soit l'indifférence mais jamais le respect et l'admiration.

Dans de telles circonstances, l'Ecclésiaste propose de ne pas abandonner face au chef qui se met en colère. Les raisons évoquées à l'instant expliquent en partie les colères des chefs. A cela, nous pourrions ajouter l'incompétence également. Il y a des chefs qui perdent facilement leur calme soit parce qu'en face d'eux il y a des lacunes et des incompétents soit parce qu'ils sont eux-mêmes à court d'arguments et de savoir-faire.

Parmi ceux qui occupent une position de chef, certains ne sont pas là par mérite ou en vertu de leurs compétences : ils sont nommés ou élus uniquement *par défaut*. Il y a là une part de légitimité, d'un point de vue démocratique, mais élire des chefs de cette manière est une forme de nivellement par le bas. Les conséquences de ce mode de fonctionnement se font sentir rapidement, non seulement sur le plan technique ou matériel mais surtout relationnel.

Ce phénomène se produit dans de nombreux groupes, dans les entreprises et autres organismes. Ceux qui sont haut placés ne sont pas toujours disposés à assumer la contradiction et l'audace de la part des subalternes. Agissent-ils ainsi par peur de voir leur mode de fonctionnement remis en question ? Par ailleurs, font-ils tout pour n'avoir autour d'eux que des gens dociles, courtois, des gens qui leur ressemblent ? C'est intéressant et pratique pour eux mais tellement appauvrissant pour le système dans lequel ils évoluent. Certains chefs sont irrités par l'entêtement des « sages », en tout cas de ceux qui souvent savent et peuvent mieux qu'eux-mêmes, et c'est une chose que ces chefs-là n'apprécient pas toujours (sauf à de rares exceptions, ce qui signifie qu'ils sont aussi des sages). Mais les chefs qui sont en colère sans raison, n'hésiteront en rien à faire le vide autour d'eux ou à durcir les directives et c'est fort probablement à eux que songe l'Ecclésiaste.

Quand quelqu'un démissionne devant la colère du chef, il met de l'eau au moulin de la mesquinerie, de l'étroitesse d'esprit et de la bêtise. Il encourage la lâcheté et les complexes. En somme, l'Ecclésiaste invite à ne pas quitter son poste en s'appuyant sur des arguments négatifs tels que la colère, la jalousie ou la lâcheté. N'oublions pas que l'auteur de ces conseils a exercé la royauté et il a certainement eu en face de lui des individus à fort caractère, avec un tempérament bien affirmé. A l'entendre, on devine qu'ils ont eu droit à son respect et à son soutien.

Contre les autorités

« Ne maudis pas le roi dans ton for intérieur, ne maudis pas le riche même en ta chambre à coucher, car l'oiseau du ciel en emporte le bruit, et la bête ailée fera connaître ce qu'on dit. » (10.20)

Après avoir demandé à son interlocuteur de ne pas démissionner face à un chef qui s'emporte, l'Ecclésiaste l'encourage à ne pas maudire le roi et le riche, car une telle attitude ne reste pas sans conséquences. Ce discours est une injonction contre tout individu ayant des griefs à l'égard de ceux qui occupent une position d'autorité. C'est une invitation à porter un regard équilibré sur les rapports sociaux, en d'autres mots, à développer une saine analyse de la politique.

Le verbe employé ici, *qâlal*, signifie tout d'abord « reculer », « réduire », « rapetisser ». Par extension, il prend le sens de « « être vil », « être mesquin », « mépriser », « dédaigner », « être trivial », « banaliser », « maudire », « blasphémer », « humilier ». N'oublions pas que l'Ecclésiaste parle à partir d'une position royale et il sait bien que le roi est souvent confronté au mépris ou à la jalousie des autres. La même chose se produit contre le riche.

Il n'y a pas de roi parfait et il n'y a pas de peuple parfait. Dans son exhortation, l'Ecclésiaste encourage son interlocuteur à ne pas s'irriter contre le roi ou contre tout détenteur de pouvoir et d'autorité et surtout à ne pas les maudire. Les propos contre un roi ou un riche finissent toujours par arriver à leurs oreilles, selon l'expérience de l'Ecclésiaste car il y a un « service de renseignement » efficace, favorable aux puissants.

L'Ecclésiaste demande probablement à développer ce que nous appelons aujourd'hui la mentalité du « politiquement correct ». Il y a tant de choses qui déplaisent lorsque nous considérons la manière dont les gouvernants ou autres dirigeants gèrent les affaires qui leur sont confiées. Il suffit de voir, dans nos démocraties modernes, les grèves, les manifestations et autres revendications, pour comprendre qu'il y a une différence énorme entre les promesses électorales et la réalité de gouvernance.

Le croyant auquel s'adresse l'Ecclésiaste se trouve chaque jour pris dans cette réalité. Il vit dans le monde qui génère son lot d'informations tragiques et de décisions touchant de près sa propre réalité économique. Il y a des situations qui suscitent l'insatisfaction, le mécontentement, la colère et, les sentiments troublant si facilement la raison, il n'est pas si surprenant de vouloir maudire le roi ou le riche. Le pouvoir corrompt, dit-on habituellement ; il ne corrompt pas seulement ceux qui le détiennent mais il corrompt aussi ceux qui en sont victimes, à cause de la manière dont il est exercé.

L'Ecclésiaste a déjà encouragé la soumission à l'autorité royale (8.2-4) et son discours fait ressortir la nécessité de respecter le pouvoir. Les ordres du roi doivent être observés et dans ce contexte, l'autorité du monarque est associée à celle de Dieu lui-même. Cette notion est déjà évoquée par Salomon lui-même : « Mon fils, crains l'Eternel et le roi » (Proverbes 24.21a). Le conseil de ne maudire ni le roi ni le riche est une sorte de protection et non une fuite en avant, une démission devant les puissants. Ce qui est mis en évidence ici, c'est la séparation des deux mondes, celui des puissants et celui des dominés. L'Ecclésiaste ne veut pas approfondir la question de la tension entre ces deux groupes d'individus ou ces deux situations. Il n'y a pas de complexe d'infériorité ni de supériorité mais le devoir de développer une sagesse citoyenne, sociopolitique.

Veut-il signifier que c'est peine perdue que de maudire le roi et le riche, puisque les maudire ne changera strictement rien à leur situation ? Bien au contraire, celui qui maudit le roi ou le riche se trouve plutôt en situation d'infériorité et ce n'est pas son discours amer qui lui donnera plus d'importance. Personne n'aime être maudit ou méprisé et le conseil vaut surtout parce qu'il est facile d'en vouloir aux puissants, simplement parce qu'ils occupent une situation supérieure. Par ailleurs, si les puissants l'apprennent, la difficulté sera encore plus grande pour celui qui les aura maudits... La vengeance des puissants est souvent sans pitié.

L'objectif visé ici est celui de montrer que c'est la loi du plus fort - celui qui détient le pouvoir - qui l'emporte. Il ne cherche pas à établir une échelle de valeur morale, intrinsèque à la position du puissant, mais il laisse entendre que le puissant aura toujours raison et qu'il n'a de compte à rendre à personne.

Ce discours ne dit pas que le citoyen (ou le croyant) doit se résigner, ou ne doit pas réfléchir, face à la réalité de son existence. Dans notre société contemporaine, nous voyons aussi des puissants et des riches soumis à la justice, lorsque les juges ont le courage d'aller jusqu'au bout de leur action. Mais l'Ecclésiaste ne s'exprime pas dans ce sens, ce qu'il demande c'est tout simplement de ne pas maudire le roi, par souci de se préserver. Alors, une forme de sagesse et de bon sens s'impose, n'est-ce pas ?

Conclusion

Comment trouver son équilibre entre le devoir de sagesse et le compromis nécessaire pour éviter des conflits inutiles ? Comment répondre à la méchanceté sans devenir soi-même méchant, sans tomber dans la mesquinerie et la cruauté ?

Seul Dieu peut nous délivrer des excès. Seul Dieu peut nous donner un regard lucide sur nous-mêmes et sur la vie. Je sais que ce n'est pas toujours facile mais l'apprentissage est possible même s'il doit passer par des moments de doute, de découragement et de remise en question. L'essentiel est de ne perdre ni notre âme ni notre attachement aux valeurs inhérentes à la sagesse qui vient de la crainte de l'Eternel.

A méditer :

1. Est-on jamais trop sage ou trop juste ?
2. Qu'est-ce qui suscite la méchanceté en l'homme ?
3. Faites-vous la différence entre compromis et compromissions ?
4. Avez-vous déjà été confronté à la colère d'un chef ?
5. Que pensez-vous du « politiquement correct » ?

11

Une femme sur mille

« *Et je trouve, moi, plus amère que la mort une femme quand elle est un traquenard, et son coeur un filet, ses mains des liens : celui qui plaît à Dieu lui échappera, mais le pécheur se laissera prendre par elle. Voilà ce que j'ai trouvé, a dit Qohéleth, en les voyant l'une après l'autre pour trouver une opinion. J'en suis encore à chercher et n'ai pas trouvé : Un homme sur mille, je l'ai trouvé, mais une femme parmi elles toutes, je ne l'ai pas trouvée.* » (Ecclésiaste 7.26-28)

Comme annoncé plus haut, je me permets de dépasser le discours de Qohéleth sur le thème de ce chapitre[94]. Comment résister à la tentation de parler des rapports homme-femme, en entendant l'Ecclésiaste dire, d'une part, qu'il vaut mieux être deux que tout seul (4.9) et de l'autre, qu'il n'a pas trouvé une femme entre mille, dans l'espoir de trouver son compte, de se faire une opinion ! Cette déclaration sur la femme est dure car l'on ne sait si la femme en tant que telle est un piège, un traquenard ou si la femme, lorsqu'elle est perverse, devient un véritable piège, une prison pour l'homme.

Si l'on garde l'hypothèse que c'est Salomon qui est l'auteur de ces propos, il était très bien placé pour apprécier la femme (ou dois-je dire les femmes) d'autant qu'il en avait en grand nombre[95]. Le livre des Rois insiste sur le fait que son penchant pour les femmes, surtout celles des autres nations, l'avait détourné de ses ambitions morales : les femmes détournèrent son cœur ! Condamne-t-il la femme en tant que telle ou est-ce la femme séductrice, la « femme fatale » qui fait l'objet de sa critique amère ? Il faut lever le malentendu pour les hommes qui apprécient le lien *conjugué* mais surtout pour les femmes, toutes les femmes, qui ont droit au bonheur. Il faut probablement lever toute ambiguïté sur l'intention de Qohéleth

---

[94] Malgré nos lectures divergentes sur certains passages de Qohéleth, je n'ai pas de difficulté à suivre J. Ellul dans cette réflexion sur la femme. Elle s'impose, à mon sens, pour lever toute ambiguïté (Voir J. Ellul, *op.cit.* pp. 187-196).

[95] 1 Rois 11.1-13.

lui-même, d'autant qu'il s'est présenté comme ayant plus de sagesse que tous ceux qui l'ont précédé...

Misogynie ou rancune ?

Qohéleth a compris le bien-être tiré de la compagnie d'autrui, mais pourquoi a-t-il quand même cru bon d'ajouter que la femme dont le cœur est un piège est dangereuse ! Il ne dit pas que la femme en soi est dangereuse. Il ne dit pas qu'il ne faut pas aimer la femme mais il laisse entendre que la femme dont le cœur est un piège est plus amère que la mort. Ce verdict affectif sonne plutôt comme un regret ou l'amère désillusion conséquente à un échec relationnel. Certains diraient qu'il a de la chance puisque, selon le contexte, il n'y avait pas de féministes à affronter au sein du royaume. Nous sommes encore à l'ère des harems et de l'infériorisation de la femme, souvent objet de plaisir.

Les motivations d'une telle déclaration sont peut-être multiples et l'on se demande ce qui rend un homme amer. La femme dont il parle est probablement une femme séductrice, voire une femme castratrice. Qohéleth n'évoque pas les choses en ces termes mais il n'est pas interdit de le comprendre dans cette perspective-là.

Les propos de Qohéleth sur la femme, celle qui emprisonne affectivement, ont une tournure morale. A ses yeux, l'homme qui parvient à échapper au piège est un homme agréable à Dieu. Faut-il être « moralement correct » pour échapper à une telle femme ? En quoi la femme est-elle aussi perverse ou mauvaise que cela et l'homme n'est jamais présenté sous ces aspects-là ? En même temps, se pose la question sur l'appréciation de l'homme qu'il parvient à trouver entre mille autres. Pourquoi vante-t-il un homme sur mille et critique-t-il autant une femme sur mille ? Il ne dit pas la nature de sa relation avec les hommes, en comparaison avec ce qu'il énonce sur la femme. Il ne dit pas non plus qu'il préfère l'homme à la femme...

L'être humain est capable du meilleur comme du pire. Pour en revenir à Salomon, dont la figure est en filigrane dans tout le livre de l'Ecclésiaste, il faut se rappeler que cet homme a certainement séduit de nombreuses femmes[96]. Son succès reposait sur son pouvoir royal mais aussi sur sa sagesse dont la

---

[96] On connaît bien les propos du roi Lemuel sur la femme vertueuse, louée dans Proverbes 31.10-31. La tradition rabbinique assimile Salomon à ce roi, dont le nom n'apparaît que dans ce passage.

renommée avait traversé les frontières, au point qu'une femme, la reine de Séba[97], se déplaça pour le rencontrer. Ce que je veux dire ici, en dépit de toutes les rencontres féminines qu'il a faites, il reconnaît que le jeu de séduction peut se révéler être un filet. Je me demande si sur les mille femmes qu'il a connues, il n'a pas fini par éprouver une sorte de saturation, se rendant compte que le plaisir physique que l'homme cherche ne conduit pas au vrai bonheur. La quantité ne fait pas la qualité... On ne construit aucune relation durable avec mille femmes et ce n'est pas surprenant qu'il ressente cette insatisfaction. Dans ce genre de relation, l'esprit de séduction est des deux côtés, aussi bien chez la femme qui veut accaparer l'homme que chez ce dernier qui veut séduire et conquérir autant de cœurs que possible. La femme devient objet de désir pour l'homme et l'homme devient objet de plaisir et de manipulation entre les mains de la femme.

L'homme déçu peut éprouver de la colère, mais il arrive que la déception se transforme en amertume parce que son orgueil est mis à l'épreuve. Un homme éconduit reconnaît rarement qu'il a mal agi ou qu'il ne plait pas. C'est alors que la femme est vilipendée, critiquée, l'homme lui trouvant tous les défauts alors même qu'il voulait la séduire auparavant. L'être humain déçu se comporte souvent en ennemi... Dans ce cas, c'est ajouter l'inélégance au malentendu.

Les premières pages de la Bible le montrent déjà, lorsque le premier couple humain s'est retrouvé en situation de fuite, à cause du péché. Dieu demande à l'homme s'il a commis l'interdit - manger du fruit de la connaissance du bien et du mal – la réponse qu'il donne est porteuse de rupture et de reniement : «la femme que tu as mise auprès de moi m'a donné de l'arbre, et j'en ai mangé ». (Genèse 3.12)[98]

Qohéleth ne parle pas explicitement du couple dans une relation hétérosexuelle organisée mais plutôt dans une relation conflictuelle. L'homme qu'il est, frustré sans doute par une tentative de conquête qui a mal tourné, éprouve du ressentiment envers la femme. Son expérience racontée ici n'a pas de portée dogmatique mais repose uniquement sur un critère affectif et émotionnel. Est-il misogyne ? Tout nous pousse à le croire et, en lisant entre les lignes, son discours semble imprégné de rancœur et de rancune. C'est un homme mécontent qui parle car on imagine mal, objectivement, qu'il est

---

[97] 1 Rois 10.1-13.
[98] Nous reviendrons, un peu plus loin dans ce chapitre, sur l'origine du couple humain.

facile de trouver un homme valable sur mille mais extrêmement difficile de trouver une femme valable sur mille !

Le constat de Qohéleth pourrait se ranger dans la catégorie des statistiques ou des résultats de sondage d'opinion, comme si le fait de trouver une femme sur mille, une femme qui soit intéressante et apte à sa réflexion dépendait d'une logique ou, curieusement, de la loi des probabilités. Et subitement, il donne (malgré lui - je veux bien le croire) l'impression que la femme devient élément quantifiable. Il y a donc chez l'homme le besoin de personnifier les choses et inversement celui de réifier[99] ou de chosifier les personnes. Nous le voyons bien dans notre société occidentale postmoderne où les hommes et les femmes, quelle que soit leur catégorie socioprofessionnelle, se retrouvent réduits à des choses, des pièces dans les rouages d'une économie, auparavant nationale et désormais mondialisée. Il suffit pour cela de regarder, avec impuissance et tristesse, les délocalisations de certaines entreprises, les restructurations du personnel au sein des sociétés de production et autres modifications sur le plan professionnel, pour comprendre que les humains sont devenus interchangeables et impersonnels. La société matérialiste s'organise depuis des décennies autour de la mentalité de consommation et la course au profit a fini par déshumaniser la société. Karl Marx déjà, pour ne citer que lui, voyait que la révolution industrielle réduisait les prolétaires à de pauvres choses, au mépris de leur personne. Et une telle mentalité semble irréversible parce que c'est l'argent qui gouverne les consciences.

La femme est mise, selon les propos de Qohéleth, sur un plan statistique. Et pourtant ! Et pourtant, tous les lecteurs avisés de l'Ancien Testament devraient comprendre que la pensée biblique est contre la réification des personnes[100]. Or, l'histoire de nos sociétés montre que la femme a été chosifiée encore plus que l'homme[101]. Il faut le reconnaître, avec un peu d'humilité et de courage, trop longtemps elle a été considérée comme servante, souffre-douleur ou objet sexuel. Quand elle est perçue comme servante, elle devient la propriété de l'homme, privée

---

[99] Du latin *res*, « chose ». De la même racine on a les termes « rien », « république » (chose publique), etc. Réifier c'est transformer en chose ce qui provient de sa subjectivité.

[100] Eric FUCHS, « Chance et ambiguïté de la famille selon l'Evangile », in *Bulletin du Centre protestant d'études*, Genève, Septembre 1977.

[101] Paul TOURNIER, La mission de la femme, Delachaux et Niestlé, Lausanne/Paris, 1993, pp. 20s.

d'une vie personnelle, d'une identité propre. Elle se retrouve souvent au service du mari, des enfants, si ce n'est encore de la belle-famille. C'est la même chose lorsqu'elle est exploitée au sein de l'entreprise par des patrons peu scrupuleux.

Elle devient souffre-douleur lorsqu'on fait reposer sur elle toutes les frustrations et les échecs du quotidien. La femme est infériorisée par certains lorsqu'à sa naissance, elle est appelée « deuxième lot » ; petite fille elle entend, à la naissance d'un petit frère, « Ah ! Enfin un fils ! ». Elle vit avec l'idée que, chez de nombreux adultes, les garçons sont préférables aux filles. Les maris frustrés accusent les femmes d'être à l'origine de tous leurs malheurs, ils se vengent et c'est l'escalade dans la violence verbale et même physique[102]. De la tension on passe à la rupture, à l'antagonisme. Ensuite, c'est la vengeance qui anime les sentiments, avec des guerres émotionnelles qui finissent au tribunal ou à l'hôpital, si ce n'est pire...

Quand elle est considérée en tant qu'objet sexuel, elle devient le point de mire du regard concupiscent de l'homme, de son homme comme de tous les hommes. L'homme devient « voyeur » avant de se comporter comme un voyou. Notre société contemporaine est envahie par la pornographie[103]. Les tabous sont levés, les interdits inexistants et la femme redevient l'objet de tous les désirs, de tous les fantasmes. La femme est sur tous les écrans, elle est instrumentalisée, « numérisée » et diffusée sur Internet comme un produit, une publicité sur le double créneau de la sensualité et de la sensorialité. Les corps humains redeviennent interchangeables, la femme est utilisée comme marchandise : pornographie, prostitution et profit... la limite est si vite franchie !

Aussi, pour les besoins de notre réflexion globale sur le discours de Qohéleth, il est nécessaire de replacer la femme dans l'orientation didactique de la Bible. Il n'y a pas de pessimisme sur la femme et encore moins sur la relation homme-femme. C'est le péché qui viendra perturber cette relation et par conséquent infériorisera la femme. Nous parlerons donc du couple humain, car l'occasion est trop belle et il va sans dire que, être humain sur cette terre pleine de malice mais

---

[102] Les statistiques révèlent qu'en France une femme meurt tous les trois jours, à la suite de violences au sein du foyer. Les études sur ce sujet montrent que les hommes aussi sont victimes, mais à une moindre échelle.

[103] Je suis conscient que je me limite à la femme. Le marché de la sexualité est aussi occupé par l'homosexualité. Par ailleurs, la femme, en tant que petite fille, est déjà exploitée dans les circuits pédophiles.

également pleine de délices, c'est être humain *avec* l'autre. Justement, disons tout de suite que l'une des premières leçons de la Bible, c'est la notion d'altérité. La femme, avant d'être remarquée entre mille, n'est nullement présentée comme étant insignifiante ou créature de seconde catégorie. Son appel à l'existence relève non seulement d'une décision divine mais de sa vocation à la complémentarité. Il est donc nécessaire de vérifier le statut de la femme, telle que la Bible la présente et surtout, préciser son rapport avec l'homme.

La femme dans la Bible

Dans l'Ancien Testament, la femme est, comme l'homme, créée à l'image de Dieu, ce qui implique qu'elle est créée dans la différenciation sexuelle. Ensuite, elle devient Eve, « mère des vivants », parce que c'est elle qui donne la vie à l'humanité.

Elle est très tôt pointée du doigt parce que c'est sur elle que repose l'accusation du premier péché, dont elle subit encore les conséquences. Elle connaîtra la douleur de l'enfantement et son mari dominera sur elle (Genèse 3.16). Malgré la chute originelle, la position de la femme était bien supérieure à celle que lui reconnaissaient les nations païennes environnantes. Elle jouissait de libertés plus grandes, ses activités étaient plus variées et plus importantes, sa situation sociale beaucoup plus élevée et respectée. Les enfants devaient honorer également leur père et leur mère (Exode 20.12). La mémoire collective retiendra à jamais les noms de Sara, Rébecca et Rachel, des femmes qui n'ont pas vécu dans l'ombre des pères de la nation.

La femme est présentée comme pouvant hériter (Nombres 27.1-8), en cas d'absence d'héritier mâle. Par ailleurs, elle était appelée à devenir prophétesse, reine, leader de la nation (les exemples les plus emblématiques étant Déborah, Myriam, Hulda, Esther, etc.). Anne, mère de Samuel, est un exemple de foi, de courage face au mépris et douée pour la confection d'habits (1Samuel 1 ; 2.1-2). Plus d'une fois, nous voyons la reine-mère grandement honorée (1Rois 2.19; 15.13) et dans les biographies des rois, on indique toujours le nom de leur mère. Elle est honorée dans la relation romantico-érotique (Cantique des cantiques) et louée pour ses qualités visionnaires et pragmatiques dans le livre des Proverbes. Une femme entre mille ! On a plutôt l'impression que la Bible est disposée à citer le nom de mille femmes...

A cette liste, nous pourrions rajouter les nombreuses tâches auxquelles participait la femme pour la vie de la famille, ce qui inévitablement permettait de construire la société. Certes, il ne faut pas exagérer les choses surtout dans le cadre d'une comparaison avec la société occidentale matérialiste et libérale. N'oublions pas que l'Orient Ancien dans lequel évolue la femme israélite est agraire, pastoral, malgré l'avènement de la monarchie et l'organisation de la société avant ou après l'exil. Plus tard, à cause de l'influence rabbinique, la femme sera reléguée à un rôle inférieur, ce qui l'éloignera du statut que Dieu lui accorda au même titre que l'homme, à la création.

Parallèlement, on pourrait citer les exemples négatifs de femmes qui ont exercé une mauvaise influence sur la vie spirituelle du peuple, telle Jézabel, dont la figure deviendra proverbiale et même l'Apocalypse reprendra ce nom dans le cadre de désordre religieux. Le triste exemple de Jézabel et d'Athalie montre aussi quels pouvaient être le pouvoir et l'influence d'une femme en Israël. Le jeune homme des Proverbes est exhorté à se souvenir de « l'enseignement de sa mère » (Proverbes 1.8; 6.20), car son mépris irait au-devant de la malédiction (19.26; 20.20; 30.11, 17).

Le verdict de Qohéleth est sévère d'autant plus qu'il est loin de refléter l'appréciation de la femme selon l'arrière-plan biblique. Même la Grèce et Rome étaient loin de reconnaître ainsi la valeur de la femme. Aristote la considérait comme un être inférieur, intermédiaire entre l'homme libre et l'esclave ; Socrate et Démosthène avaient peu d'estime pour elle. Platon recommandait la possession en commun des femmes. En pratique, les mêmes conceptions existaient à Rome, surtout après le triomphe de la culture et de la liberté morale des Grecs.

Le Nouveau Testament éclaire l'identité sociale et spirituelle de la femme. Il s'ouvre avec des figures de femmes : Elisabeth, la mère de Jean-Baptiste et Marie, la mère de Jésus. Si Marie reconnaît que le Seigneur a jeté les yeux sur sa « bassesse », elle a la conviction que désormais toutes les générations la diront bienheureuse, ce qui est indirectement une grâce pour la femme croyante en général (Luc 1.48).

Jésus a toujours été attentif envers les femmes : il a pardonné et sauvé la pécheresse (Luc 7.37-50) ; il a guéri Marie de Magdala ; Jeanne et Suzanne l'assistaient de leurs biens, Marthe et Marie le recevaient à leur foyer (Luc 8.2-3 ; 10.38-39). Il a réhabilité la Samaritaine, l'encourageant à mettre de l'ordre dans sa vie (Jean 4). Des femmes l'ont servi et accompagné jusqu'au Calvaire, puis jusqu'au sépulcre (Matthieu 27.55-56, 61). Les femmes sont les premières à penser à embaumer sa dépouille et elles se rendent au tombeau le jour de Pâques (Luc 23.56; 24.1). Le Seigneur ressuscité leur apparut à elles d'abord, et elles eurent l'honneur d'être les premières à annoncer la Bonne Nouvelle de sa victoire (Mathieu 28.9-10 ; Luc 24.9-11).

De ce fait, Jésus les mit ainsi sur un pied d'égalité avec les hommes, faisant appel à leur responsabilité dans l'organisation de leur vie spirituelle, leur imposant les mêmes exigences et leur offrant le même salut. Elles recevront le Saint-Esprit (Actes 2.1,18) et dans l'Eglise primitive, elles exerceront différents ministères (Actes 21.9). Avec la mère de Jésus, elles étaient parmi les cent vingt de la chambre haute (Actes 1.14). On trouve aussi partout des femmes parmi les premiers convertis (Actes 8.12 ; 9.2 ; 17.12). Ce fut la maison d'une femme qui devint le lieu de réunion de l'Eglise à Jérusalem (Actes 12.12).

Paul a un discours intéressant, quoique paradoxal sur la femme. Luc rapporte que la première personne qui se convertit en Europe à la prédication de Paul fut une femme (Actes 16.14). Le même Paul, qui insiste sur la notion d'égalité entre hommes et femmes devant Dieu (Galates 3.28) n'oublie pas les situations particulières et demande que les conventions de l'époque soient respectées. Il demande aux femmes de se taire dans les assemblées (1 Corinthiens 14.34) : il ordonne que ni l'enseignement ni la direction réservée à l'homme, ne leur soient confiés (1Timothée 1.21-22). L'apôtre comparera l'Eglise à une femme, celle du Christ lui-même (Ephésiens 5.23-24)[104]. Paul ajoute : « Elle sera néanmoins sauvée en devenant mère, si elle persévère avec modestie dans la foi, dans la charité, et dans la sainteté »[105]. La maternité qui produit le salut de la femme, et par conséquent, celui de toute l'humanité, trouve un écho particulier dans le rôle de Marie qui aura la vocation de donner naissance au Sauveur de l'humanité, un rôle important pour

---

[104] Ce passage biblique est régulièrement utilisé dans des liturgies de mariage pour établir l'analogie entre le couple humain homme-femme et le couple de l'alliance Christ-Eglise. Là aussi, il faut avouer que l'exhortation a souvent été réduite à une seule phrase, celle de la soumission de la femme au mari. Et ce ne sont pas les femmes qui l'ont décidé ainsi...

[105] 1Timothée 2.15. Il faut éviter tout raccourci avec cette déclaration en lui donnant une portée globale. Nous n'ignorons pas la souffrance de toutes les femmes qui ont eu du mal à enfanter. Il faut reconnaître qu'une mauvaise lecture de cette déclaration de Paul a déjà produit un regard dépréciateur sur de nombreuses femmes.

lequel le Nouveau Testament, à commencer par Jésus lui-même, ne donnera aucun prolongement théologique. Il y a un parallèle qui peut être établi : le premier péché est venu par la désobéissance d'une femme et la soumission d'une autre femme permettra l'Incarnation pour le salut des humains.

Le besoin de la femme

La relation homme-femme constitue l'un des plus grands thèmes de la Bible et c'est sur cette base qu'il faudra analyser le verdict de Qohéleth sur la femme. Dès la déclaration de principe de la création de l'homme[106], il apparaît clairement que l'homme est créé dans l'altérité. L'autre, auquel il est confronté, est Dieu ou un vis-à-vis qui lui sera d'une grande aide.

Voici le début de l'affaire, selon le récit de la Genèse : « Le SEIGNEUR Dieu dit : « Il n'est pas bon pour l'homme d'être seul. Je veux lui faire une aide qui lui soit accordée. » Le SEIGNEUR Dieu modela du sol toute bête des champs et tout oiseau du ciel qu'il amena à l'homme pour voir comment il les désignerait. Tout ce que désigna l'homme avait pour nom « être vivant » ; l'homme désigna par leur nom tout bétail, tout oiseau du ciel et toute bête des champs, mais pour lui-même, l'homme ne trouva pas l'aide qui lui soit accordée. Le SEIGNEUR Dieu fit tomber dans une torpeur l'homme qui s'endormit ; il prit l'une de ses côtes et referma les chairs à sa place. Le SEIGNEUR Dieu transforma la côte qu'il avait prise à l'homme en une femme qu'il lui amena. L'homme s'écria : « Voici cette fois l'os de mes os et la chair de ma chair, celle-ci, on l'appellera femme car c'est de l'homme qu'elle a été prise. Aussi l'homme laisse-t-il son père et sa mère pour s'attacher à sa femme, et ils deviennent une seule chair. » (Genèse 2.18-25)

Dieu crée l'homme dans une relation nécessaire et possible avec l'Autre, le divin d'abord et l'humain ensuite. Dans le premier chapitre de la Genèse, la déclaration d'intention de la création laisse entendre un projet de formation de l'homme dans la dualité, un homme et une femme, tous deux ensemble créés à l'image de Dieu. Elle est d'abord *ischa*, le féminin de l'homme, *isch*. Dans le deuxième chapitre, il y a une articulation différente qui cherche à démontrer à l'homme que son bonheur se trouverait uniquement dans un double proche mais différent.

---

[106] Genèse 1.26-28. L'homme et la femme sont tous deux concernés par cette double notion d'image et de ressemblance divines.

Le chapitre 2 de la Genèse parle du caractère péjoratif de la solitude. « Il n'est pas bon que l'homme soit seul, je lui ferai une aide semblable à lui », dit Dieu. Oh, il ne faut pas croire que Dieu se soit trompé ou qu'il ait oublié de doter l'homme d'une compagnie convenable. Il ne faut pas non plus prendre prétexte de ce texte pour dire que la femme est naturellement inférieure à l'homme parce qu'elle a été créée après l'homme. En regardant de près cette déclaration nous découvrons, dans son intention idéale et surtout didactique, que le souci de l'auteur est d'éclairer la création sous un angle différent, surtout en ce qui concerne la dimension relationnelle des origines de l'humanité.

Ce chapitre 2 est crucial parce qu'il pose la question du caractère social de l'être humain – comprenons l'homme aussi bien que la femme. Alors que Genèse 1 répond à la question : « D'où vient tout ce qui existe ? », Genèse 2 répond à la question : « Pourquoi l'homme est tel qu'il est représenté ? » Ce deuxième récit est anthropocentrique, contrairement au ch. 1 où il est évident que Dieu occupe le centre : Il est au coeur de la création.

Le récit nous rappelle que Dieu créa l'homme de la poussière de la terre et plus loin il nous est rapporté que Dieu dit : « Il n'est pas bon que l'homme soit seul, je lui ferai une aide semblable à lui ». En somme, il faudrait lire le texte de la manière suivante : « il n'est pas bon pour l'homme d'être seul pour lui. Je ferai pour lui une aide contre lui ». Dieu inscrit l'existence de l'homme dans une altérité de dépendance, de confrontation et de complémentarité. Cette intention de briser la solitude du mâle montre que la création ne pouvait être complète sans la présence de la femme. Dès le départ, le thème de l'image de Dieu trouve toute sa signification dans la double présence de l'homme et de la femme. Une femme est créée avec l'homme pour que l'humanité ait toutes les chances de survie. Une femme qui est unique, comme le seront toutes les femmes, dès lors qu'elles ne sont pas enfermées, limitées à des statistiques. Une femme qui n'est pas choisie entre mille !

Laissons-nous convaincre que le couple n'est pas un mal nécessaire : il est lié à la création. Il serait prétentieux pour les hommes de dire qu'ils pourraient se passer des femmes et, inversement, les femmes ne peuvent ignorer que leur équilibre réel se trouve dans une relation où l'homme joue un rôle d'égal. La formation de la relation hétérosexuelle repose sur un principe d'origine, un label de base, ce n'est ni le résultat d'un choix humain, social ou sociologique, ce n'est pas une question de préférence ou un remède à un problème d'identité. La manière dont le projet est énoncé montre que l'humain qui sera créé ne sera ni autonome ni souverain. Tout ce qui lui sera accordé se situe entre le relatif et l'absolu : le statut et les valeurs de l'être humain seront définitivement relatifs tandis que le créateur se situe dans l'absolu. L'humain vit dans la relation de dépendance parce qu'il tient sa vie de l'Autre : il est en devoir de reconnaître cette altérité pour expliquer et assimiler sa propre identité. L'altérité crée objectivement une dépendance. Elle ne peut se transformer en indifférence parce qu'elle aboutirait au non-être, d'autant plus que l'humain est créé dans une relation avec autrui : Dieu d'abord, l'homme ou la femme ensuite.

Une dépendance constructive

Le mode de création de l'homme enseigne à celui-ci une leçon de dépendance. Il est vrai que la prise de conscience de son existence lui démontre sa différence avec le reste de la création, mais en lui-même et autour de lui, aucun indice évident ou explicite ne lui fait comprendre qu'il a été créé à l'image et à la ressemblance divines. Seul Dieu sait qu'il a créé l'homme « à [son] image et selon [sa] ressemblance ». L'homme n'aura jamais de modèle, d'image appartenant à la sphère divine pour voir et dire qu'il ressemble à un autre être, qu'il a un *alter ego* qui lui est familier.

En même temps, le texte et le contexte nous montrent que l'homme est subordonné à un projet divin. Il n'est pas autonome, ni dans le choix de son existence, ni dans les conditions de vie. Son existence est sous-tendue par sa dépendance du créateur comme de sa dépendance naturelle de son vis-à-vis, de son (sa) partenaire de vie. Dès que la notion duelle est énoncée, il est évident que l'humain entre dans cette relation de dépendance.

La relation homme-femme n'est pas univoque : elle est équivoque, polysémique[107]. Elle se propose à l'humain de manière positive au départ : le premier devoir de l'homme est de l'exploiter positivement et intensément, de la féconder afin de la

---

[107] La relation humaine comporte ainsi plusieurs niveaux : intellectuel, affectif, social, sexuelle et spirituelle. Toutes les valeurs humaines étant relatives, il est logique qu'une tension permanente existe entre l'homme et la femme. Toutefois, cette tension est d'abord expression des individualités avant d'être source de conflits.

perpétuer, c'est-à-dire de multiplier la possibilité d'être homme ou femme.

Mais Qohéleth a peut-être raison s'il fait allusion à une tension, car il y a un aspect négatif dans cette relation : l'humain peut échouer dans l'assimilation même de cette relation. Il peut mal vivre sa différence sexuelle dans un rapport avec l'autre. Il peut échouer dans cette entreprise relationnelle, ne pas se comprendre et par conséquent ne pas comprendre l'autre. Il peut se laisser freiner par cette différenciation et au lieu de devenir un partenaire équilibré qui fait prospérer cette relation, il la limite, l'annihile, l'aliène... De ce fait, la relation homme-femme n'aurait pas d'avenir : l'humanité créée à l'image de Dieu serait en danger.

Le déséquilibre relationnel peut vite s'installer, à peine une première déstabilisation éprouvée. Reprenons la réponse donnée par Adam après le premier péché : « c'est la femme que tu as mise auprès de moi, c'est elle qui m'a donné du fruit de l'arbre et j'en ai mangé » (Genèse 3.12). Une telle déclaration se situe à l'opposé de l'émerveillement de l'homme, lorsqu'il décrira la femme comme celle qui est os de ses os, chair de sa chair. L'homme connaît la première rupture d'avec son vis-à-vis, son aide, celle qui est son semblable dans la différenciation sexuelle. Désormais, c'est la femme qui devient figure du mal. Nous sommes ici devant un cas de tension dans le couple, de démission, de désolidarisation[108] et de déstabilisation.

Deux êtres sont écartelés entre le fait et la description de leur situation. Ce qui devrait être uni et « collé », est déréglé et détourné. L'union du couple est affectée et l'image de Dieu fragilisée. Dans la déclaration de l'homme, nous retrouvons l'antithèse de sa première déclaration devant la femme. La parole prophétique se trouve également brisée parce que l'homme se détache de sa femme et regarde le sexe différent comme le sexe opposé, dangereux, responsable du nouveau drame, celle qui a perverti le statut de l'humain au sein de la création. En somme, il accuse la femme, pensant que cela l'excuserait.

Visiblement, ce renversement de valeurs occasionne la rupture de l'idéal voulu de Dieu. L'exercice de la liberté humaine ne facilite pas toujours les rapports homme-femme, et consciemment ou inconsciemment, une certaine forme de liberté met cette relation en danger d'annihilation et de disparition. A

---

[108]Cette désolidarisation résonne comme un reproche adressé à Dieu.

cause du péché, l'homme se comporte souvent comme un adversaire devant celle qui a pour vocation de faire son bonheur, son émerveillement. La femme est créée dans la même nature que l'homme mais différente, d'une différence qui enrichit l'homme parce qu'il dépend de l'altérité pour s'épanouir, pour donner un avenir à son espèce, voire à son histoire. Entre mille créatures, la femme est destinée à être l'autre, le vis-à-vis permanent de l'homme...

L'homme né de la création est de nulle part pour être partout. Il appartient à la terre, parce que tiré de l'*adamah*, mais il est toujours en devenir parce que son cœur est invité à regarder au ciel, Dieu ayant mis en lui la pensée de l'éternité. Il se retrouve souvent dans un itinéraire solitaire mais que d'occasions lui sont données pour rencontrer l'autre, pour être *avec* l'autre, ou pour aller *vers* l'autre. En fait, il découvre dans la relation homme-femme une responsabilité morale et sociale, une réciprocité affective et spirituelle envers l'autre, son vis-à-vis qui a besoin de lui pour mener à son terme son propre cheminement. L'avenir de l'homme se situe dans une relation de dépendance certes mais épanouissante. L'homme a besoin de la femme et la femme de l'homme pour assumer ensemble cette identité.

Etre deux ... sur mille

La première utilisation du terme *adam* – « l'homme » a une portée collective, universelle. Ensuite le texte dit clairement que « Dieu les fit mâle et femelle ». En somme, Dieu fait le projet de l'humanité et le premier jalon de cette concrétisation est la création du couple masculin-féminin. Il n'est pas question d'un *adam* qui incorpore toute l'humanité. Si le texte énonce explicitement la présence de deux entités sexuées, il est plus que raisonnable de dire que la première occurrence du vocable *adam* présuppose, dans le contexte, une humanité à deux visages convergents.

Si Adam devait assumer toute la responsabilité, il aurait été le seul à recevoir la bénédiction et l'ordre de mission[109]. La structure de la déclaration met en lumière la présence de deux êtres qui ont un potentiel commun, dont la capacité de la fécondation et le pouvoir de dominer. L'objectif divin trouve une

---

[109] Genèse 1.28. La bénédiction et l'ordre de mission donnent toute son ampleur au projet divin de créer l'homme à son image. D'emblée, la femme occupe le même rang que l'homme.

explication ici : l'homme est appelé à partager avec la femme le pouvoir d'enfanter, donc de créer ! Ce pouvoir ressemble à celui du Créateur qui le leur donne mais ils seront pour toujours différents du Créateur parce que ce dernier ne dépend de personne pour créer tandis que l'homme est obligé naturellement, psychologiquement et affectivement de partager, de chercher la pleine participation, l'accord et le soutien de la femme pour la procréation.

Le récit biblique montre que la création de l'homme se fait dans la dualité. Il est évident, à la lecture de Genèse 1.27 que l'explication de l'expression « à l'image de Dieu » ne peut se chercher que dans la dualité et non dans l'unitaire. D'emblée, nous nous rendons compte que le projet a une portée éthique puisque la charge qui y est rattachée a des implications qui dépassent le simple fait d'exister. Dieu ne crée pas l'homme pour qu'il partage l'*être* seulement mais aussi le sens du devoir, de la responsabilité et de l'harmonie. Cette perspective se découvre et se développe dans une double relation de dépendance et de partenariat : c'est là que s'inscrit la dimension éthique inhérente à la création de l'humain.

L'homme se découvre rapidement dans la dualité. Il n'est pas seul à composer l'humanité. Le mâle est lié à la femelle pour définir et assumer l'humanité. La relation s'opère désormais dans une recherche de complémentarité réflexive en même temps qu'elle est nécessairement une dépendance de l'Autre. Genèse 1.27 les met l'un en face de l'autre : l'altérité est intrinsèque à la création parce qu'elle est voulue de Dieu. L'événement décrit à cet endroit du récit biblique de la création est significatif de la volonté divine de donner une double dimension au label de qualité inhérente à son image. Il est nécessaire de voir en face du mâle un être qui soit *effectivement* son vis-à-vis, c'est-à-dire qui lui corresponde dans l'altérité physiologique et dans l'égalité ontologique.

Là aussi, il nous est utile de bien saisir l'expression « une seule chair ». Il ne serait pas juste de dire que l'un des deux se fond dans l'autre ou se confond avec l'autre. Trop de femmes vivent ou sont obligées de vivre dans l'ombre de leur mari, ce qui les rend impersonnelles, voire inexistantes, tant elles sont soumises à l'autorité du mari. Devenir une seule chair est loin de signifier que la femme doit diminuer en termes de rayonnement et laisser seulement le mari à la lumière.

Qohéleth n'a peut-être pas l'intention d'avilir la femme mais sa déclaration a des allures radicales, ce qui enferme la femme dans une figure négative. Le discours juridique cristallise les valeurs de la société dominante ; il participe à l'encadrement idéologique du corps social et contribue à lui imposer une image de la femme qui a sa dynamique propre. Rien de ce qui a été concédé à la femme ne tend à lui permettre de réaliser son destin propre, de vivre sa liberté et de s'épanouir pleinement. Il est important de ne pas l'utiliser à des fins qui lui sont étrangères. Le récit biblique postérieur à Genèse 1-2 n'est pas toujours favorable à sa valorisation identitaire et à son épanouissement. Dans bien des cas, elle a été soumise à la force brute et à la contrainte. Elle est oubliée dans certaines situations où elle devient l'objet d'un contrat ou d'une négociation. En somme, notre souci est de la retrouver, de la solliciter afin de l'intégrer à une société idéale aussi bien qu'idéelle. La démarche consiste, dans un souci d'objectivité, à ne pas voir la relation entre l'homme et la femme comme une concession, mais plutôt comme une harmonisation.

La définition que nous propose Genèse 1.27 est hautement symbolique et théologique. Elle peut être également considérée sous un anglc juridique et social. Il est important de valoriser la femme - épouse ou mère, femme correspondante du masculin ou femme définissant l'altérité au sein de la création. Dire que la femme a la même valeur que l'homme, dès la création, c'est la sortir de toute ombre et la mettre en lumière, c'est l'authentifier et lui donner sa place à part entière dans la création et dans l'équilibre parfait de la nature.

De la parole prononcée vient la parole-exigence : l'homme a autant de droits que la femme et celle-ci autant de devoirs que l'homme. La femme n'a pas besoin de lutter pour être reconnue l'égale de l'homme. Elle l'est par création et surtout par bénédiction. Elle gagne son prestige par elle-même et non par l'homme. Le récit biblique va vraiment dans ce sens. C'est le principe de la libre détermination de soi. Ici, elle n'aspire pas au travail ou elle ne doit pas dépendre de l'homme pour être responsabilisée : le principe fondateur relationnel inhérent à la création lui donne d'emblée cette prérogative. Dans la mesure où elle respecte ce contrat, elle affirme son individualité et elle est consciente, de manière active, de ses responsabilités. Le premier couple humain est un couple responsable (responsabilisé) à titre égal. La femme est « trouvée » dès le début de l'humanité.

Dans la relation sociale nouvellement lancée, l'homme n'est pas celui qui décide de l'avenir de la femme, de sa participation à la gestion de l'environnement. A la lumière de la bénédiction divine, la femme a droit à la jouissance de son corps et n'a pas à attendre une libération sexuelle ; elle n'est pas confinée à la maternité même si celle-ci fait partie de son mandat ; sa participation au travail est légitimée.

La femme a autant de présence et de valeur dans le projet divin de créer l'humanité à son image. Genèse 1.27 permet de dire qu'aucun ne se voit confier le droit exclusif de gérer et de maîtriser l'environnement. D'après Genèse 2, la femme portera le nom que lui donne l'homme. Son identité est rattachée à la reconnaissance *par* et *de* l'homme et à la volonté identitaire de son vis-à-vis. Toutefois, cette reconnaissance ne doit pas induire en erreur : reconnaissance n'est pas synonyme de domination, d'autorité. L'homme est appelé à dominer les animaux et non la femme. Cette dernière a la même vocation. Genèse 1.27 est significatif de cette égalité fonctionnelle puisque le discours divin s'adresse aux deux individus. Aucun doute n'est permis et tout ce qui amènera un déséquilibre dans le statut de la femme par rapport à l'homme proviendra d'un dysfonctionnement et d'un mal-être causés par le péché. La femme perdra beaucoup de son égalité avec l'homme tel que le récit de la création la présente.

Une dimension sociale

Quoiqu'en dise Qohéleth, la femme ne peut être considérée comme moins importante que l'homme. Il y a de la valeur et de la reconnaissance dans la dimension sociale qui est proposée en première instance dans le récit de la création. C'est aux deux que Dieu confie la charge de procréer, dans l'unité du projet et dans l'union de leurs deux êtres. L'établissement du lien social est d'abord entre les deux individus par une reconnaissance volontaire et réciproque, une reconnaissance qui leur est exclusive. Le couple homme-femme légitime et forme la base de la société. Dès qu'il y a cette première identification, la société commence à vivre et prend conscience de sa dimension expansive.

L'homme n'est pas fait pour être seul. Aucun homme n'est une île, dit-on parce que l'isolement ne conduit qu'à l'affaiblissement de l'espèce et ultérieurement à sa disparition. La création a une vocation expansive et pour permettre à l'homme d'y participer, Dieu lui donne la possibilité de découvrir son environnement et surtout de se rendre compte que la nature ne contient aucun correspondant qui lui soit propre. Il n'est pas bon que l'homme soit seul dans son environnement, surtout s'il doit vivre sans un être de la même nature que lui. La condition de solitude est considérée comme une lacune, un manque : l'homme est différencié de la terre dont il fut tiré mais ne connaît pas encore la différenciation dans son espèce. La femme n'est pas créée pour justifier ou légitimer l'existence de l'homme. Bien au contraire, l'homme découvre que sans la femme il se trouve justement dans un traquenard, un piège existentiel : il n'a pas d'avenir !

La composante sociale est faite de dépendance et d'altérité. L'homme dépend de la femme pour trouver son vis-à-vis le plus légitime, avec lequel fonder son bonheur et ensuite fonder la société. En même temps, c'est l'acceptation de la présence de l'autre, le partage de sa nature, de son espace, de son énergie, bref de son microcosme avant de découvrir, pour le maîtriser, le monde.

Dès lors, l'homme est appelé à reconnaître la femme, à ne pas l'isoler, ou ne faire appel à elle qu'en cas de besoin - de quelque ordre qu'il soit - et ainsi prendre le risque d'une relation déphasée, inégale, voire injuste. L'homme découvre l'exigence de se mettre face à la femme comme devant sa partenaire qui lui est égale ontologiquement avant de l'être socialement. L'homme, en reconnaissant la place paritaire de la femme, lui évite le besoin de prouver son existence, ses compétences et ses besoins. Il l'identifie, l'interpelle, la valorise : « Voici celle-ci os de mes os, chair de ma chair : on l'appellera femme car de l'homme elle est sortie ». (Genèse 2.23)

L'homme identifie l'autre comme étant son vis-à-vis sexué différent, mais appartenant à la même nature. La reconnaissance par l'identification est une reconnaissance relationnelle. La plus grande valeur accordée à l'autre c'est la reconnaissance de sa différence. Elle sera femme en face de l'homme, elle sera *ischa* en face de *isch*. La relation devient spécifique entre *isch* et *ischa* et ceci peut être vérifié par l'absence des termes *adam* et *adamah*. Il en est de même, à l'inverse, pour la femme. Si celle-ci reconnaît l'homme, tout poussera le couple à se comprendre dans une identité égale. A l'instar de l'homme, la femme est tenue de se mettre en face de lui comme devant un partenaire et non un supérieur, quelqu'un qui lui est égal en existence et en devoir.

Quand le couple se construit sur une base égalitaire, il met en place un moyen heureux d'intégration sociale. Genèse 2.24

annonce que c'est pour cette raison que l'homme quittera son père et sa mère et s'attachera à sa femme et les deux deviendront une seule chair. Le caractère prophétique de cette déclaration ne doit en aucune manière réduire son intention. L'homme est appelé à se détacher de ce qui pourrait l'isoler jusqu'à l'étouffer pour trouver sa pleine dimension humaine avec sa femme, son vrai vis-à-vis, sa vraie convergence.

Ainsi, la femme n'est pas appelée à être sous l'emprise du mari. Il n'y a pas de priorité masculine dans le plan divin de créer l'homme à son image[110]. Si c'est le cas, la femme sera coupée du monde, elle perdra lentement son identité et dépendra - au sens péjoratif - entièrement de lui. Dès qu'elle perd son statut de partenaire, de vis-à-vis, d'égale, elle est isolée progressivement ou brusquement. La femme-enfant, la femme-dominée devient alors femme-objet. Dès lors elle ne pense pas, elle ne décide pas. Elle vit dans l'ombre de son mari.

Nous sommes devant la même réalité en ce qui concerne l'homme. Il ne doit certainement pas être dominé par la femme, sous aucun prétexte, sinon il perdra sa dignité et ne contribuera plus, avec la femme, à maintenir cohérente, parfaite - au sens de complétude - l'image de Dieu à laquelle ils ont été créés. L'homme ne doit pas anticiper les désirs de la femme au point de les lui voler. Il ne doit pas les anticiper pour les interdire. Il peut anticiper, au sens d'être prévenant, pour faciliter les relations mais d'une manière générale, il est invité à laisser la femme s'exprimer dans toute sa féminité, dans ce qui fait son identité et sa dignité, sa fierté, son honneur.

La question de l'*être* est ici relancée. Le phénomène existentiel est de nouveau au centre de notre réflexion sur le statut des humains. La pertinence de la question et sa portée sont liées à la signification accordée à l'image de Dieu en l'homme. Notre approche éthique de l'altérité nous oblige à voir que la base de la création de l'humain à l'image de Dieu est une création sur le mode binaire. Il ne peut y avoir de phénomène existentiel en dehors de cette quête du double, du vis-à-vis, cette quête de l'Autre.

Deux êtres sont faits pour vivre ensemble et cela vaut mieux que la solitude et il n'est pas question de faire de la femme, si on tient compte du constat de Qohéleth, un objet quantifiable, une chose qu'on méprise ou qu'on néglige. A partir du moment où il

---

[110] Voir Alphonse MAILLOT, Eve, ma mère, études sur la femme dans l'Ancien Testament, Paris, 1989, Letouzey & Ané, p. 53.

est présent dans le regard de la femme, l'homme est pleinement homme. Il en va de même pour la femme, qui devient parfaitement femme lorsque son mari lui reconnaît le droit d'être elle-même, avec tout le potentiel qui lui est propre.

La femme dont le cœur est un piège devient le symbole des désillusions de Qohéleth. Et si c'était de Salomon lui-même qu'on parlait, l'homme aux mille femmes ? Mille femmes par plaisir ou par désir, mais à quoi tout cela a-t-il conduit, si ce n'est à l'amère conclusion qu'il y a quelque chose de pervers et de déconcertant dans la relation avec la femme ? Est-il ironique ? C'est fort possible et c'est ici une autre vanité qui sort de la vie de Salomon[111].

Conclusion

Une femme entre mille ! Qohéleth a pris un risque en disant qu'il n'a trouvé aucune femme convenable parmi mille femmes, une femme qui l'aiderait dans son raisonnement. Pour trouver une relation équilibrée, il faut savoir renoncer à l'orgueil ou à l'égoïsme et trouver en l'autre la source et les raisons du bonheur. Et c'est en prenant de la hauteur que l'humain y parviendra. Le récit des origines de l'homme enseigne que Dieu est à la base de tout rapport conjugué autour de l'amour. S'il n'est pas bon pour l'homme d'être seul, cela signifie qu'il est nécessaire et vital pour lui d'organiser sa vie dans l'altérité. Tout dépend de son aptitude à correspondre avec la femme, dans le but de trouver et de donner de l'épanouissement.

Qohéleth ne renie pas la femme en soi puisqu'il invite l'homme à jouir pleinement de sa relation avec sa femme (9.9). Il ne faut donc pas dénigrer la femme en général, sur la seule base d'une expérience malheureuse. Les femmes, toutes les femmes, ont droit au bonheur, au respect et à l'honneur de la part des hommes. La femme n'est ni inférieure ni supérieure. L'homme n'est ni supérieur ni insignifiant par rapport à la femme. Dès la création, Dieu invite le couple humain à vivre *ensemble* dans un projet existentiel. Une telle proposition fait appel à la responsabilité et à la capacité d'acceptation mutuelle. Deux valent mieux qu'un, mais il est bon de savoir avec qui l'on marche, utile de savoir comment on organise cette marche et surtout dans quelle direction on avance.

---

[111] Voir J. ELLUL, *op. cit.*, pp. 193-194.

1. Partagez-vous l'idée qu'il n'est pas bon pour l'humain d'être seul ?

2. Comment comprenez-vous l'image de Dieu en l'homme ?

3. Que pensez-vous de l'opinion de Qohéleth sur la femme ?

4. Solitude ou mauvaise compagnie ? Que choisir ?

5. Que vous inspire la relation hétérosexuelle ?

12

Des hommes droits

« Seulement, vois-tu ce que j'ai trouvé : Dieu a fait l'homme droit, mais eux ils ont cherché une foule de complications. » (Ecclésiaste 7.29)[112]

Ne serions-nous pas à un point crucial de tout le discours de l'Ecclésiaste ? Il a progressé dans sa revue de la société qui lui était contemporaine. Il a cerné les différents aspects du comportement humain et il réalise que l'homme se situe quelque part entre le bien qui est profondément inscrit en lui et le mal qui prend souvent la figure de raccourcis, de détours et de labyrinthes. Il estime que, dans sa bonté, Elohim a fait l'homme droit mais que celui-ci n'a pas toujours su marcher dans le droit chemin. Comment comprendre cette notion de droiture : est-ce que Qohéleth évoque une dimension légale ou une façon d'être ? Le texte dit que l'homme est créé droit mais qu'il a cherché beaucoup de détours.

Une dimension morale

L'Ecclésiaste pose le postulat que l'homme est créé avec le sens de la droiture et qu'il en est capable tout au long de sa vie. Dieu a créé *adam,* l'homme, *yashar,* c'est-à-dire « droit » [113], « en droite ligne », « à niveau ». C'est aussi le sens de « correct », « plaisant », « agréable », voire « convenable ». Il reconnaît que l'homme, malgré tout ce potentiel moral ou éthique, cherche beaucoup de détours ou de complications. Est-ce qu'il veut dire que l'homme a la fâcheuse manie de s'éloigner d'un idéal de vie parce qu'il ne veut pas toujours se tenir droit ou marcher droit ? Fort probablement, car la tonalité de son propos est peu réjouissante. A mon sens, il ne le dit ni par ironie ni par fatalité

---

[112] Le texte original emploie le singulier pour parler de l'homme (*adam*) mais certaines versions bibliques le rendent au pluriel pour l'accorder avec la deuxième partie (au pluriel) de la maxime.

[113] Le terme *yashar,* qui est souvent traduit par « droit », est employé à deux reprises seulement dans Qohéleth (7.29 ; 12.10). Il pourrait aussi bien prendre le sens de « égal » ou « égaux », pour signifier ici que Dieu a créé les hommes (homme et femme) égaux ou il a créé l'homme « également droit » (Voir E. Glasser, *op. cit.* p. 127-128).

189

mais plutôt parce qu'il y a chez lui une sorte d'insatisfaction de voir que, malgré le projet initial de Dieu, l'homme prend des chemins détournés...

Or quand l'Ecclésiaste dit que l'homme cherche beaucoup de détours, il laisse entendre que les hommes aiment raisonner ou « ont cherché de multiples comptes »[114]. L'auteur semble dire que l'homme a un sens de la droiture, mais il aime raisonner et surtout avoir raison ; il aime avoir la maîtrise de son mode de vie, cherchant toujours à dominer ou à s'émanciper de toute tutelle. Comprenons-nous bien : la remise en question ou le sens critique ne sont pas incompatibles avec la foi. L'essentiel est de bien choisir le chemin qu'on veut suivre... Quand l'homme est invité à choisir la vie et le bien[115], il cherche souvent à faire sa vie, à sa manière, et avec son sens critique, il se lance même dans la remise en question, si ce n'est la remise en cause, des principes moraux proposés par le Dieu de l'alliance.

L'homme moderne n'aime pas trop parler de loi, de règles ou de limites morales parce qu'il a le sentiment que tout cela correspond à une prison, ce qui lui fait dire que la loi est liberticide. Parler de la loi aujourd'hui n'est ni fortuit ni provocateur. Par ailleurs, je ne cherche ni à défendre le légaliste qui doit devenir plus tolérant, ni à convaincre le libéral qui s'ignore et qui aurait tendance à relativiser l'importance d'une loi morale. Je poursuis tout simplement le chemin emprunté avec l'Ecclésiaste pour vérifier si la loi morale peut correspondre à une liberté organisée. La société donne tellement l'impression d'avoir épuisé toutes ses ressources en matière libertaire que le retour à un peu d'organisation et de bon sens relationnel semble plus que nécessaire.

Nous sommes loin du fameux slogan « il est interdit d'interdire » puisqu'il a échoué. Au lieu de créer une société plus juste, il a produit une société désabusée et une génération d'amuseurs et de funambules du désir, de la promiscuité et de la folie sensuelle. Il n'était pas étonnant qu'à la fin du 20ème siècle, les enfants de ceux qui ont fait la révolution sociale de mai 1968 leur reprochaient de leur avoir tout donné sauf ... une morale. Nous sommes également à une distance raisonnable du

---

[114] Chouraqui.

[115] Le problème ne date pas d'aujourd'hui. Depuis la naissance du peuple de l'alliance, Dieu a proposé de choisir la vie, en observant les commandements (Deutéronome 30.15-20). L'histoire montrera les détours empruntés par le peuple et les conséquences qui en ont résulté.

totalitarisme ou de l'étatisme froid et rigide, aliénant pour le citoyen ordinaire.

Cependant, faut-il rejeter l'idée même d'une loi morale simplement parce que nous ne l'avons pas inventée ? Pourquoi encore parler de loi morale alors qu'on parle de liberté, qu'on la revendique haut et fort pour soi, pour les autres ? Pourquoi encore parler de loi lorsqu'on a tant dit en matière d'enseignement sur la grâce, le salut et l'amour ?

En suivant l'Ecclésiaste, nous avons l'impression qu'il y a un nécessaire retour aux sources. Retour peut-être salutaire, si nous finissons par y découvrir un intérêt certain pour l'homme, pour son honneur et sa dignité. C'est là que je découvre les Dix Paroles (communément appelées les Dix Commandements) qui résonnent encore d'un potentiel relationnel accessible[116]. Les Dix Paroles reviennent comme une interpellation dans notre vie personnelle, un fil conducteur dans notre civilisation qui n'a pas fini de se découvrir dans ses errances et qui a besoin d'être éclairée dans ses remises en question permanentes.

Dix Paroles ! Une seule aurait pu suffire. Mais l'homme aime tellement ergoter, il est si primaire parfois qu'il pourrait dire que tout n'a pas été dit, donc que tout est permis. Déjà, avec tout ce qui a été dit, il a trouvé le moyen d'en faire autrement, pensant trop souvent que toute loi est faite pour être contournée. N'est-il pas décrit comme aimant des détours, des raccourcis ou des passe-droits ? Voilà pourquoi Dieu lui indique un chemin éclairé, donc défini, pour lui éviter justement de prendre des raccourcis...

L'homme en devenir moral

L'Ecclésiaste ne dit pas que l'homme naît en tant que pécheur. Il n'évoque pas, comme Paul le fera plus tard, l'universalité du péché à cause de la faute d'Adam. Il est vraisemblablement plus proche de Rousseau quand il dit que l'homme naît droit, probablement naturellement bon, mais ne peut s'empêcher de chercher des détours. Qu'est-ce qui pousse l'homme à s'éloigner du droit chemin sur lequel Dieu l'a placé ? Si Dieu le crée droit, c'est qu'il est en devenir moral. Est-il libre ou programmé pour marcher droit ?

Lorsque Dieu propose une loi morale au Sinaï, il procède à un rappel de la création et des statuts respectifs de Dieu et de

---

[116] Exode 20.1-18 ; Deutéronome 4.1-13.

l'homme. Le Décalogue remet le peuple dans le projet divin initial pour l'humanité. La libération d'Egypte symbolise la libération du néant duquel le Créateur avait sorti le premier couple humain. En faisant de lui son peuple, le peuple de l'alliance, Dieu lui donne une identité et un avenir, en somme une histoire. Dans le premier chapitre de la Genèse, l'avènement du couple et la bénédiction qui lui est inhérente donnaient un sens à l'existence humaine, un avenir, une histoire[117]. L'Ecclésiaste a raison lorsqu'il déclare que l'homme est un homme moral dès la création.

Ainsi, le Décalogue insinue la double portée du projet divin pour l'homme : une relation inaliénable avec le divin et une relation humaine valorisante, rétablissant l'homme dans le processus de la création. Nous pouvons établir ici un parallèle entre l'événement fondateur de l'histoire humaine et celui fondateur de l'histoire d'un peuple tel que nous le rapporte le livre de l'Exode.

L'homme, tel que l'Ecclésiaste le conçoit, est capable de droiture, en tout cas de progresser sereinement dans le droit, à partir du moment où il accepte le contrat moral. Il n'est pas défavorisé – condamné à faire le mal - dès sa naissance. Ce qui est sûr, c'est qu'il naît dans une nature humaine et un environnement contaminés par le risque de dérive. Toutefois, il se laisse si facilement détourner du droit chemin, à moins de prêter une oreille attentive à toute parole de droiture et de fidélité. Cela est confirmé par l'articulation des Dix Paroles, qui dévoile une logique interne mettant en évidence la parole divine sur l'éducation de l'homme, ce qu'on pourrait appeler son perfectionnement dans l'alliance. Le Décalogue commence et se termine par la liberté de l'homme. Les premières paroles rappellent que c'est Dieu qui a libéré l'homme de l'esclavage – c'est la liberté extérieure, politique, sociale - et la Dixième parole lui rappelle qu'il doit lui-même se libérer de la convoitise, la pire des prisons de la pensée – c'est la liberté spirituelle, morale, affective.

Il nous faut savoir ici si les hommes ont le sentiment d'avoir en eux une conscience morale ou s'ils en héritent par l'éducation, la législation ou la religion. L'Ecclésiaste affirme que Dieu a créé l'humain droit, c'est-à-dire avec ce sens de la droiture inné, mais l'homme a la fâcheuse manie de chercher des complications. Et nous nous en rendons compte régulièrement, même dans des

---

[117] Genèse1.26-28.

petits riens de la vie. L'apôtre Paul l'avait bien compris et c'est sans complexe qu'il livre son dilemme : « Nous savons, certes, que la loi est spirituelle ; mais moi, je suis charnel, vendu comme esclave au péché. Effectivement, je ne comprends rien à ce que je fais : ce que je veux, je ne le fais pas, mais ce que je hais, je le fais. Or, si ce que je ne veux pas, je le fais, je suis d'accord avec la loi et reconnais qu'elle est bonne ; ce n'est donc pas moi qui agis ainsi, mais le péché qui habite en moi. Car je sais qu'en moi - je veux dire dans ma chair - le bien n'habite pas : vouloir le bien est à ma portée, mais non pas l'accomplir, puisque le bien que je veux, je ne le fais pas et le mal que je ne veux pas, je le fais. Or, si ce que je ne veux pas, je le fais, ce n'est pas moi qui agis, mais le péché qui habite en moi. Moi qui veux faire le bien, je constate donc cette loi : c'est le mal qui est à ma portée. Car je prends plaisir à la loi de Dieu, en tant qu'homme intérieur, mais, dans mes membres, je découvre une autre loi qui combat contre la loi que ratifie mon intelligence ; elle fait de moi le prisonnier de la loi du péché qui est dans mes membres. Malheureux homme que je suis ! Qui me délivrera de ce corps qui appartient à la mort ? » (Romains 7.14-24)

Le problème que soulève Paul dans sa lettre aux Romains concerne chacun d'entre nous et c'est ce que l'Ecclésiaste semble dire. L'homme a un sens du bien mais il ne parvient pas toujours à le concrétiser. Toutefois, aussi bien chez l'Ecclésiaste que chez Paul, il n'y a aucun sentiment de fatalité : l'homme peut encore trouver la force et la volonté de craindre Dieu et d'observer ses commandements ; il a encore la possibilité de trouver en Christ des raisons d'espérer et des occasions de vaincre. Malgré les détours, Dieu invite l'homme à retrouver le chemin éclairé par ce qui est droit, juste, bien, beau et vrai.

La liberté pour la droiture

Seuls des hommes libres peuvent vivre dans la droiture. La liberté donne lieu à la décision et à l'organisation d'une vie sur une base morale, une vie qui n'est pas enchaînée par des liens visibles ou invisibles.

L'ambition de la Réforme était de réhabiliter l'enseignement majeur de la justification par la foi mais, au nom d'une lecture urgente de la grâce, elle n'a pas su gérer la pertinence d'une loi morale qui éclairerait la notion de liberté. La loi n'exclut pas la grâce. De même que la liberté n'exclut pas l'organisation. N'a-t-on pas dit que même l'anarchie avait une organisation ! La théologie libérale a contribué à un éloignement de la loi morale, telle que la Bible l'énonce, sans chercher à faire la distinction entre ce qui disparaît *de facto* en Jésus-Christ et ce qui garde encore un sens moral pour la foi de l'homme inscrit dans la nouvelle alliance, ce qui permet la construction d'une éthique. Il est observable que depuis des siècles, le protestantisme a évolué en passant par une école de discipline dogmatique et de puritanisme austère, et bon nombre de ses héritiers ayant vécu « sous l'influence du piétisme et du romantisme, du libéralisme et de l'individualisme, aussi de l'antinomisme de la grâce et de l'existentialisme de la foi [ont] renoncé à fouiller la vie privée et à élaborer une casuistique des mœurs »[118].

Le croyant est placé devant l'exigence de l'amour, de Dieu d'abord et du prochain comme une conséquence non négociable. Si la Bible présente l'amour comme étant l'accomplissement de la loi, tout laisse croire que cette dernière est importante. Si la loi exprime la grâce divine, c'est qu'elle a sa place dans l'alliance. La notion d'alliance implique ce qui est « tranché », « visible », « autonome »[119], « séparé », donc valorisé comme quelque chose de repérable, d'identifiable. En regardant de près notre capacité à accepter la loi et tout le lien qu'elle établit avec la droiture, nous découvrons que c'est en raison de son rapport intime avec le caractère divin. De ce fait, la loi devrait s'imposer à tous les croyants, tous ceux qui veulent faire alliance avec Dieu. Si les hommes, créés par Dieu, sont appelés à la droiture, c'est parce que la grâce les y conduit. N'est-ce pas là un indice fort de la complémentarité pérenne entre la loi et la grâce !

Le monde a besoin d'hommes droits plus que des hommes de droit. La quête du droit n'a pas la même résonance que l'ambition de la droiture. Même parmi les croyants, le chemin reste encore à faire. Et la question est loin d'être réglée puisque d'aucuns disent à haute voix que Jésus a aboli la loi morale, que c'est la grâce seule qui compte, tandis que d'autres maintiennent, de toute la force de leurs convictions, que la loi n'a pas perdu tout son sens ... même sous la grâce. Que croire dans cette apparente opposition, cet antinomisme de la grâce ? Qui croire lorsque même les théologiens prennent des positions contradictoires ?

---

[118] André DUMAS, « Le dépassement de l'antinomisme », in Loi et Evangile, Labor et Fides, Genève, 1981, p. 212.
[119] Remarquez le sens étymologique de ce terme : *autonomos*, « qui se régit par ses propres lois ». Comprenons ici que l'alliance a sa loi propre, évidente et accessible.

La notion de droiture ne cherche pas à retarder la grâce ni la grâce à faire perdre de vue la loi morale qui induit la droiture. Faut-il inévitablement une tension entre les deux, au point de combattre et dénoncer celle qui amène *sui generis* un préjugé défavorable sur toute idée d'intégration de la loi morale ? La société elle-même montre cette tension entre la liberté tant recherchée par l'homme contemporain et son rapport avec la loi, à tout le moins son rapport avec une base morale nécessaire à son implication dans la société.

Que voyons-nous souvent autour de nous ? Des hommes d'affaires qui trichent avec la complicité des représentants de la loi, du droit, des politiques qui sont trempés dans des combines financières qu'ils arrivent à organiser en mode de fonctionnement et de financement de leur parti ; des employés qui trichent avec les horaires, la réputation, les comptes ... Ce sont souvent les scandales qui font découvrir aux citoyens combien de fraudes, de forfaitures et de malversations ont fait tourner une société, ou simplement l'économie d'une ville, d'une région ou d'un pays.

Valeurs et paradoxe

Quand l'Ecclésiaste parle du droit, il oriente nécessairement les esprits vers la loi. Le terme loi (du latin *lex* et de *ligare*, lier) vient de l'hébreu *torah*, « instruction », « chemin », de l'araméen *dath*, « décret », et du grec *nomos*, « coutume », « loi ». Ce terme met en avant une règle de conduite, émanant d'une autorité se révélant dans l'intimité du cœur, ou s'imposant extérieurement. La loi qui nous intéresse ici procède directement de Dieu, par révélation surnaturelle audible, comme sur le Sinaï, ou encore par le ministère des prophètes inspirés.

Etre sous la grâce ne fait pas oublier l'amour qu'on brandit souvent contre la loi. Si la loi reflète l'amour, elle reflétera aussi la grâce divine. La loi est l'expression d'une organisation, d'une structure de pensée et d'action. La grâce n'est pas nécessairement le contraire de tout cela. Il est vrai que la mentalité ambiante ne cache pas son allergie envers l'idée de loi, ce qui amène une lecture théologique d'opposition entre « loi » et « grâce ». Il est vrai que parfois la loi paraît sévère - *dura lex, sed lex* - mais elle est porteuse d'un cadre de vie pour l'individu concerné.

La loi dans l'Ancien Testament : le croyant rencontre des encouragements à la droiture dans l'ensemble de la Bible. D'une manière générale, elle fait référence à la *torah*, qui dans ce sens s'applique parfois à la totalité de l'Ancien Testament[120], mais elle désigne plus souvent le Pentateuque[121], reconnu par Jésus comme étant l'ensemble de la loi[122]. Toutefois, de manière plus précise, les Dix Paroles et leur implication définissent les paramètres de l'alliance nouvelle entre Dieu et son peuple. Le peuple entier entendit la promulgation de cette loi constitutive. L'ensemble des ordonnances réglant le culte, sauvegardant les droits de l'homme, inspirant la conduite individuelle, prescrivant les cérémonies des sacrifices et des fêtes, fut donné dans le même contexte que les Dix Paroles, mais communiqué par Moïse.

Le Décalogue est la loi fondamentale proclamée par Dieu à son peuple mais il a une portée et une application universelles. A regarder de près, la plupart des sociétés s'en inspirent même si elles n'y reconnaissent pas la manifestation du caractère de Dieu. Les Dix Paroles conservent leur sens spirituel et moral et tant que le péché fera des ravages et causera des blessures au sein de l'humanité, elles aideront tout homme à se regarder en face et à comprendre la nécessité d'un Sauveur, d'un Rédempteur. La loi n'est-elle pas liée à la grâce ?

La loi n'est pas pénible, lourde à porter ou à supporter. Le psalmiste en vante les mérites et les délices[123]. La loi est bien vécue comme une grâce, un don de Dieu et non une contrainte, une barrière à la relation entre le croyant et le Seigneur, entre le croyant et son semblable.

Dans l'Ancien Testament, deux termes renvoient à la notion de grâce. *Hesed* « amour constant », « bonté », est souvent associé à l'alliance ; *hen* signifie une faveur totalement imméritée[124] de la part d'un supérieur à un inférieur, de Dieu à l'homme, ou d'homme à homme, mais jamais de l'homme vers Dieu. La grâce n'est probablement pas aussi explicite dans l'Ancien Testament que dans le Nouveau, mais elle y est confirmée, même au sein des Dix Paroles. La loi est introduite par la grâce, puisque Dieu parle de libération avant de définir les contours de l'alliance. La loi apparaît comme un don de la grâce divine. Israël est appelé à être le peuple de Dieu par sa grâce[125].

---

[120] Jean 12.34; 1Corinthiens 14.21 (cf. Jean 10.34; 15.25).
[121] Josué 1.8; Néhémie 8.2, 3, 14 ; Matthieu 5.17; 7.12; Luc 16.16; Jean 1.17.
[122] Luc 24.44.
[123] Psaumes 1 ; 19 ; 119 ; etc.
[124] Jérémie 31.2.
[125] Deutéronome 7.7-8.

En résumé, l'Ancien Testament propose deux types de lois, celles qui sont apodictiques (sans négociation et sans condition) et celles qui sont contingentes (temporaires, contextuelles). L'évolution sociale, économique et politique, amènera l'abandon de certaines lois touchant à l'organisation du quotidien. La venue du Messie rendra caduc tout le rituel lévitique mais ce qui est certain, c'est que tout ne disparaît pas puisque l'alliance est toujours ouverte entre Dieu et les hommes. La loi, de ce fait, devient le socle de la relation entre Dieu et l'homme, entre l'homme et son semblable, celui qu'on appelle le « prochain » et qui est dans chaque visage, en commençant par les membres de la famille.

Nouveau Testament : on a longtemps opposé le Dieu légaliste et justicier de l'Ancien Testament au Père aimant du Nouveau Testament. Comme si la grâce était absente de l'Ancien Testament et prépondérante dans le Nouveau ! Les termes *hesed*, « amour indéfectible ; bonté ; compassion » et *hen* « faveur », « bonté imméritée » définissant la grâce dans l'Ancien Testament se retrouvent dans le Nouveau Testament sous la forme du grec *charis*, avec la même signification. Cette grâce est source de salut[126], source de dons spirituels (les charismes).

Le Nouveau Testament montre, dans les Evangiles surtout, que la grâce est active. Jésus est venu chercher et sauver ceux qui étaient perdus[127]. Plusieurs paraboles[128] enseignent la doctrine de la grâce ; le fils prodigue reçoit un accueil qu'il ne méritait pas. La grâce sauve certes mais elle met aussi en marche, elle produit le témoignage de l'amour divin. Paul reprend la prédication de Jésus en rappelant que le péché a touché tous les hommes mais que la grâce de Dieu vient effacer le péché[129]. La grâce annonce que Dieu considère les pécheurs comme s'ils n'avaient jamais péché. La réponse appropriée à la grâce divine est certes la foi, mais une foi impliquant un mode de vie fidèle à la Parole de Dieu. Cette fidélité repose sur une éthique et la loi morale est toujours présente, comme un miroir, pour nous aider à nous corriger.

La venue du Christ fait passer au second plan toute règle n'ayant aucune conséquence directe sur notre vie présente, en rapport avec Dieu et avec le prochain. Toute la portée de l'œuvre du Christ rend caduc le rituel qui ne concerne plus

---

[126] Tite 2.11.
[127] Luc 19.10.
[128] Luc 15.20; Matthieu 20.1.
[129] Romains 1.16-4.25.

notre besoin de justification ou d'expiation, tant dans la théorie que dans les pratiques préconisées dans l'Ancien Testament. En revanche, doit être considéré tout élément donnant une nouvelle identité et une structure à la vie du croyant dans le monde. Le croyant en a besoin alors qu'il est en prise directe avec ce monde touché par l'imperfection mais un monde à évangéliser, à avertir et à préparer au retour de Jésus, le Chef de l'Eglise. Ce qui n'est plus nécessaire comme principe ou élément structurant dans l'alliance est aboli par la personne et la mission de Jésus. Par exemple, les ordonnances cérémonielles de l'ancienne alliance étant périmées[130], les apôtres refusèrent de les imposer aux convertis d'origine païenne. La prêtrise lévitique, les sacrifices et tout le rituel expiatoire, les cérémonies, les fêtes, toutes ces choses ordonnées par la loi préfiguraient Jésus-Christ, celui qui allait tout intégrer dans sa personne et qui va acquérir le statut de souverain sacrificateur[131]. Ces types, rituel sacrificiel et expiatoire, accomplis par la venue du Sauveur ne sont désormais plus nécessaires, quoique leur intérêt symbolique demeure. Cependant, l'enseignement de ces rituels est encore utile à notre compréhension de la grâce manifestée en Jésus.

Si l'homme a été créé droit, dit l'Ecclésiaste, il n'a pas d'hésitation à chercher des détours. Il va sans dire que nous sommes ici dans le cadre de la conclusion qui hante l'imaginaire de nombreux hommes : la loi est faite pour être contournée ! Alors Dieu, qui a créé l'homme droit, lui propose de poursuivre son éducation spirituelle et morale. Il lui propose un tuteur.

Le pédagogue

La loi, dit Paul, a une dimension pédagogique lorsqu'elle aide à l'organisation du peuple de Dieu. Chez les Grecs et les Romains, le « pédagogue » (un esclave le plus souvent), était chargé d'éduquer et de prendre soin du jeune garçon jusqu'à sa majorité ; dès que celui-ci cessait d'être un enfant (4.1) pour devenir un fils (v. 1-7), le rôle du pédagogue prenait fin. Devenir un fils signifiait atteindre une majorité sociale, et comme c'est le cas dans le judaïsme, lors de la *bar-mitsva*, le garçon devient un fils de la loi, acquerrant ainsi sa majorité spirituelle, lui permettant de participer comme les autres hommes ayant franchi cette étape, aux différents exercices spirituels.

---

[130] Hébreux 8.7, 13 ; 9-10 ; Actes 15.23-29.
[131] Hébreux 9-10.

Faut-il voir dès lors que le pédagogue n'a plus d'importance ? Est-ce à dire, par analogie, qu'une fois la grâce de Dieu exprimée, sa loi n'avait plus d'intérêt ? La loi et la grâce ont de l'importance et un intérêt pour les croyants, puisque toutes deux expriment le caractère divin. La loi manifeste la justice de Dieu tandis que la grâce renvoie à son amour. Et c'est là que la pensée biblique réconcilie ces deux entités, en enseignant que Dieu est aussi bien un Dieu d'amour qu'un Dieu de justice. La loi a permis de découvrir le péché parce qu'elle a fonctionné comme un miroir réaliste, honnête et radical. Ce n'est pas par hasard que Jésus évoque le lien à venir entre l'amour et l'observation des commandements[132]. Ainsi la loi et la justice de Dieu sont aussi intimes et solidaires que les deux faces d'une feuille de papier ou d'une pièce de monnaie. Loin de les opposer, tout individu est invité à comprendre et accepter le lien naturel de complémentarité qui existe entre les deux.

La loi est structurante dès lors qu'elle n'est pas rendue aliénante ou même récupérée et instrumentalisée par des zélateurs fondamentalistes et intégristes. La loi est structurante lorsqu'elle permet à l'homme de s'épanouir et d'y découvrir les contours et les critères de sa relation avec le Dieu de l'alliance. Jésus a bien dit que l'indicateur le plus sûr, le plus visible de notre amour pour lui se trouve dans l'observation de ses commandements. La loi en soi n'avilit pas l'homme, elle a pour objet de l'aider à définir les paramètres de sa compréhension de l'altérité, tant avec Dieu qu'avec son semblable. La loi est structurante lorsqu'elle n'empêche pas le croyant d'aller à la rencontre de la grâce de Dieu, cette grâce qui réhabilite l'homme, qui le relève, le rétablit dans les droits de la rédemption.

Pour cela, il faudrait la voir comme un 'plus' pour l'homme et non comme une entrave à son bien-être. C'est un chemin de liberté, une invitation à l'alliance et une réponse à l'amour divin. La loi permet le nivellement par le haut. Si elle est bien comprise, bien interprétée, elle éloignera de la médiocrité, de la passivité ou d'une vision minimaliste. La loi morale permet à l'homme de se hisser au niveau du divin, à la rencontre du Christ, grâce à l'alliance.

La loi permet de verbaliser le péché mais elle ne l'efface pas. Elle n'a pas de pouvoir de salut, de même qu'un miroir n'efface pas les taches, ou ne remet pas en place des cheveux mal coiffés.

---

[132] Jean 15.10 ; 1 Jean 5.6.

Un thermomètre n'a jamais guéri une personne souffrant de la fièvre. La loi a une fonction pédagogique dans la croissance du chrétien. Cette fonction ne peut être banalisée puisque le péché qu'elle dévoile n'est pas une chose banale. Face au caractère horrible du péché, il nous faut encore regarder dans le miroir pour voir ce qui mérite d'être corrigé mais seul Jésus-Christ a la solution, car c'est par lui que la grâce de Dieu s'est merveilleusement manifestée.

Par ailleurs, il ne suffit pas à un individu de briser son miroir pour dire qu'il n'y a plus de tache, de bouton ou de cheveux mal coiffés... ou casser son thermomètre pour crier partout qu'il n'a plus de fièvre. Ce n'est pas en éliminant la loi morale que Dieu communique à son peuple que la grâce est majorée, valorisée ou présente dans nos esprits. Les deux n'ont pas la même fonction même si elles renvoient à la même personne. La loi accompagne sur le chemin de l'alliance mais elle n'est pas le chemin. Le pédagogue évoqué par Paul accompagnait l'enfant, indiquait le chemin mais n'était pas le chemin. Christ est le chemin, la vérité et la vie. Et n'oublions pas que pour donner un exemple de la droiture, Jésus s'est également soumis à la loi[133]. De même que le pédagogue aidait l'enfant à emprunter le chemin le plus droit et le plus logique, de même Jésus-Christ est l'Incarnation même de cette dimension morale. Dieu a créé l'homme droit, mais ce dernier continue, aujourd'hui encore, de s'inventer de nombreux détours. Pour mettre de l'ordre dans ses errances et ses errements, l'homme peut faire appel à la grâce structurante.

Observer la loi morale, loi d'amour, permet une pleine participation à la grâce abondante qui se manifeste jour après jour pour les hommes. C'est la liberté éclairée et non contrariée, c'est la bonté accessible et partagée et non justifiante ou purificatrice. La loi est porteuse de multiples parts de la grâce lorsqu'elle facilite nos rapports avec Dieu et avec nos semblables.

Christ promoteur de la droiture

Jésus n'est pas venu rendre la *torah* caduque car le terme grec *telos*, rendu par « fin » signifie non pas fin au sens de terminus ou terminaison mais bien fin au sens de finalité, but ultime[134]. Je suis presque tenté de dire que le projet éducatif de la loi se

---

[133] Voir également Roberto BADENAS, Au-delà de la loi... la grâce, Editions Vie et Santé, Dammarie les Lys, 2006, pp. 279s.
[134] *Ib.* pp. 237-247.

trouve dans la personne et l'œuvre de Jésus-Christ. Toute loi qui ne conduit pas à Christ n'est pas viable car elle ne met pas en place les conditions d'une droiture constructive ou structurante. Cela est anticipé dans l'Ancien Testament et confirmé dans le ministère de Jésus[135].

La loi morale est vitale parce qu'elle éclaire l'itinéraire du croyant. Souvent elle agit comme un miroir ou un rétroviseur. La loi permet de voir la distance parcourue, c'est-à-dire notre situation morale, de savoir si nous progressons ou non. Elle fournit des indices sur le besoin de changer quelque chose dans notre comportement mais ce n'est pas elle qui nous donne la force, ce n'est pas elle qui encourage et qui exhorte à la fidélité, à la persévérance. A partir de là, elle devient une fenêtre qui indique dans quelle direction il faut organiser son cheminement. Mais comprenons-nous bien : la loi indique le chemin mais elle n'est pas le chemin !

Les hommes et les femmes qui découvrent Jésus-Christ sont conduits par l'Esprit-Saint à une vie nouvelle, une vie qui s'organise aussi autour des valeurs telles que la fidélité, le respect et la droiture. La loi morale est intégrée et si Christ est présenté comme la finalité de la loi, c'est que le rôle de celle-ci est bien défini : elle oriente les regards vers le Christ ! La loi nous dit objectivement où et comment le péché salit notre vie, où sont nos dérives, nos fautes, nos négligences et nos misères mais elle invite à nous tourner vers celui qui l'a donnée pour trouver la guérison, le repos et l'expiation. La relation avec Christ fait appel à la loi morale, une loi qui ne transforme pas notre vie, mais qui la met probablement à nu, nous donnant suffisamment de repères pour avancer dans ce qu'on a appris à appeler le droit chemin, voire le chemin du droit, du vrai, du bien et du juste. Seul Jésus peut transformer notre vie en l'habillant de sa justice. Ainsi, la loi a un rôle passif et le Christ un rôle actif ! Cela nous éloigne à coup sûr de toute vision légaliste et fanatique et nous encourage à y voir plutôt une dimension relationnelle et pédagogique.

De ce fait, la grâce impose de la rigueur et non de la rigidité, de l'intégrité et non de l'intégrisme. La grâce va à la rencontre des hommes non pour en faire des hommes de droit mais des hommes droits, des êtres de droiture.

---

[135] Esaïe 42.21; Psaume 119.105; Matthieu 5.17.

Conclusion

L'Ecclésiaste constate que Dieu a créé des hommes droits mais ces derniers aiment chercher des détours. Ils aiment prendre la tangente parce que cela les arrange de faire des petits arrangements, de déborder pour satisfaire l'ego, la convoitise ou l'orgueil. La droiture est l'antithèse de tous ces comportements. C'est ici que la Bible présente la loi comme un pédagogue et le croyant en a besoin dans son quotidien, puisque la grâce génère une relation morale.

L'amour du croyant pour Dieu consiste à tout faire pour marcher dans la droiture. La grâce fait découvrir que la loi peut être observée par amour et non par contrainte, qu'elle peut encore faire nos délices parce qu'elle ne nous fait pas peur. Elle diagnostique le péché mais, par l'Esprit divin qui agit en nous, nous prenons conscience que Jésus est le libérateur. N'est-ce pas la réconciliation prônée par la Bonne Nouvelle du salut ? La grâce, en se manifestant, ne s'est nullement présentée comme l'exact contraire de la loi, comme son antithèse, son opposé caricatural. La loi fait appel à la grâce pour le bien de l'homme, de même que la grâce sollicite le soutien de la loi pour aider l'homme à se diriger avec droiture sur des chemins souvent sinueux.

Pour résumer l'ensemble de notre réflexion, disons que les propositions morales ne sont ni opposées ni indifférentes à la grâce et à la liberté. Disons finalement que la grâce se manifestant, les croyants sont appelés à pratiquer la loi morale et donc à marcher dans la droiture. La grâce est donc structurée et structurante pour ceux qui entrent dans l'alliance.

A méditer :

1. Pourquoi la loi est-elle nécessaire ?
2. Pensez-vous que l'homme cherche souvent des détours ?
3. Dans quelle mesure la grâce contribue-t-elle à la droiture ?
4. Peut-on dire que la loi reflète la liberté ?
5. L'homme : un être droit ou de droiture ?

13

Les vivants face à la mort

« Car les vivants savent qu'ils mourront ; mais les morts ne savent rien du tout ; pour eux, il n'y a plus de rétribution, puisque leur souvenir est oublié. Leurs amours, leurs haines, leurs jalousies ont déjà péri ; ils n'auront plus jamais de part à tout ce qui se fait sous le soleil. Va, mange avec joie ton pain et bois de bon coeur ton vin, car déjà Dieu a agréé tes oeuvres. Que tes vêtements soient toujours blancs et que l'huile ne manque pas sur ta tête ! Goûte la vie avec la femme que tu aimes durant tous les jours de ta vaine existence, puisque Dieu te donne sous le soleil tous tes jours vains ; car c'est là ta part dans la vie et dans le travail que tu fais sous le soleil. Tout ce que ta main se trouve capable de faire, fais-le par tes propres forces ; car il n'y a ni oeuvre, ni bilan, ni savoir, ni sagesse dans le séjour des morts où tu t'en iras. » (Ecclésiaste 9. 5-10)

En observant la condition humaine, Qohéleth estime qu'elle est vaine puisque tout semble finir avec la mort. Il confirme ce que la pensée biblique avait prévu depuis les premières pages, ce fait indéniable inhérent à l'avènement du péché : la mort fait partie de l'existence de l'homme ! Tout semble s'organiser autour d'elle, c'est elle qui régule, qui engage à la prudence, voire à une certaine humilité. Il y a 415 occurrences du terme « mort » (le décès) dans toute la Bible, dont 210 dans l'Ancien Testament et 120 dans le Nouveau[136].

Quand Qohéleth évoque l'inéluctabilité de la mort, il se veut réaliste, d'autant qu'il observe que c'est le sort commun aux hommes comme aux bêtes. En cela, il rejoint Job qui parle de l'issue de tout homme devant Dieu qui est présenté comme étant le souverain maître de l'univers, auquel rien n'échappe, ni la vie ni la mort. Croyant au jugement comme étape ultime de l'existence devant Dieu, est-ce que Qohéleth considère la mort aussi comme devant être jugée. Nous verrons également ce que la Bible dit sur la mort et ce que l'homme doit en attendre.

---

[136] Concordance de la TOB, Editions du Cerf, 1993. Le reste des utilisations du substantif se trouve une fois dans les textes araméens et quatre-vingt-quatre fois dans les livres apocryphes.

A la vie, à la mort

Comme cela est dit plus haut, Qohéleth n'a aucune inclination au suicide ou à la destruction devant la vanité de l'existence. Je ne crois pas qu'il ressemble ici à l'homme présenté par Albert Camus dans *Le mythe de Sisyphe*. Cet homme-là n'est pas l'exilé sans recours, dépossédé de ses souvenirs d'un pays perdu et de tout espoir d'un monde meilleur. Camus reconnaît justement que dès lors qu'il y a « divorce entre l'homme et sa vie, l'acteur et son décor, c'est proprement le sentiment de l'absurdité »[137]. C'est fort probablement ce sentiment qui génère le pessimisme puisqu'il est un sentiment d'échec, de désespoir.

Qohéleth n'encourage pas au désespoir ni au suicide, comme les nihilistes ou les existentialistes pessimistes. Le meilleur moyen de sortir de la condition humaine n'est pas le suicide. Et contrairement à Camus qui évoque les hommes sains ayant aspiré vers le néant, Qohéleth insinue que l'aveu de la vanité de la vie ne doit pas faire oublier que Dieu a mis dans le cœur de l'homme la pensée de l'éternité. Quand Camus cherche un rapport entre l'absurde et le suicide, Qohéleth cherche plutôt à disserter au sujet de la mort comme un néant sur lequel l'homme ne pourrait exercer aucune maîtrise et il encourage à profiter de la vie comme d'une occasion permanente de faire tout ce qui passe par le cœur de l'homme. En somme, il cherche un rapport entre la mort et la foi en Dieu, ce qui finalement permet d'échapper à la vanité. Et c'est ainsi que nous revenons à *hevel*, la buée, le souffle qui disparaît...

Les morts ne savent rien

La déclaration du penseur, tout en étant existentielle, est sentencieuse, dogmatique, irrévocable, puisque la mort n'est certainement pas le lieu ni le moment pour exercer une activité quelconque. Les vivants savent qu'ils mourront mais les morts ignorent tout. Mais en même temps, Qohéleth estime beaucoup plus les morts déjà morts que les vivants qui vivent avec la conscience d'une fin (4.2; 6.3-4).

Est-ce raisonnable pour un vivant de parler de ce qu'il ignore comme expérience ? Qu'est-ce qui permet l'énoncé de cette définition, quand l'Ecclésiaste dit que les morts ne savent rien ? Qu'en sait-il, pourrait-on se demander ! La mort n'est pas l'objet

---

[137] *Op. cit.*, p. 18.

d'une expérience personnelle, ressentie, « vécue ». Il y a chez Qohéleth, comme chez tous les observateurs lucides, l'idée que le monde des vivants est séparé de la mort. Personne n'en revient car le concept de la mort contient la notion d'irréversibilité. Tout homme est destiné à y faire face, un jour ou l'autre. Nous aussi sommes mis devant cette même réalité aujourd'hui, comme devant un fait accompli, avec aucune chance de revenir en arrière. Pas de machine à remonter le temps, pas de retour vers le futur, comme le cinéma a essayé de nous en faire rêver.

Nous dépassons ici le constat philosophique ou esthétique de l'absurdité de la vie qui finit avec la mort. Notre attention est attirée vers la mort, rappelant que l'homme n'est qu'un *hevel* dans toute la création. Parce qu'il est dans un environnement imparfait, malmené par la violence, l'injustice, bref par ce que la Bible définit comme étant le péché, l'homme sait qu'il doit affronter la mort, comme une rencontre non désirée mais un passage obligé. Dès la deuxième page de la Bible, l'avertissement est donné : « le jour où tu en mangeras, tu mourras » (Genèse 2.17)[138].

Voilà le vivant face à la mort, ce qui n'arrange pas toujours son itinéraire sur terre. Qohéleth, comme Job pris dans ses souffrances et ses questions, semble faire l'éloge du non-être. Ainsi que l'a écrit A. Néher, une telle lecture exprime « la surprenante déconvenue de la vie. L'existence n'étant qu'un glissement vers la mort, elle est livrée tout entière au règne du hasard »[139]. Dès lors, l'itinéraire de l'homme n'est plus considéré « comme une mystérieuse énigme, lointaine et abstraite, mais comme un obstacle concret et inattendu sur la route de l'existence »[140] (3.19-21). La mort n'arrange en rien l'histoire de l'homme, n'est-ce pas ?

---

[138] Voir aussi Genèse 3.3,19. Le récit de la chute cherche à établir une corrélation entre le péché et la mort, en montrant au passage que l'homme se met en situation de fragilité et de risque dès qu'il laisse le doute et l'orgueil envahir sa compréhension de la Parole de Dieu.

[139] *Op.cit.* p. 28. André Néher insiste beaucoup sur l'idée de destin et de hasard. C'est ainsi qu'il traduit la notion qui fait référence au sort de l'homme. Dans ce cas, dit-il, il n'y a ni providence, ni justice. Ainsi, l'injustice qui est inévitable « n'est pas seulement sociale ou morale, elle est biologique. Ce n'est pas par rapport à l'homme seulement que se pose le problème, mais par rapport à l'univers, où l'humanité partage avec d'autres éléments le triste privilège d'être inextricablement livrée à la gratuité de la vie » (p. 29).

[140] *Ib.* p. 30.

Quel parcours, donc, depuis que l'existence de l'homme a été polluée par le péché ! Et pourtant, tout avait commencé par un constat positif, optimiste, après la réception du fameux souffle de vie, ce qui fit d'Adam un *nephesch hayya*, « une âme vivante » ! Les morts ne savent plus rien parce que la mort fait sortir de cette relation instaurée dès la première semaine de la création, telle que rapportée par le livre de la Genèse. L'homme a besoin de savoir qu'il est d'abord appelé à la vie avant d'être un mort en sursis.

En ce sens, Qohéleth s'adresse aux vivants pour dire que la première rencontre de l'humain est avec la vie et non avec la mort. Si les morts ne savent rien, c'est qu'ils n'ont aucune prise sur l'existence humaine. Les vivants, en revanche, sont concernés par la manière de se tenir dans une existence menacée par la mort à cause du péché.

Les vivants peuvent beaucoup

Si Qohéleth est à mes yeux un réaliste, c'est qu'il a un parti pris pour la vie bien menée, en dépit de certaines contradictions. Pour lui, il faut savoir tirer un bon parti de l'existence, tout en étant conscient que rien ne se fait au hasard et donc sans conséquence. Il est certainement loin de *l'Idiot*, de Dostoïevski qui dit clairement que « s'il avait dépendu de moi de ne pas naître, je n'aurais pas accepté l'existence à d'aussi dérisoires conditions ».

Si les vivants savent quelque chose sur l'existence, Qohéleth cherche à en tirer parti. Quel intérêt pour l'humain de savoir qu'il va mourir s'il ne fait rien pour remplir sa vie de joie et de projets divers ? D'où son encouragement à manger et boire, à ne pas se priver des joies simples. Il demande de porter des vêtements blancs, pour vivre dans la paix, la bonne humeur, la joie. La vraie vie consiste à donner encore plus d'intensité à la dimension relationnelle, qu'elle soit conjugale, familiale ou amicale. La mort est au bout de l'existence mais elle ne doit nullement freiner le désir de vivre et de bien vivre. Vous avez sans doute remarqué que son invitation à profiter pleinement de la vie (9.7-9) se trouve enserrée par deux déclarations sur la mort.

Les vivants qui savent qu'ils vont mourir deviennent des vivants responsables. Le savoir est une forme de pouvoir qui permet de décider et d'organiser ; un savoir qui cherche à donner de la consistance, du caractère à la vie. Savoir que la mort attend l'homme au tournant, chaque jour, ne doit pas le rendre fataliste, défaitiste et surtout pessimiste. Ce qui est indéfini, c'est le moment de sa propre mort, même si la mort est définie comme événement possible pour toute la famille humaine.

Tout est fait aujourd'hui pour retarder le vieillissement et l'usure ; des efforts considérables sont fournis pour que les « seniors » aient une vie active, que la retraite ne soit pas synonyme de retrait d'une vie pleine d'émotion et de sensations. L'homme cherche à vivre de manière optimale, sans doute pour conjurer l'inévitable mais à coup sûr pour montrer qu'il est encore capable de donner un sens à sa vie de mortel. Cette attitude souligne le fait que l'homme n'a pas peur de la mort et qu'il refuse d'être fataliste. C'est probablement une manière de donner du sens à l'existence.

Le livre de l'Ecclésiaste est utile à la compréhension d'un thème biblique concernant l'homme, dès les toutes premières pages de la Bible, à savoir la mort. L'auteur ne cherche pas à jouer avec la mort, ni à jongler avec les mots mais il se rend très vite compte que la mort fait partie de l'existence humaine et qu'il n'y a aucune raison de ne pas en parler.

Y a-t-il une vie après la mort ?

L'Ancien Testament répond à cette question en disant que les morts sont « recueillis auprès de leurs pères, ce qui est clairement indiqué par les références aux tombeaux ou sépultures[141]. Il y a également l'expression « séjour des morts », lieu de rendez-vous commun aux mortels[142]. Dans le séjour des morts, il n'y a pas de vie, donc pas de pensée, de culte, de raisonnement et encore moins d'action[143].

De ce point de vue, la mort est réellement définie comme une cessation de vie. C'est l'apanage de tous les hommes, bons ou mauvais, croyants ou incroyants, riches ou pauvres, puissants ou faibles, gouvernants ou gouvernés.

La mort est aussi vue comme un sommeil, dans le sens d'un état inconscient[144]. C'est pour cela que les morts ne savent rien, ne peuvent rien et n'ont aucune volonté. Ils n'exercent aucun pouvoir sur eux-mêmes ni sur les vivants. Ils sont coupés de la

---

[141] Genèse 15 .1 ; 47.30; Deutéronome 31.16.
[142] Genèse 37.35; Job 30.23; Psaume 89.48ss ; Esaïe 14.9; Ezéchiel 32.21ss.
[143] Psaumes 6.6; 30.10; 88.11-13 ; 115.17; Esaïe 38.10ss.
[144] Psaume 115.17; Esaïe 38.18; Jean 11.11-14 ; etc.

condition humaine, dont la mort est justement un des défis insurmontables.

Si la Bible laisse entendre qu'il n'y a pas de vie *dans* la mort, elle enseigne clairement qu'il existe une vie *après* la mort. Dieu est le Dieu de la vie : il est le créateur du monde, de toute forme de vie mais il se présente également comme le créateur de la vie nouvelle, de nouveaux cieux et de la nouvelle terre[145].

Le Nouveau Testament a un discours plus explicite sur la question. S'il y a une vie après la mort, c'est bien celle que Dieu donne ; il commandera au séjour des morts de libérer ses captifs, car Dieu est le seul qui possède le droit de vie et de mort sur ses créatures, étant plus fort que la mort[146]. L'enseignement biblique met en avant la personne de Jésus pour répondre à toutes les interrogations ou les angoisses de l'homme devant ce terrible ennemi qu'est la mort.

Ainsi, la foi du chrétien se fonde sur la vie, l'œuvre et surtout la résurrection de Jésus-Christ, et il faut également dire que son espérance trouve sa force dans la promesse de sa propre résurrection, promesse ouverte à tous ceux qui sont disposés à placer leur confiance en Dieu. En effet, dans ses enseignements, le Christ donne une perspective optimiste face à la mort, en disant qu'il est « la résurrection et la vie ». Par ailleurs, il affirme que « celui qui écoute ma parole et croit en celui qui m'a envoyé, a la vie éternelle ; il ne vient pas en jugement, mais il est passé de la mort à la vie. En vérité, en vérité, je vous le dis, l'heure vient - et maintenant elle est là - où les morts entendront la voix du Fils de Dieu et ceux qui l'auront entendue vivront. Car, comme le Père possède la vie en lui-même, ainsi a-t-il donné au Fils de posséder la vie en lui-même ; il lui a donné le pouvoir d'exercer le jugement parce qu'il est le Fils de l'homme. Que tout ceci ne vous étonne plus ! L'heure vient où tous ceux qui gisent dans les tombeaux entendront sa voix, et ceux qui auront fait le bien en sortiront pour la résurrection qui mène à la vie ; ceux qui auront pratiqué le mal, pour la résurrection qui mène au jugement ». (Jean 5.24-29)

Paul confirme que ceux qui placent leur confiance dans la parole de Jésus-Christ connaîtront cette résurrection et la Bible garantit qu'elle aura lieu au retour du Christ. Il déclare : « Si en effet nous croyons que Jésus est mort et qu'il est ressuscité, de même aussi ceux qui sont morts, Dieu, à cause de ce Jésus, à

---

[145] Esaïe 65.17; 66.1-2,22 ; 2 Pierre 3.13; Apocalypse 21.1.
[146] Esaïe 26.9; Jonas 2.11; Osée 13.14, etc.

Jésus les réunira. Voici ce que nous vous disons, d'après une parole du Seigneur : nous, les vivants, qui serons restés jusqu'à la venue du Seigneur, nous ne devancerons pas du tout ceux qui sont morts. Car lui-même, le Seigneur, au signal donné, à la voix de l'archange et au son de la trompette de Dieu, descendra du ciel : alors les morts en Christ ressusciteront d'abord ; ensuite nous, les vivants, qui serons restés, nous serons enlevés avec eux sur les nuées, à la rencontre du Seigneur, dans les airs, et ainsi nous serons toujours avec le Seigneur ». (1 Thessaloniciens 4.14-17)

L'enseignement biblique laisse donc entendre que la mort, même si elle est source de tristesse et de souffrance, n'est pas une cause inéluctable de désespoir. Paul va encore plus loin en évoquant la victoire finale sur la mort : « Je vais vous faire connaître un mystère. Nous ne mourrons pas tous, mais tous, nous serons transformés, en un instant, en un clin d'oeil, au son de la trompette finale. Car la trompette sonnera, les morts ressusciteront incorruptibles, et nous, nous serons transformés. Il faut en effet que cet être corruptible revête l'incorruptibilité, et que cet être mortel revête l'immortalité. Quand donc cet être corruptible aura revêtu l'incorruptibilité et que cet être mortel aura revêtu l'immortalité, alors se réalisera la parole de l'Ecriture : La mort a été engloutie dans la victoire. Mort, où est ta victoire ? Mort, où est ton aiguillon ? » (1 Corinthiens 15.51-55)

Qohéleth a un discours réaliste face à ce phénomène dérangeant et inévitable que représente la mort. Mais il ne sombre ni dans le pessimisme, ni dans le désespoir de ne pas savoir que Dieu interviendra au bout de tout itinéraire humain. S'il part de la conviction que Dieu amènera toutes choses en jugement, certainement, il jugera aussi la mort, puisque tout retourne à lui. Le livre de l'Apocalypse répond aux préoccupations du penseur et à celles de tout croyant. Il contient une béatitude : « Heureux dès à présent ceux qui sont morts dans le Seigneur ! Oui, dit l'Esprit, qu'ils se reposent de leurs labeurs, car leurs oeuvres les suivent » (Apocalypse 14.13) et une déclaration sentencieuse sur la mort : « La mer rendit ses morts, la mort et l'Hadès rendirent leurs morts, et chacun fut jugé selon ses oeuvres. Alors la mort et l'Hadès furent précipités dans l'étang de feu. L'étang de feu, voilà la seconde mort ! » (20.13-14)

Ainsi, Dieu amènera toute chose en jugement, y compris le phénomène que nous ne parvenons pas à éviter ou à éliminer de la condition humaine. L'homme a toutes les raisons de ne pas désespérer face à la mort dès lors qu'il met sa confiance en Dieu, celui qui donne la vie, qui peut même préserver certains de ses serviteurs de la mort, en les recueillant directement auprès de lui à la fin de leur itinéraire terrestre[147]. Dieu est le maître du séjour des morts et il ne permettra pas que ses serviteurs y demeurent pour toujours ; il peut y manifester sa présence, son autorité même en contestant à la mort sa proie[148]. Les passages bibliques auxquels nous faisons référence n'encouragent pas à croire que Dieu anime ou maintient une forme de vie dans le séjour des morts mais plutôt qu'il a autorité sur la mort, dans le sens que celle-ci n'aura pas le dernier mot. Dans ce cas, pour reprendre Victor Hugo, « ne dites pas mourir, dites naître », car tout est possible à Dieu.

Conclusion

Nous voici devant l'un des constats irréfutables. Qohéleth n'a pas pris du temps pour souligner des évidences mais il a attiré notre attention sur un fait irréductible et inéluctable : tous les êtres humains sont mortels, les justes comme les injustes, les bons aussi bien que les méchants. Seuls les vivants peuvent parler de la mort car ils savent qu'ils mourront. La mort fait peur à certains, elle angoisse d'autres et elle n'arrange pas l'existence de l'être humain. Elle ne peut être l'objet d'expériences directes car elle surprend toujours lorsqu'elle est naturelle ou accidentelle. Il est vrai qu'elle nous affecte dans la perte de nos semblables, nos proches, nos amis ou la disparition des groupes d'individus victimes de la guerre, du terrorisme, de la famine et des cataclysmes naturels.

Parler de la fiction de la mort nous place irrémédiablement devant la réalité de notre propre existence. Nous parlons de ce que nous ne connaissons pas en tant qu'expérience mais nous savons qu'elle est réellement sur notre itinéraire, à tout instant. Une telle conscience génère inévitablement une certaine angoisse. Pour y échapper, il faut vivre ou désirer vivre encore plus : Dieu nous donne un espoir de vivre grâce à la victoire de son Fils sur la mort.

En effet, les vivants savent qu'ils mourront. Si les vivants savent que la mort fait partie de l'existence, ils sont invités à tout faire pour valoriser la vie et la respecter. C'est *ici* et

---

[147] Genèse 5.21ss ; Deutéronome 34.5ss ; 2 Rois 2.5-13.
[148] Psaumes 49.16; 73.23ss ; 139.8; Amos 9.2; Esaïe 53.8.

maintenant qu'il faut savoir faire de la vie la plus belle des expériences de l'univers. Aussi, chacun est encouragé à développer une histoire personnelle qui devient belle, épanouie parce que profitant des belles choses de la vie. En appréciant la vie ici-bas, l'homme se prépare pour apprécier la vie éternelle que Dieu promet.

A méditer :

1. Comment définissez-vous la mort ?
2. Pensez-vous que la mort ressemble à un sommeil à durée indéterminée ?
3. Croyez-vous que la mort n'est pas la seule issue pour l'homme ?
4. Acceptez-vous l'enseignement biblique au sujet du pouvoir de Jésus-Christ ?
5. Etes-vous prêt pour la vie éternelle ?

14

L'effort contre la vanité

« Jette ton pain à la surface des eaux, car avec le temps tu le retrouveras ; donne une part à sept et même à huit, car tu ne sais pas quel malheur peut arriver sur la terre. Quand les nuages sont gonflés de pluie, ils la déversent sur la terre ; et si un arbre tombe, vers le sud ou vers le nord, c'est à la place où l'arbre tombera, qu'il restera. Qui observe le vent ne sèmera point, qui fixe les regards sur les nuages ne moissonnera pas. Comme tu ne connais point le mouvement du vent, ni de l'embryon dans le ventre de la femme enceinte, tu ne connais pas non plus l'oeuvre de Dieu qui fait tout. Dès le matin sème ta semence, et le soir ne laisse pas reposer ta main ; car tu ne sais point ce qui réussira, ceci ou cela, ou si l'un et l'autre sont également bons. » (Ecclésiaste 11.1-2)

Le chapitre 11 du livre de l'Ecclésiaste commence avec une invitation particulièrement optimiste. Elle résonne comme une sorte d'investissement dans le temps et Qohéleth cherche à convaincre son auditeur que la vie devant soi a encore un sens. En tout cas elle offre des possibilités qu'il faut savoir exploiter. Comprenons qu'elle relance également la question, qui surgit dès les premiers mots du livre, du travail face à la vanité : est-ce profitable d'œuvrer des heures et des années durant si, au bout du compte, il n'y a pas de réelle satisfaction ?

Comment être sûr que tout déploiement d'effort, synonyme de volonté et de courage, est réaliste avant d'être optimiste ? Comment développer la conviction que ce qui est fait aujourd'hui, rapportera quelque chose à l'avenir ? Et surtout, comment être attentif à l'égard de cet auteur qui a commencé son grand discours sur la réalité humaine par le constat que tout est vanité et course folle après le vent ?

Le travail

La première interrogation de Qohéleth sur le travail prend des airs de provocation, n'est-ce pas ? Ecoutez bien ce qu'il dit : « Quel profit y a-t-il pour l'homme de tout le travail qu'il travaille sous le soleil ? » (1.3). Une telle déclaration ne vous

213

laisse pas indifférent, j'en suis sûr. Surtout en ces temps de précarité de l'emploi ou de la frilosité en termes d'investissement des grandes entreprises.

Le livre de l'Ecclésiaste est probablement le livre biblique qui parle le plus du travail[149]. Certes, l'auteur inscrit cette question sur le registre de la vanité, mais il ne se limite pas à dire que le travail en soi est une vanité. Sa question est également porteuse de sens, de valeur même. Là aussi, il n'émet pas des théories sur le travail ou sur l'effort. Il en sait quelque chose : « J'ai entrepris de grandes oeuvres [...] Mais je me suis tourné vers toutes les oeuvres qu'avaient faites mes mains et vers le travail que j'avais eu tant de mal à faire. Eh bien ! Tout cela est vanité et poursuite de vent, on n'en a aucun profit sous le soleil » (2.4-11). Il parle d'expérience et visiblement il n'a pas éprouvé de satisfaction durable, en dépit de l'ampleur de toute son entreprise.

Veut-il dire par là qu'il n'y a aucun intérêt à travailler ? Loin de faire l'apologie de la paresse, Qohéleth cherche plutôt à dire que le travail ne doit pas être une valeur en soi, devenir un alibi et une justification[150]. Qu'est-ce qui fait la valeur du travail, de n'importe quel travail, sinon ce qu'il produit pour satisfaire les besoins de base de tout être humain ? Dans ce cas, on comprend bien l'adage populaire, « il n'y a pas de sot métier » dès lors qu'il nourrit celui ou celle qui l'exerce. Certes, il y a un profit pour le travail, qu'il soit quantitatif ou qualitatif lorsque le travailleur estime qu'il est justement récompensé et surtout lorsqu'il éprouve un réel plaisir à exercer son métier.

La question de Qohéleth trouve une certaine légitimité lorsqu'elle est confrontée au caractère éphémère des réalisations humaines. Et pourtant, dès les origines le travail est institué pour que l'homme vive. Après le premier péché, Dieu lui dit : « Il dit à Adam : « Parce que tu as écouté la voix de ta femme et que tu as mangé de l'arbre dont je t'avais formellement prescrit de ne pas manger, le sol sera maudit à cause de toi. C'est dans la peine que tu t'en nourriras tous les jours de ta vie, il fera germer pour toi l'épine et le chardon et tu mangeras l'herbe des champs. A la sueur de ton visage, tu mangeras du pain jusqu'à ce que tu retournes au sol, car c'est de lui que tu as été pris. Oui, tu es poussière et à la poussière tu retourneras. » (Genèse 3.17-19)

---

[149] Le livre établit un lien entre travail, argent et pouvoir. C'est d'ailleurs un des modes de fonctionnement de notre monde.
[150] Voir J. ELLUL, *op. cit.*, p.92.

Faut-il établir une corrélation entre la malédiction prononcée sur l'homme et la vanité que Qohéleth trouve dans le résultat de tout son travail ? Ce n'est pas là non plus le fondement de la pensée biblique. La tradition rabbinique le confirmera plus tard quand le Talmud dira que l'homme a le devoir de travailler, non seulement pour assurer sa subsistance mais également pour construire le tissu social. Les rabbins ont même fait comprendre aux idéalistes et aux spiritualistes que le travail n'est pas incompatible avec la recherche d'une grande expérience spirituelle : « C'est une chose excellente que l'étude de la *tora* associée à quelque occupation temporelle, car le travail requis de part et d'autre fait oublier le péché. Toute étude de la *tora* non accompagnée d'un autre travail deviendrait fatalement futile et ferait pécher »[151].

La vraie question que soulève Qohéleth concerne la valeur du travail. Travailler pour travailler, comme une fin en soi, devient non seulement absurde, mais une malédiction en soi, quelque chose d'insupportable[152]. C'est là que nous touchons à la vanité.

Jette ton pain

Commençons cette partie par une anecdote rapportée par le Talmud : « L'empereur Hadrien passait sur le rivage près de Tibériade. Il vit là un vieillard qui creusait la terre pour planter des arbres.

- Vieux, lui dit-il, si tu avais travaillé étant plus jeune, tu n'en serais pas réduit à peiner ainsi dans ton grand âge.

- J'ai travaillé aussi bien dans ma jeunesse que maintenant, répondit le vieillard, et le Seigneur du ciel a agi envers moi selon son bon plaisir.

Hadrien lui demanda quel était son âge, et apprit qu'il avait cent ans.

- Cent ans et tu en es encore à creuser la terre pour planter des arbres ! Crois-tu que tu mangeras de leurs fruits ?

- Si j'en suis digne, j'en mangerai ; sinon, de même que mes pères ont travaillé pour moi, je travaille pour mes enfants ».

---

[151] *Aboth* 2,2.

[152] Karl MARX laisse entendre, dans Le Capital I, que le travail (dans la société capitaliste, cela s'entend) revêt non plus seulement une valeur d'usage mais une valeur d'échange, c'est-à-dire la valeur d'une marchandise sur le marché. Dans Le Capital, Livre III, il déclare que « le domaine de la liberté commence seulement là où cesse le travail qui est déterminé par la nécessité et la finalité extérieure ». Une telle pensée ferait probablement un écho à la déclaration de Qohéleth...

Planter un arbre, même si l'on n'est pas sûr d'en manger les fruits ! Seuls les visionnaires peuvent parler ainsi, surtout lorsqu'ils savent allier générosité et bon sens. Qohéleth finit par revoir son analyse sur le caractère éphémère des résultats du travail. C'est un complet revirement puisque désormais il exhorte à développer une vision même si personne n'a de maîtrise sur le temps et encore moins sur son propre avenir.

« Jette ton pain à la surface des eaux et avec le temps tu le retrouveras ! » Image surprenante n'est-ce pas ? D'autant qu'il n'est pas facile de jeter son pain dans des temps où la malnutrition touche les deux tiers de la population mondiale. Il n'est pas facile de jeter du pain qu'on a aujourd'hui et qu'on n'est pas certain de retrouver demain. En d'autres termes, la démarche à laquelle invite Qohéleth fait appel à la prudence certes, mais aussi à la confiance.

Si nous avançons l'idée que Qohéleth n'est pas pessimiste, nous en avons là une preuve supplémentaire. Loin de nous entraîner dans une sorte de spirale descendante, il propose ici quelque chose de pratique et surtout de réaliste. Le verbe « jeter », de l'hébreu *shalah,* prend aussi le sens de « envoyer », « lancer », « avancer ». Ainsi, nous pouvons sans difficulté retenir l'idée de mouvement, d'action, de démarche dynamique.

Ce verset a toujours été interprété comme étant un encouragement à la bonté, à la charité et au partage qui est un aspect pratique de la morale qui peut s'en dégager. La difficulté de cette lecture traditionnelle est qu'elle porte implicitement l'idée que la bonté n'est pas gratuite, que la charité serait calculée, stratégique. D'autres interprétations relient ce verset au commerce maritime. Dans cette perspective, le fait de se lancer, d'envoyer des marins en mer, comporte un risque. Tout commerce est porteur de risque : il y a de sérieuses possibilités que ce commerce rapporte mais il ne peut y avoir de certitudes. D'où également l'exigence d'une démarche réfléchie, mesurée, même si rien ne garantit le succès.

Une telle pensée n'est pas si surprenante et encore moins étrangère au comportement humain. Le texte ne dit pas que c'est la perception de Qohéleth et il appartient aux êtres humains de porter un regard lucide sur la vie et sur les réelles possibilités relationnelles, qui sont autant d'occasions de bonté, de charité et de partage. L'essentiel est d'apprendre à se lancer dans cette dynamique avec sincérité et authenticité. L'invitation à la sincérité est d'autant plus importante qu'elle est le rempart contre toute dérive égoïste dans l'exercice de la charité.

J'ai quelque peine à partager le point de vue de Jacques Ellul lorsqu'il dit que Qohéleth adopte un ton provocateur parce que cette invitation est plutôt un ordre, une recommandation ouverte « au gaspillage, sans raison, acte incompréhensible et scandaleux »[153]. En revanche, il dit également qu'on ne saurait, à partir de ces propos, « légitimer l'effroyable gaspillage de notre société, le gaspillage de biens qui pourraient être utiles aux autres et le gaspillage des richesses non renouvelables de notre planète »[154].

Qohéleth n'est pas provocateur, à mon sens, mais plutôt prévoyant. Son encouragement à jeter son pain à la surface des eaux n'est pas la même chose que jeter son pain parce qu'on n'en veut pas. Dans de nombreux foyers, c'est un geste qui est devenu banal, ordinaire. Il y a des enfants qui entament un repas, un fruit, un dessert et qui ne terminent jamais. Alors, le geste suivant est celui de tout jeter à la poubelle. Ce n'est pas à ce genre d'attitude que Qohéleth veut conduire son auditeur.

Il y a un principe de précaution dans ce que dit l'homme biblique. Et il faut savoir l'entendre. Contrairement à ce que dit J. Ellul, il n'y a pas nécessairement une invitation ou une volonté de « désacralisation et de détachement ». Que ce soit clair : Qohéleth ne demande ni l'abandon ni l'indifférence, encore moins le gaspillage. Bien au contraire, il pousse au partage et à l'investissement. Souvenez-vous de la fable de Jean de La Fontaine, « *la cigale et la fourmi* ». Il faut savoir investir, penser à long terme. Gouverner c'est prévoir, dit-on. Alors, bien gérer sa vie, c'est aussi prévoir et visiblement ce n'est pas une question de méfiance ou de doute concernant les lendemains. Jeter son pain à la surface des eaux n'est ni innocent ni inutile.

Comme nous l'avons vu plus haut, le verbe « jeter » fait entrer dans une dynamique et non dans la passivité. Ce n'est pas jeter pour oublier mais lancer ou se lancer dans l'action pour en profiter plus tard. Rien n'interdit de penser que jeter signifie aussi « offrir » pour que d'autres en profitent. Cet acte-là, gratuit et généreux, est une source de bénédiction en lui-même car, comme Paul le dira plus tard, « il y a plus de joie à donner qu'à recevoir ». L'invitation de Qohéleth ne pose ni condition ni contrainte. En somme, la générosité ne demande pas seulement de la bonté mais aussi le courage d'offrir sans attente en retour. « Donner, c'est donner », pourrait-on dire et l'essentiel est de

---

[153] *Op. cit.* p. 183.
[154] *Ib.*

savoir que ce pain donné sans aucune réserve peut rendre service à « sept et même à huit » (11.1).

Le don prend une signification particulière lorsqu'il repose sur une motivation gratuite. Dans cette perspective, l'homme qui donne sans calcul échappe à la vanité. L'image du pain est particulière car il s'agit de nourriture, donc de vie ou même de survie. Jeter son pain à la surface des eaux, c'est accepter de se séparer de ce qui est vital, nécessaire. C'est le sens même du sacrifice, de la privation temporaire pour le bien d'autrui. Il est hors de question, lorsque la générosité est évoquée, de donner de son superflu. Le vrai don ne correspond pas à se débarrasser de ce qui ne nous est plus utile ou convenable. Donner des choses qui sont périmées, démodées, dépassées, est-ce un acte de bonté ou de débarras ?

Ce n'est pas du pain rassis que Qohéleth invite à jeter à la surface des eaux, comme nous le faisons lorsque nous jetons du pain aux canards dans un étang. Jeter son pain sur la surface des eaux devient synonyme de courage face à l'inconnu, face à un avenir sur lequel l'homme n'a aucune maîtrise.

Etre ou avoir

Qohéleth lance un véritable défi ici puisque son invitation propulse l'homme vers l'inévitable tension entre l'être et l'avoir. Faut-il *avoir* pour *être* ? En d'autres termes, est-ce la possession de biens qui construit l'homme ?

Il suffit de regarder notre société postmoderne pour cerner la réponse à donner à une telle question. La course à l'argent est une motivation sérieuse chez la plupart des êtres humains. Ni le riche ni le pauvre ne diraient que l'argent n'a aucune importance. Vous ne connaissez aucun riche que l'argent n'intéresse plus, n'est-ce pas ? De même vous n'ignorez pas que les pauvres aimeraient toujours avoir un peu plus d'argent pour faire face aux multiples défis matériels. Avoir un compte en banque bien garni est un signe de réussite pour de nombreux citoyens du monde entier. D'autres estiment que le succès se mesure au fait de posséder une belle maison, une grande propriété, une belle voiture, un bateau ou des appareils sophistiqués.

Notre monde est mené et malmené par l'argent et tous ses avatars. En soi, l'argent n'est pas considéré comme un mal. La

Bible ne le présente pas de cette façon[155]. Qohéleth lui-même ne cherche pas à le dénigrer. Ce qui est probablement en cause, c'est la dépendance liée à la convoitise. Plus tard le Christ lui aussi mettra les croyants en garde contre les dangers inhérents à cette dévorante passion de l'argent[156]. Jésus ne condamne pas l'argent, mais il dit clairement qu'il entre en sérieuse concurrence avec une expérience spirituelle. Nous entendons bien ce que dit Jésus puisque notre monde devient de plus en plus centré sur l'argent, sur les richesses, la possession de biens de toutes sortes. L'argent est difficile à gagner pour certains, facile à dépenser pour d'autres mais l'argent fait partie du quotidien de l'homme.

En même temps, il faut reconnaître que les incitations à l'argent facile augmentent. Regardez tous les jeux télévisés où de grosses sommes d'argent sont offertes. Ce ne sont pas des jeux où il faut une grande culture générale mais beaucoup de chance. Il suffit de savoir tourner une roue ou ouvrir la bonne boîte ou choisir la bonne enveloppe. Dans ces cas-là, nous pouvons dire que le hasard fait bien les choses... Prenez justement les jeux de hasard : avez-vous remarqué le nombre d'individus entrant chez les buralistes pour acheter des rêves de toucher le gros lot ?

Qohéleth évoque l'argent et les richesses pour montrer qu'ils occupent une place dans la vie de l'être humain. Il ne cache pas que l'argent « répond à tout » (10.19) même s'il cherche à en montrer la vanité. Il sait que l'homme entretient des rapports particuliers avec les choses matérielles, car « avec l'abondance des biens abondent ceux qui les consomment » (5.10). Il n'hésite pas non plus à dire que l'argent ne fait pas toujours le bonheur : « Il y a un mal affligeant que j'ai vu sous le soleil : la richesse conservée par son propriétaire pour son malheur » (5.12). Aussi, laisse-t-il entendre que la possession des biens repose sur quelque chose de fragile car la richesse périt dans une mauvaise affaire » (5.13), ce qui fait paradoxalement sa vanité. Même si l'argent ne fait pas le bonheur, tout le monde est d'accord pour dire qu'il y contribue grandement. Qohéleth

---

[155] La Bible a un discours réaliste sur les biens matériels. Elle en parle sans tabou puisque ceux-ci font partie de l'existence humaine. L'argent est cité 550 fois dans la Bible, dont 390 dans l'Ancien Testament et 53 dans le Nouveau ; le bien (possession) 168 fois, dont 84 dans l'A.T., et 43 dans le N.T. ; la richesse 74 fois dans l'A.T. et 26 dans le N.T. Les autres occurrences se trouvent dans l'A.T. araméen et les livres apocryphes (Concordance de la TOB).
[156] Voir Matthieu 6.19-24.

sait que les riches ne sont jamais lassés d'accumuler des richesses mais l'argent ne fait pas le vrai bonheur. Ne dit-il pas « qui aime l'argent ne se rassasiera pas d'argent, ni du revenu celui qui aime le luxe. Cela est aussi vanité » (5.9). Plus l'homme a, plus il en veut, n'est-ce pas ?

Il faut donc chercher un rapport sage avec l'argent ou les richesses. Jacques Ellul dit que « ce caractère indéfini ne vient pas de l'homme mais appartient à la nature même de l'argent parce qu'il est du pur quantitatif... Il n'y a jamais aucune limite, parce que pour tracer une limite, pour fixer un moment d'arrêt, il faut une maîtrise et une Sagesse. Or, si on l'avait au premier moment, il n'y aurait pas eu, au commencement, cette passion de l'argent. Ainsi, dans le processus même de la relation entre l'homme et l'argent, apparaît dès le départ ou bien la Sagesse, et on ne s'intéresse pas outre mesure à cet argent, ou bien la démesure, et alors il n'y a rien qui à un moment vienne nous arrêter »[157].

Jeter son pain à la surface des eaux ! Faut-il vivre dans l'insouciance ou dans l'indolence ? Le problème ne se situe pas nécessairement à ce niveau mais les propos de Qohéleth ne peuvent laisser indifférent celui qui les entend. Posséder donne l'impression de bien se porter dans le contexte socio-économique, donc de bien-être... Aux yeux de certaines personnes, il ne faut surtout rien jeter car plus on amasse, plus on entasse, plus on a le sentiment d'un bien-être. Jeter son pain à la surface des eaux n'est pas synonyme de « jeter son argent par les fenêtres ». Il n'est ni question de gaspiller ni question de mettre toute sa confiance en ses richesses. Le plus important, c'est la vie et la capacité de considérer les besoins d'autrui. Toute richesse ne vaut que si elle est partagée...

Qohéleth s'est efforcé de montrer le caractère éphémère de nombreuses actions ou projets humains et sa déclaration ici semble dire que finalement l'homme a la possibilité d'aller plus loin. En invitant son auditeur à jeter son pain à la surface des eaux, il semble boucler la boucle de ses observations sur les aspects pratiques de l'existence humaine. Il n'y a pas de connotation morale liée à cette déclaration, son auteur ne la jugeant pas. Qohéleth ne cherche plus à parler de la vanité des choses et des situations, mais il ouvre une perspective optimiste et réaliste. L'homme peut échapper à la vanité et à la contingence par le don.

---

[157] *Op. cit.*, p.88.

Si ce don est bien compris, l'homme a toutes les chances de grandir et de comprendre que l'altérité est sa meilleure chance de réussite, qu'il y trouve là également le sens de sa véritable identité et de son devenir.

Tout ce que Dieu fait

Gérer sa vie avec la volonté de réussir, même si nous ignorons la tournure des événements ! Comment comprendre Qohéleth, en ce troisième millénaire ? Il énonce ses exemples dans un contexte agraire, où la nature est le grand livre des connaissances, les règles de vie sont empiriques, c'est-à-dire observables dans le quotidien et de manière simple. Mais notre siècle nous offre des connaissances même à partir de l'invisible. Y a-t-il des domaines que l'homme n'a pas encore explorés ?

Qohéleth s'exprime à une période où la météorologie se limitait à ce que l'homme pouvait observer à l'œil nu. Il regardait les nuages, la couleur du ciel et cela lui suffisait pour dire s'il allait pleuvoir ou non. Aujourd'hui la météo s'organise à l'aide des satellites. Tout est prévisible : les cyclones, les anticyclones, la canicule, les baisses de température, la neige, le brouillard. Il y a des prévisions sur les marées, la force du vent et tant d'autres aspects météorologiques. De ce fait, on a l'impression que la nature n'a plus de secrets pour les hommes.

En s'adressant à son auditeur, Qohéleth laisse entendre que l'homme ignore comment l'embryon se forme ou évolue dans le ventre d'une femme. Les temps ont bien changé, n'est-ce pas, et il y aurait tant à dire des progrès de la gynécologie. J'en sais quelque chose, ayant accompagné ma femme chez la gynécologue, avant la naissance de chacun de nos trois enfants. Après examen par la spécialiste, nous recevons des informations sur la date du début de la gestation et la période prévue, au plus près, pour l'accouchement Les échographies permettent de voir l'évolution d'une grossesse et peu à peu on prend connaissance de détails intéressants tels que les mensurations du bébé, l'évolution des mains et des pieds, le sexe et nous entendons même battre son coeur. Aujourd'hui, il existe même des images en trois dimensions et en couleurs pour rendre ce procédé encore plus intéressant. Par ailleurs, l'apport de cette technologie sophistiquée rend possible, dans une certaine mesure, la détection de toute anomalie, de risques concernant autant la mère que l'enfant à naître. Nous observons beaucoup de choses mais il faut reconnaître qu'il reste toujours une part d'inconnu... en dépit des affirmations fortes sur ce qui est visible. Cela ne diminue en rien l'importance de ce que dit le sage. Il a pris l'exemple le plus fort pour son époque mais malgré tous les progrès scientifiques, il nous faut avouer nos limites et notre incapacité à définir ou à expliquer de nombreuses choses. Qui connaît réellement l'œuvre que Dieu fait ?

Alors, l'homme est mis devant la réalité qui l'entoure : certaines choses sont inévitables dans sa situation d'homme. Il y a des maladies, des catastrophes naturelles, des imprévus auxquels il doit faire face avec courage et réalisme. Face aux impondérables de la condition humaine, l'invitation lancée est celle de faire tout ce qui est possible dans l'instant présent. Cela signifie que dès le matin, l'homme doit ensemencer son champ ou se mettre au travail, ne pas renvoyer au lendemain ce qui peut être accompli le jour même.

Ce n'est pas parce que l'homme ignore tout ce que Dieu fait que lui-même ne devrait rien entreprendre. En somme, Qohéleth est en train de dire que l'humain ne dépend du divin que dans une certaine mesure : l'homme doit faire ce qui est de son ressort, il doit exploiter le potentiel que Dieu a mis en lui. Il n'y a pas de miracle pour les fainéants. Chaque jour, l'homme est appelé à faire ce qui est en son pouvoir pour trouver son bien-être et même si toutes les valeurs humaines sont relatives, il ne faut jamais douter de soi...

Conclusion

L'homme est invité à sortir de l'illusion que tout est éphémère en ce bas monde. Les efforts pour améliorer une situation ne sont pas dénigrés par Qohéleth, ce qui finalement laisse voir chez lui une vision optimiste de la vie. Cela confirme également qu'il ne fait pas l'apologie de la passivité ou même de la pauvreté. Cela ne conviendrait pas à sa propre expérience de la vie. Il a investi, créé, bâti, accompli tant de rêves, tant de grands travaux à Jérusalem et il sait ce que tout cela signifie mais il veut dire à tout homme qui l'écoute qu'une vie s'organise avec lucidité et vision et qu'il est dans son intérêt majeur d'éviter de confondre le verbe *avoir* avec le verbe *être*...

Ainsi, tout individu est invité à l'action, ce qui devient l'occasion de sortir de la vanité, de l'éphémère. C'est comme planter un arbre : il faut savoir attendre les fruits. Semer aujourd'hui, c'est se préparer à récolter à l'avenir. Souvenez-vous de l'image utilisée plus haut : planter un arbre, même si l'on n'est pas sûr d'en manger les fruits ! L'essentiel est de savoir qu'une bonne action produit tôt ou tard un bon résultat. Cela ressemble à la foi, n'est-ce pas, la foi qui permet de se lancer dans un avenir que personne ne maîtrise, la foi qui est acte de confiance mais aussi de courage ...

A méditer :

1. Avez-vous le sentiment de bien gérer ce que vous possédez ?
2. Etes-vous plutôt cigale ou plutôt fourmi ?
3. Foi et fatalité : est-ce raisonnable de les rapprocher ?
4. Quelles sont vos priorités dans la vie ?
5. Etes-vous optimiste ou pessimiste lorsque vous songez au futur ?

15

Le retour à Dieu

« ... avant que la poussière ne retourne à la terre, selon ce qu'elle était, et que le souffle ne retourne à Dieu qui l'avait donné. Vanité des vanités, a dit le Qohéleth, tout est vanité. » (Ecclésiaste 12.7-8)

Que l'homme morde la poussière, tombe plus bas que la poussière, qu'il se retrouve au sommet d'un pouvoir quelconque, il finit toujours par retourner à la poussière, d'où il a été pris. L'Ecclésiaste dit que l'homme sait qu'il va mourir et que l'esprit retourne à Dieu qui l'a donné. L'homme n'a pas d'autre choix que celui de retourner à la poussière ; il appartient à la même nature que la création dans laquelle Dieu l'a placé, ce qui exige de sa part un peu d'humilité et de la compassion pour ses semblables.

L'Ecclésiaste considère le retour à la poussière comme une vanité, voire un gâchis. En lisant entre les lignes, nous devinons son insatisfaction de voir qu'une existence remplie de mille façons différentes n'a comme seule issue visible, repérable dans le temps et dans l'espace, que la mort physique, la disparition totale et ce fameux retour à la poussière. Toutefois, n'oublions pas sa conviction profonde, c'est-à-dire sa confession de foi : Dieu a mis dans le cœur de l'homme la pensée de l'éternité ! Voilà donc une clé de plus, une clé utile à notre lecture de l'Ecclésiaste, une lecture qui devient subitement positive et constructive, une lecture qui ouvre une porte sur l'espérance.

L'espérance pour tous

Puisque l'esprit retourne à Dieu, l'Ecclésiaste semble dire qu'il existe un fossé, une rupture ayant un lien étroit avec la mort. Il ne met pas en avant une théologie de l'immortalité de l'âme. Il dit que l'esprit retourne à Dieu, et selon son opinion sur les autres dimensions de l'existence, Dieu a un regard sur tout souffle de vie. L'esprit ne retourne pas à Dieu dans le sens que tous les esprits des morts réintègrent la divinité[158]. L'esprit

---

[158] Cette idée est très présente dans l'hindouisme. Elle a trouvé une place de choix chez les philosophes de l'Antiquité et a servi le New Age dans sa conception de la vie et de son prolongement. Il ne serait pas exagéré de dire que

retourne à Dieu parce qu'il est considéré comme le propriétaire de la vie.

Comme nous l'avons vu plus haut, la Bible ne nous laisse pas dans l'ignorance sur cet événement. Elle dit pourquoi la mort fait partie de l'existence et de l'histoire des hommes. Elle dit en même temps, et c'est son intention majeure, que l'homme n'est pas abandonné, livré à lui-même. Dieu a mis en place un projet bien organisé, un plan précis de sauvetage pour arracher l'homme à l'inéluctable. Ce plan s'appelle la grâce, la bonté de Dieu, source de salut pour chaque membre de la famille humaine[159]. C'est là que Dieu donne rendez-vous à tous ceux qui prennent conscience de l'universalité du péché, mais surtout de l'abondance de la grâce divine, une grâce qui constamment va à la recherche de l'homme.

La Bible dit que tout a commencé par le choix du premier homme, Adam[160]. Si le récit de la Genèse montre le caractère dramatique de certains choix, le chapitre 5 de l'épître aux Romains est l'un des plus réjouissants du Nouveau Testament. L'élément important à retenir, dans le cadre de notre réflexion, se situe autour de la comparaison entre différents aspects de l'expérience morale dans laquelle l'homme se retrouve face à Dieu :

- la condamnation et la justification ;
- le péché et la grâce ;
- le premier et le second Adam ;
- l'impiété et la réconciliation ;
- la mort et la vie éternelle.

Ce message se trouve au cœur de l'Evangile et il s'adresse à chacun de nous. Jésus a tout fait pour résorber le problème du péché, en acceptant de passer par la croix dressée à Golgotha et c'est assurément le sens du véritable retour à Dieu. En subissant volontairement cet acte ignominieux, il a affronté le péché et a ainsi montré que celui-ci n'est ni une fatalité ni une obligation, mais plutôt un dramatique accident de parcours dans le projet de Dieu. Le péché n'est pas non plus un accident dû à une négligence de la part de Dieu mais le choix délibéré de l'homme, choix dont il n'a certainement pas su mesurer les

---

de nombreux individus, détachés des croyances religieuses, ont une telle vision de leur avenir.
[159] Tite 2 .11-14.
[160] Voir Genèse 3 et Romains 5.12-21.

conséquences réelles. L'homme tiré de la poussière a connu l'échec inhérent à la désobéissance et s'est vu condamné à retourner à la poussière d'où le créateur l'avait sorti. Le péché fait mordre la poussière, il salit, il avilit, il déshonore. Le péché éloigne et fait errer l'homme loin de Dieu.

L'homme doit retourner à la poussière mais fort heureusement pour lui, Dieu ne l'a jamais abandonné. Paul déclare avec conviction que « par l'oeuvre de justice d'un seul » (Romains 5. 18), la vie s'étend à tous les hommes, ce qui est une manifestation de la bonté de Dieu. Par la faute d'un seul homme, Adam, « le péché est entré dans le monde » (Romains 5.12) et a réduit l'homme au désespoir qu'amène la mort. Le lien de causalité est établi, et il devient, par conséquent, logique de dire « que tous ont péché » et devront affronter l'idée d'un retour à la poussière. La cause première de l'entrée du péché dans la famille humaine se trouve dans la désobéissance du premier homme et toute l'humanité en hérite. C'est la dimension universelle du mal et l'inévitable solidarité entre les hommes.

Dans son épître aux Romains, Paul évoque aussi bien la faute, le péché que la désobéissance. Trois termes différents sont employés probablement pour montrer que d'une manière ou d'une autre, les hommes ont été contaminés par le péché. Mais la grâce divine se manifeste pleinement dans la personne de Jésus. Adam est la figure du Christ mais toute analogie ayant ses limites, elle ne doit pas faire oublier les deux perspectives que la Bible pose en relation avec les deux figures : la désobéissance et le péché de l'un génèrent la mort mais le don et l'amour de l'autre génèrent la vie éternelle. Le texte de Romains 5.20 insiste sur ce contraste en montrant que d'un côté le péché abonde (du verbe *pleonazô*, d'où notre terme « pléonasme ». Il est aussi lié à *polus*, qui signifie la grande quantité, la masse, ce qui pullule) et de l'autre, la grâce surabonde (le verbe *uperperisseuô* employé ici, signifie également la quantité, mais dans le sens de ce qui est plus qu'abondant, ce qui déborde, bref ce qui devient difficilement mesurable).

Remarquez qu'Adam est le seul personnage de l'Ancien Testament à être explicitement mentionné dans le Nouveau Testament comme étant un type du Christ. Romains 5 met en scène les deux Adam, et parce que les deux procèdent directement de Dieu, ils sont appelés fils de Dieu[161]. Le premier

---

[161] Voir Luc 3.38.

fils a désobéi et a amené une rupture entre l'homme et la vie[162]
mais le deuxième fils, qui sera également appelé fils d'Adam,
sera obéissant et apprendra aux hommes comment retourner à
Dieu[163]. Jésus fera le chemin inverse de celui qu'Adam a cru bon
de tracer pour découvrir le vrai sens de la vie. Le premier
homme a rêvé d'être comme Dieu pour ne pas mourir, le second
Adam est Dieu qui a accepté d'être homme mortel et fera face à
la mort, pour que les hommes retrouvent le vrai sens de la vie et
le chemin du retour à Dieu. Il s'est engagé à accomplir la
volonté de son Père et réconcilier ainsi l'humanité avec l'amour
éternel. Le premier, né de la poussière, y retournera à cause du
péché ; le second accepte de s'incarner dans la fragilité de
l'humain né de la poussière, mais grâce à son obéissance ne
retournera pas à la poussière et triomphera de la mort. Sa
résurrection deviendra le symbole même de l'espérance de tout
retour à Dieu.

L'Ecclésiaste encourage à la crainte de Dieu, car c'est le chemin
qui met l'homme en relation avec celui qui est la source de la
vie. Le mal continue à tisser sa toile autour des hommes et se
présente sous dix mille formes. De manière subtile et
inoffensive, il attire notre attention et veut la contrôler. Il paraît
toujours inoffensif et il est si 'tentant' de s'en accommoder. Il
paraît même plus facile et agréable que le bien et l'obéissance
qui demandent des efforts. Toutefois, la grâce vient à notre
rencontre pour nous sortir des prisons dorées du mal, de ces
liens invisibles qui nous retiennent et nous empêchent de
marcher librement avec le Seigneur. La grâce vient nous aider à
retourner à Dieu, à organiser notre vie de manière à développer
une relation épanouissante avec le Père céleste. La grâce donne
un sens à notre itinéraire de croyant et fait tout pour que nous
échappions à la condamnation éternelle qui est le retour
définitif à la poussière... donc à l'oubli.

Une victoire prometteuse

Si l'Ecclésiaste nous invite à craindre Dieu et à prendre
conscience que tout retourne à lui, c'est parce que hors de Dieu,
il n'y a pas de salut possible pour l'homme. L'homme a toutes
les raisons de ne pas désespérer face au mal : c'est le message
qui nous vient de la croix. Dieu a tout fait par Jésus-Christ pour
écarter des hommes la malédiction liée au péché. La Bonne

---

[162] Genèse 3.22.
[163] Philippiens 2.8; Hébreux 10.9; etc.

Nouvelle est pour tous et la croix du Christ demeure comme un défi permanent face au péché ; bien plus, elle est le gage de notre libération de toute condamnation et le carrefour par lequel tout être humain doit passer pour retourner à Dieu.

L'Ecclésiaste a lui-même constaté la présence du mal dans la condition humaine. En effet, la Bible est réaliste et fait comprendre que le péché a causé des ravages terribles dans l'existence de l'homme. Sans l'intervention personnelle de Dieu, nous serions livrés à une situation d'échec, coupés de l'arbre de vie et le châtiment d'Adam serait le nôtre. Toute la famille humaine serait perdue pour toujours. Mais Dieu est bon et c'est ainsi que le second Adam est intervenu pour libérer cette famille de la fatalité.

Jésus a vaincu là où Adam avait échoué. Le parcours de Jésus était constamment lié à celui d'Adam, ce qui signifie que toute l'humanité doit se sentir concernée par l'œuvre christique. L'expérience malheureuse d'Adam a généré le péché et la mort dans l'environnement terrestre. La venue de Jésus-Christ produit la victoire sur le péché et génère la vie. L'échec d'Adam pèse sur le Christ, mais la victoire du Christ relève Adam, l'homme déchu. La grandeur du Christ attire l'homme écrasé sous le poids de la condamnation. Si Adam a injecté le péché dans l'univers de l'homme, Jésus-Christ produit et propose une grâce universelle.

Dieu est bon. L'Ecclésiaste aussi le reconnaît en disant que « Dieu fait toute chose bonne en son temps ; même il a mis dans le cœur de l'homme la pensée de l'éternité ». Cette bonté trouve-t-elle son point culminant dans la venue de Jésus-Christ ici-bas, dans ce mystère de l'Incarnation qui rend la grâce accessible ? Devant le caractère universel du péché, Dieu fait résonner un évangile de grâce et de salut pour tous les hommes : c'est la dimension universelle de l'amour de Dieu. Jésus est venu dans le monde en tant que nouveau Père de l'humanité. Il n'est pas venu au hasard d'une rencontre, d'une découverte : « Mais, quand est venu l'accomplissement du temps, Dieu a envoyé son Fils, né d'une femme et assujetti à la loi, pour payer la libération de ceux qui sont assujettis à la loi, pour qu'il nous soit donné d'être fils adoptifs. Fils, vous l'êtes bien : Dieu a envoyé dans nos cœurs l'Esprit de son Fils, qui crie : Abba-Père ! Tu n'es donc plus esclave, mais fils ; et, comme fils, tu es aussi héritier : c'est l'œuvre de Dieu ». (Galates 4.4-7)

Le retour à Dieu est possible depuis que Jésus a remporté une grande et unique victoire. Il a vaincu et il a sauvé l'honneur de

Dieu, en montrant que Dieu est juste et qu'il condamne réellement le péché. Dieu a accepté la croix comme un signe de sa justice, en même temps il a voulu montrer son amour envers nous. Là où Adam avait péché et mérité l'expulsion du jardin, la privation de la vie éternelle, la mort, Dieu a envoyé son Fils unique, le second Adam, l'autre porteur de son image, celle de la bonté, de la perfection et de la justice. Le second Adam a tout fait pour sauver l'homme de la déchéance totale et de la mort éternelle, lui garantissant le retour à Dieu.

La Bonne Nouvelle qui nous parvient à travers cette comparaison est que rien n'est perdu face à l'amour et à la grâce. Le retour à Dieu prend, de ce fait, toutes les allures d'une promesse de vie et de restauration. C'est le message qui jaillit de la croix sur laquelle le Christ fut crucifié, une croix qui deviendra le témoignage pérenne de l'amour de Dieu. Pour éviter le retour définitif à la poussière et ainsi renoncer à une vie sans signification, tout être humain peut désormais se tourner vers celui qui est venu chercher les enfants de la nouvelle création.

Le retour à Dieu est possible parce que Dieu est bon et a pris à sa charge les conséquences du péché pour mieux nous en délivrer. La croix en est le symbole le plus pertinent. Il n'a pas hésité à envoyer son Fils pour le représenter en tant que le chemin, la vérité et la vie. Dans cette perspective, il nous serait judicieux et intéressant d'aller à lui tel que nous sommes, sans aucune hésitation et surtout sans aucun doute puisque c'est son amour lui-même qui nous appelle et nous soutient dans cette démarche. Il saura nous débarrasser de toutes les poussières inhérentes au péché et nous purifiera. Le retour à Dieu demande un peu de sagesse et beaucoup d'humilité, n'est-ce pas !

L'amour du Christ nous presse

La Bible, porteuse de la Parole de Dieu, envoie un message d'amour à toute l'humanité. Aujourd'hui encore, elle s'adresse à ceux qui contemplent Jésus, qui l'exaltent tandis qu'il se tient à la droite de Dieu, intercédant pour ceux qui placent en lui leur confiance. En retour, cette confiance produit l'amour qui devient l'élément moteur de notre expérience de foi.

Le retour à Dieu est donc une affaire de cœur. Dieu nous demande deux choses essentielles qui ne manquent pas de lien avec les autres aspects de la vie spirituelle : que nous l'aimions et que nous aimions notre semblable. C'est à ce niveau que doivent se situer tous nos efforts, là et pas ailleurs, puisque c'est le meilleur moyen d'accomplir sa volonté et de vivre dans l'unité avec lui et par conséquent avec nos semblables.

Quand l'amour du Christ nous presse (2 Corinthiens 5.14), il nous empresse à vivre d'abord pour le Christ, à vivre dans la gratitude envers sa mort substitutive et à appliquer dans notre expérience chrétienne les vertus que sa vie sur terre porte encore comme témoignage. L'amour du Christ devient aussi l'amour pour Christ. Dès que nous évoquons l'amour, nous comprenons qu'il y a réciprocité. L'amour appelle l'amour, surtout lorsqu'il est exprimé par le Seigneur, qui est lui-même amour.

Le retour à Dieu fait appel à un cœur sincère. Et qu'on se le dise, la sincérité consiste à savoir reconnaître les exigences de la grâce, à les discerner d'un regard simple et pur, que ne trouble aucun sursaut d'égoïsme. L'amour du Christ nous presse vers le progrès dans la sincérité envers soi-même, nous permettant ainsi d'approcher la parfaite liberté intérieure dont elle est la condition première.

Le progrès vers Dieu fait appel à la patience, synonyme de persévérance et de fidélité. C'est la grâce qui se manifeste de manière simple et souvent invisible, dans les petits détails de notre quotidien, dans des gestes qui semblent ordinaires mais qui ont leur importance. La patience est probablement l'apprentissage qui permet de renforcer la foi par l'appréciation de la bonté de Dieu dans les petites choses de la vie, dans l'amour pour autrui ou dans l'acceptation de l'amour d'autrui pour soi. Une telle patience trouve son sens et son champ d'expérimentation au sein du foyer avant de se développer à l'extérieur.

Retourner à Dieu est possible dès lors que nous apprenons à lui faire confiance. Une telle démarche nous enseigne à laisser Dieu agir en nous lorsque nous comprenons que lui seul peut nous débarrasser des imperfections qui entachent chacune de nos actions, tant que c'est nous qui agissons. Il faudrait pour cela en venir à réaliser vraiment combien notre volonté, lorsqu'elle est seule, est chose légère, parce que souvent versatile, instable, touchée par l'imperfection de notre nature.

L'amour du Christ nous permet également de discerner la volonté de Dieu et à l'accepter dans notre vie[164]. Seule la grâce

---

[164] Matthieu 6.9; Jean 6.40.

peut nous faire pénétrer ainsi dans les profondeurs de cette volonté divine, nous faire entrevoir combien elle est amour, et combien l'accueillir est d'abord un acte de foi en cet amour : acte exigeant le plus souvent un effort de renoncement, mais avant tout acte de foi, de confiance.

Ce qui fait la valeur d'une vie, ce n'est pas que cette volonté de Dieu s'y exprime dans un domaine ou un autre ; c'est la façon dont elle est accueillie. Cette volonté est une expression de l'amour du Seigneur pour l'humanité atteinte par le péché. Le chrétien est invité à prendre au sérieux l'amour de Dieu pour sa créature, même s'il n'en comprend pas toutes les dimensions. Dieu nous a aimés et il ne peut plus l'oublier. Nul ne peut s'arracher à son amour sans le blesser.

Pour retourner à Dieu, la première condition n'est pas d'être parfait. Le pécheur n'est pas celui que Dieu regarde comme le ferait un juge sévère, qui s'irrite face à un malfaiteur ou qui le condamne sans pitié. Le regard divin qui se pose sur le pécheur est le regard de l'amour sur une personne vivante qui lui appartient, un individu qui devrait être avec lui, saisi dans son unité mais qui en est séparé. Quiconque rompt ainsi le lien de l'amour le blesse, lui enlève quelque chose d'irremplaçable. Car chacun de nous est aimé d'un amour personnel, d'une manière qui correspond à ses besoins, son tempérament et sa foi. Le lien que Dieu a noué avec nous est un lien indéfectible parce que Dieu est un Dieu de parole.

Le retour vers Dieu trouve son point de départ dans cet amour du Christ, nous pressant à contempler celui qui vient vers nous pour nous sauver. Nous découvrons peu à peu qu'une telle décision se prend dans la liberté car l'amour est essentiellement libre, un amour qui demande à être librement accueilli comme il est librement offert. Il ne peut s'imposer. C'est tout le sens de notre réponse offerte avec une conscience responsable : Dieu ne peut nous donner part avec lui dans le mystère de son amour que si nous y consentons librement ! Le retour à Dieu est donc possible mais il se fait par la décision du croyant, c'est-à-dire jamais contre son gré.

Retourner à Dieu

Si l'Ecclésiaste est le rassembleur de propos, de maximes et autres exemples, la Bible présente Jésus-Christ comme celui qui rassemble dans le projet de vie tous les humains qui le désirent. « Venez à moi, vous tous qui peinez sous le poids du fardeau, et moi je vous donnerai le repos. » (Matthieu 11.28) Nous entendons ici l'une des plus belles invitations lancées par le Christ. Ce qui fait souvent défaut, dans notre recherche d'une vraie relation avec Dieu, c'est notre capacité ou notre volonté de lui faire une totale confiance. Trop souvent nous voulons vaincre nos difficultés, nos craintes, nos déceptions par nos propres forces. Nous prions certes, mais nous ne laissons pas suffisamment de place au Seigneur pour agir. Nous ne nous reposons pas entièrement sur son amour et cela ralentit fort probablement notre cheminement, en tout cas, nous le compliquons d'une manière ou d'une autre.

Comment sortir de nos errances sinon en regardant à celui qui se présente comme la lumière du monde, celle qui éclaire les hommes ! Pour cela il faut faire preuve d'humilité et de lucidité. C'est en se soumettant avec docilité à la conduite du Saint-Esprit que l'on sera assuré de demeurer vraiment en lui et de bénéficier de ce repos. Si nous faisons confiance à Jésus, son action s'exercera librement de sa part et sans entrave en ce qui nous concerne. Nous en serons les premiers bénéficiaires puisque cette action se manifestera efficacement dans notre vie.

Retourner à Dieu implique une décision courageuse, décision qui signifie une prise de conscience de son propre état. La forme la plus vraie et la plus profonde du renoncement à nous-même, c'est l'abandon à la divine volonté : ne plus rien vouloir qu'avec elle, la laisser accomplir ses desseins, sans autre souci que de nous y prêter docilement. C'est également faire de la vie menée ici-bas l'expression de notre amour pour Dieu, d'un amour confiant où transpire la joie d'être tout à lui. Il s'agit du don de soi sans réserve, et de la volonté de le découvrir chaque jour pour mieux le comprendre et mieux accepter sa volonté dans notre vie.

Pour retourner à Dieu, il faut également accepter l'ultime rendez-vous proposé par le Seigneur : « Voici, je me tiens à la porte et je frappe. Si quelqu'un entend ma voix et ouvre la porte, j'entrerai chez lui et je prendrai la cène avec lui et lui avec moi. Le vainqueur, je lui donnerai de siéger avec moi sur mon trône, comme moi aussi j'ai remporté la victoire et suis allé siéger avec mon Père sur son trône » (Apocalypse 3.20-21). Pour retourner à Dieu, il faut probablement accepter le retour de Dieu dans nos vies, trop souvent encombrées par nos nombreuses occupations, nos longues journées, notre course effrénée vers le succès, l'argent, le confort matériel et les loisirs. Qu'y a-t-il devant notre porte, à l'intérieur comme à l'extérieur ? Dieu peut-il frapper librement à ma porte et en retour, puis-je librement avoir accès à la poignée pour lui ouvrir ? Combien de serrures, de verrous de sécurité ou d'exclusivité y a-t-il à la porte de mon cœur ? Dieu m'invite à retourner à lui mais ce retour passe par l'acceptation qu'il vienne chez moi...

Le rendez-vous fixé par Jésus est un moment privilégié, celui d'un tête-à-tête qui finit dans la vie éternelle, si nous acceptons de le recevoir chez nous. Jésus nous demande une place de choix non pour nous embarrasser, mais pour nous sauver et nous donner une vie pleine d'espérance. Il vient davantage pour nous offrir que pour exiger quelque chose de notre part. Ce qu'il nous demande, c'est simplement notre cœur et de cette rencontre il peut ouvrir un chemin jusqu'au trône de Dieu...

Le retour de Dieu

En parlant de la notion du retour à Dieu, il ne faut pas oublier l'annonce du retour de Dieu. La Bible en parle dans l'Ancien Testament comme du jour de l'Eternel, une expression liée au jugement[165]. Le Nouveau Testament[166] parle explicitement du retour de Dieu dans ce qu'on appelle la parousie, le retour du Christ lui-même. Jésus est le premier et le dernier à parler de son retour[167] pour lequel chaque croyant est invité à se préparer[168]. Elle constitue l'espérance des croyants qui placent leur foi en Jésus-Christ, l'acceptant comme Sauveur et Seigneur.

L'espérance du retour de Jésus devient pour le croyant une certitude reposant sur l'engagement personnel de Jésus lui-même. Notre attention est attirée sur le fait que c'est Jésus qui revient pour chercher, rassembler les croyants afin de les faire entrer dans la maison du Père céleste. L'Ecclésiaste évoque le retour de l'esprit à Dieu, mais c'est Jésus qui donne la vraie signification de tout retour de l'homme à Dieu. Le défi est de croire sur la seule parole de Jésus. Il s'est engagé derrière cette promesse, il y va de sa gloire, de sa dignité, de son honneur et de sa réputation face à l'univers. La Bible dit que « le Seigneur

---

[165] Esaïe 13.6,9; Ezéchiel 30.3; Joël 1.15; 2.1; Amos 2.31 (3.4); 5.18,20; Zacharie 14.1
[166] Le Nouveau Testament évoque également cette notion du jour du Seigneur, comme étant le jour où Dieu manifestera sa puissance en tant que souverain de l'univers. Voir Actes 2.20; 1 Thessaloniciens 5.2; 2 Thessaloniciens 2.2; Hébreux 10.2; 2 Pierre 3.10.
[167] Jean 14.1-3 ; Apocalypse 22.20.
[168] Voir, par exemple, Matthieu 24 et 25.

ne tarde pas dans l'accomplissement de sa promesse » (2 Pierre 3.9)[169] et puisque c'est un Dieu de parole, cette promesse se réalisera certainement. C'est une parole de valeur et ce pour plusieurs raisons :

Sens : si l'espérance est une marche, alors elle donne du sens à notre vie. Elle fait que notre itinéraire personnel ait à la fois une signification et une direction. L'espérance donne également un sens à notre culture, à notre éducation, mais surtout du sens à l'Histoire. Croire dans le retour du Christ nous libère de la vanité et de l'éphémère. L'espérance donne un sens fondamental à notre foi, à notre engagement baptismal, à notre désir de persévérer dans le chemin que nous avons emprunté, sous la douce influence de l'Esprit, chemin de vérité et de vie, selon les propos de Jésus lui-même (Jean 14.6).

Dynamique : l'Eglise ne vit pas dans le désordre ou dans le désarroi. Elle ne correspond pas à une affaire, une entreprise qui fonctionne avec un risque élevé de faillite : parce que Jésus revient, l'Eglise est sûre de son avenir. Cela est suffisant pour créer une dynamique à nulle autre pareille parce que l'Eglise sait que son Seigneur revient bientôt. Elle est toujours active et heureuse de l'être, en attendant ce jour merveilleux[170].

Ecole : l'espérance du retour de Dieu est une école de patience pour ceux qui souffrent et veulent voir la paix et la justice s'installer le plus rapidement possible sur cette planète. C'est également une grande école de préparation des cœurs, un apprentissage quotidien pour tous les hommes et les femmes en attente de la restauration finale, les retrouvailles avec le projet initial du Dieu créateur[171].

Vision : quand nous marchons, nous sommes censés aller quelque part. Celui qui marche sans savoir où il va est déjà perdu. Celui qui marche, content de marcher mais ne sachant où il va, se lassera vite et probablement s'arrêtera. L'Ecclésiaste dira par exemple au jeune homme de vivre sa vie comme bon lui semble mais qu'il aura à affronter le Créateur à la fin. D'une manière différente, Jésus donne une vision à chaque croyant.

Où vont les chrétiens aujourd'hui ? Vers quelle destinée leur cœur est-il orienté ? Qu'est-ce qui les motive ? Les chrétiens ont-ils une vision biblique, eschatologique de la politique, de

---

[169] (Louis Segond). La déclaration de l'apôtre fait ressortir l'idée que le retour de Dieu n'est ni un signe d'oubli ni un retard de sa part mais plutôt une preuve de sa patience compatissante.

[170] Matthieu 24.44.

[171] Luc 22.28-29.

l'histoire ? En tout cas, Jésus a donné une direction à son Eglise, en partageant avec elle sa victoire remportée à la croix et sur le tombeau et la préparant au triomphe final. Les perspectives sont ouvertes de manière explicite pour l'Eglise[172].

Une dimension historique : Jésus a fixé un objectif événementiel vers lequel son Eglise avance inéluctablement. Il n'y a pas d'autre issue et en l'écrivant ici, nous ne l'envisageons ni de manière négative ni pessimiste. Bien au contraire, c'est l'avenir vers lequel l'Eglise tend et se tend, vers lequel elle est censée inviter tous les yeux à se tourner. De ce fait le christianisme devient le symbole de l'issue historique de la civilisation humaine[173].

L'Eglise sait qu'elle ne marche pas au hasard dans l'histoire de la civilisation humaine. Elle sait, le tenant du Christ lui-même, que son avenir repose sur une certitude et non sur une hypothèse. Elle sait qu'elle est la seule entité sûre de son avenir car les portes du séjour des morts ne prévaudront pas contre elle. L'Eglise est le seul groupe visible qui peut, avec conviction, dire où elle sera dans un milliard d'années parce que c'est le Seigneur lui-même qui s'est engagé à la faire triompher de la mort.

L'Ecclésiaste ne fait pas de discours politique, mais ses propos ne manquent pas de vision. Indirectement, il nous interpelle sur ce qui se passe à la fin d'une vie d'homme. Mais la question se pose également au sujet de la civilisation humaine en général. Aucune nation, même la plus puissante aujourd'hui, ne peut dire quel sera son avenir. Aucune entreprise ne peut déterminer sa longévité au sein de la concurrence économique. Aucune dynastie n'a pu durer indéfiniment. L'Eglise peut affirmer haut et fort, sans aucun orgueil bien sûr, qu'elle est certaine de son avenir parce que sa destinée repose entre les mains du Dieu Tout-Puissant, du Roi des rois et du Seigneur des seigneurs. N'est-ce pas merveilleux de savoir cela ? N'est-ce pas encourageant de se dire que la foi n'est pas une vaine expérience, une aventure sans lendemain ? L'homme sait que son histoire personnelle a toutes les chances de retourner au créateur car c'est le Dieu créateur lui-même qui revient vers lui.

L'espérance relève d'une parole sacrée. Elle est sacrée parce qu'elle vient de la bouche du Seigneur lui-même. Dieu peut être le Dieu d'espérance parce qu'il est aussi un Dieu de Parole.

---

[172] Jean 14.4.
[173] Apocalypse 21.24.

Conclusion

Le chemin du retour est-il accessible ? Oui, car la Bible laisse entendre qu'à tout homme est offerte la possibilité de croire, de confesser et de faire alliance avec Celui qui est venu jusqu'à nous. La Bonne Nouvelle dit que ce n'est pas l'homme qui s'est élevé vers Dieu pour obtenir sa grâce mais que c'est Dieu qui est entré dans l'humaine condition pour sauver, relever, réhabiliter l'homme dans les droits de la création, le ramenant ainsi au projet initial de vie harmonieuse. Il le rétablit également dans les droits de la rédemption, c'est-à-dire dans cette vie nouvelle qui fait de l'être humain un justifié, un racheté, adopté comme fils de Dieu. Quiconque entend ce message de réconciliation devient donc héritier du patrimoine de la foi. Le vrai terminus de l'existence de l'homme, semble dire le Sage, n'est pas la mort, synonyme de cessation de vie mais la rencontre entre la créature et Dieu qui amènera tout en jugement. La finalité du retour de Dieu est de concrétiser le don de la vie éternelle à ceux qui auront accepté de croire en lui.

Le retour à Dieu ne se fait pas sans la figure centrale de Jésus-Christ. L'Ecclésiaste nous a entraînés sur la route de l'éternité parce que c'est Dieu lui-même qui a mis cette pensée dans le cœur de l'homme. Jésus-Christ s'est engagé à attirer les hommes et les femmes à lui, donnant ainsi la garantie que la vie éternelle est possible, à partir du moment où l'homme accepte de confier sa vie et son avenir à la grâce divine. En pensant à la croix que Jésus a subie, je me dis qu'elle devient inévitablement le lieu de rendez-vous de tous les désespérés qui cherchent un sens à la vie. Ils ont la possibilité de croire que Jésus est le Sauveur des hommes, donc leur Sauveur et retourner ainsi à Dieu. Cette croix représente le carrefour de tous les matins et de tous les soirs du temps humain, un lieu de rencontre avec le Christ des hommes de poussière, des pauvres, des analphabètes, des sans-abri, des sans amis mais aussi des riches, des intellectuels, des gouvernants. Jésus, le retour ? Oui, car c'est l'avenir de l'homme...

A méditer :

1. Que signifie pour vous l'idée d'un retour vers Dieu ?
2. Que représente Jésus, le second Adam ?

3. Sommes-nous conscients que le péché creuse un fossé
   entre nous et autrui ?
4. Croyez-vous que le retour à Dieu est possible ?
5. Le retour de Jésus est-il la plus belle chance de tout être
   humain ?

16

Dieu aura le dernier mot

« Écoutons la conclusion de tout le discours : crains Dieu et observe ses commandements. C'est là tout l'homme. Car Dieu fera passer toute oeuvre en jugement, au sujet de tout ce qui est caché, soit bien, soit mal. » (Ecclésiaste 12.13,14)

Nous voici à la fin du discours et il est temps de constater que le regard apparemment pessimiste de l'Ecclésiaste sur la vie n'est pas exempt de foi et d'espérance. Il dit sa conviction que Dieu jugera le juste et le méchant et que personne n'y échappera. Fait-il peur ? Non, puisque ce n'est pas un alarmiste. Fait-il de la prévention ? Tout semble le laisser croire, puisque de temps en temps, il lève les yeux vers Dieu pour éclairer son propre chemin et sans doute pour éclairer l'itinéraire de tout homme qui veut poser un regard lucide sur la condition humaine.

L'homme que présente le penseur n'est certainement pas dans le cas du révolté métaphysique, dont Albert Camus dit qu'il « oppose le principe de justice qui est en lui au principe d'injustice qu'il voit à l'œuvre dans le monde. Il ne veut rien, donc rien d'autre, primitivement, que résoudre cette contradiction »[174]. L'Ecclésiaste résout ses contradictions en s'abandonnant, moins comme une fuite que par conviction profonde, au jugement divin[175]. Devant toutes les inégalités visibles dans la condition humaine, seul Dieu est bon juge et lui seul peut donner la véritable explication sur les êtres et les événements.

Etre attentif à la parole ultime

L'Ecclésiaste termine son discours par une exhortation et un avertissement. La fin du discours vaut probablement mieux que son commencement, n'est-ce pas ? C'est le sentiment de

---

[174] A. CAMUS, L'homme révolté, Gallimard, Paris, 1951, p. 40.

[175] Le jugement est un thème éminemment biblique. Il est implicite dès les premières pages de la Bible et, comme un fil conducteur, animera tout le prophétisme, lui donnant également une dimension eschatologique. Il n'y a pas de jugement si une nouvelle ère ne remplace celle dans laquelle vit l'humanité depuis des millénaires.

l'Ecclésiaste lui-même (7.8). Et voilà que la réflexion à haute voix arrive à son terme, mais ce n'est pas dans une impasse qu'il nous entraîne. Loin d'être un terminus, la fin du discours ouvre une nouvelle perspective qui est dynamique, ce qui éloigne du pessimisme des premières paroles.

Il faut reconnaître la subtilité de l'Ecclésiaste. Il « retombe sur ses pieds » car la fin de son discours devient pour lui l'occasion de sortir de toutes ses observations réalistes quoique parfois négatives. Il a commencé son discours avec un constat sur la vanité des choses et des actions qui remplissent notre quotidien mais ce n'est pas ainsi qu'il veut terminer. Il oriente sa conclusion vers une prise de position morale, en plaçant ce fils auquel il s'adresse (et il nous atteint au passage) devant une attitude responsable.

L'auteur invite à la crainte de Dieu. Nous ne sommes pas au niveau de la crainte évoquée plus haut lorsqu'il s'agit de ne pas banaliser le nom divin. Ce n'est pas la peur ni le tremblement. Le verbe employé ici est *shama*, « écouter », « entendre ». C'est le même verbe qui fonde le « *schema* Israël » (Deutéronome 6.4). Dans l'Ancien Testament, il est souvent employé en relation avec les substantifs *qol* « voix », *dabar,* « parole » et *hochma*, « sagesse ». On comprend très vite ici qu'il

s'agit d'écouter avec attention la voix de Dieu, exprimée par sa parole ou ses paroles. Dans ce cas, écouter est synonyme de craindre, ce qui est une preuve de sagesse dans la perspective biblique.

L'Ecclésiaste ne s'égare pas, car il a bien conscience que si la vie sur terre est trop souvent synonyme de vanité, les vivants ne doivent jamais oublier qu'il n'y a pas de fatalité. L'homme est donc invité, à la fin du discours du Sage, à considérer son rapport avec Yahvé : « Crains Dieu et observe ses commandements, car c'est là tout l'homme : Dieu fera venir toute oeuvre en jugement sur tout ce qu'elle recèle de bon ou de mauvais » (12.13-14).

Nous sommes face à une invitation précise, après les pérégrinations philosophico-théologiques de l'Ecclésiaste. Il met son interlocuteur devant une perspective qui devient incontournable : à la fin du discours sur la vanité de l'existence humaine, la seule attitude qui reste viable est la crainte de Dieu et l'observation de ses commandements ! En prend-il réellement conscience, cherche-t-il à se rattraper après certains propos risqués en matière de foi et de religion ? Somme toute, l'Ecclésiaste est sensible à la droiture et à l'alliance : le chemin de l'homme n'est finalement éclairé que par la crainte de Dieu et l'observation de ses commandements.

Il n'y a rien de nouveau dans le contenu de sa conclusion. La perspective idéologique et éthique qu'il dessine fait écho à d'autres éléments présents dans le livre. L'invitation à craindre Dieu est déjà anticipée plus tôt (5.6), de même que l'exhortation à garder les commandements (5.3; 8.5). A aucun moment, l'Ecclésiaste ne semble critiquer ou remettre en cause le devoir d'observer les commandements de Dieu. La crainte devient *de facto* la base de la vraie relation, voire de la vraie religion. Craindre Dieu doit se comprendre comme « observer ses commandements ».

L'homme de foi puise sa force dans la crainte de Dieu et dans l'observation, c'est-à-dire dans la pratique, de ses commandements. C'est la solution proposée par l'Ecclésiaste pour sortir de la vanité, de l'éphémère, sans doute parce que la seule entité durable est bien la parole de Dieu contenue dans les commandements. Cette crainte n'a pas pour but de nous faire peur mais plutôt de structurer notre existence, de nous préparer également pour faire face au jugement divin. Observer ses commandements, c'est connaître et reconnaître sa loi, celle qu'il utilisera sans aucun doute pour exercer son jugement, son appréciation de la conduite de l'homme.

Remarquons que l'invitation à craindre Dieu et à observer ses commandements est liée à une sentence quasi dogmatique : « c'est là tout l'homme ». Cette phrase est parfois traduite par « c'est là ce que doit tout homme » ; « voilà tout l'humain », etc. Il est donc évident pour l'Ecclésiaste que le vrai sens d'une vie d'homme ne se trouve pas dans une maîtrise des éléments qui remplissent son environnement mais dans la crainte de Dieu et dans l'observation de ses commandements. En d'autres mots, il faut comprendre que pour sortir de la vanité qui caractérise sa condition, l'homme doit apprendre à aller à l'essentiel : un rapport attentif et structuré avec Dieu. L'itinéraire de tout individu devient significatif et organisé grâce à la rencontre entre l'humain et le divin.

La fin du discours n'a pas l'air de déranger tout ce qui précède, ni de le contredire. Il apparaît naturel à l'Ecclésiaste de finir avec cet encouragement. Vraisemblablement, une telle orientation vient contrebalancer la sentence du début du livre « vanité des vanités, tout est vanité » (1.2). La crainte de Dieu est proposée à l'homme car il ne pourra pas éviter le jugement divin. Et il est de notre intérêt d'y porter une attention

particulière, d'autant que c'est l'un des thèmes majeurs de la
Bible.

Jugement et alliance

Dans l'Ancien Testament, la notion de jugement (le terme y
apparaît 84 fois) ne s'organise pas exclusivement autour du sens
juridique qu'elle comporte de nos jours. Le verbe juger[176]
provient de la racine *shaphat*, de même que le substantif
jugement *mishpat*. Le verbe « juger » apparaît 237 fois dans
toute la Bible, dont 96 dans l'Ancien Testament et 104 fois dans
le Nouveau Testament[177]. Juger signifie « décider », « rendre
justice » (Deutéronome 16.18; Psaume 75.2), « arbitrer » (Genèse
16.5; 31.53; Esaïe 2.4) ; « entrer en litige » (Proverbes 29.9;
Esaïe 43.26; Jérémie 25.31; Ezéchiel 17.20; 20.35, 36 ; Joël 3.2),
« contester », avec l'idée de punir (Esaïe 66.16; Ezéchiel 38.22),
« punir le coupable » (Psaume 109.31; Abdias 21), « gouverner »,
« régner » (Juges 16.31; 1 Samuel 8.20; 2 Chroniques 1.10). Le
terme de juge fait référence aux conducteurs héroïques des
Israélites, les délivrant de l'oppression de leurs voisins hostiles,
durant la période qui va du leadership de Josué à celui de
Samuel. En parlant des juges, nous découvrons que c'est en
somme la vocation de ceux qui font tout pour maintenir
l'alliance. Les rapports entre Dieu et son peuple sont conçus
sous forme d'alliance. De ce fait, quand la notion de jugement
est invoquée, le partenaire de l'alliance entend la Bonne
Nouvelle de salut, de victoire, de délivrance que Yahvé apporte.
Cela est inhérent à l'alliance où droits et devoirs sont
intimement liés. Face à ce soutien et cette protection de Dieu,
les ennemis subissent le sort de ceux qui refusent l'alliance ou
ne la respectent pas fidèlement.

---

[176] La Bible fait référence à un autre verbe *diyn*, de la même racine que le nom
Dan. Ce verbe signifie « régner », « réguler », « juger », « défendre », « punir »,
« contester », « plaider ». D'où *diyn*, « jugement » (Psaume 76.8), « procès »,
« cause » (Deutéronome 17.8; Psaume 9.4), « querelle » (Proverbes 22.10) et
dayyan, « régner », « juger », mais aussi « juge » (1 Samuel 24.16), « avocat »,
« défenseur » (Psaume 68.5). C'est quasiment le synonyme du verbe *shapat*. Il
signifie en général « gouverner », que ce soit de manière législative ou
juridique, au sens exécutif, et même plus (Genèse 30.6; Proverbes 31.9;
Zacharie 3.7). Or, il n'est pas présent dans le livre de l'Ecclésiaste.
[177] Concordance de la TOB. A noter que le verbe « juger » se trouve 2 fois dans
les passages araméens de l'Ancien Testament et 35 fois dans les textes
apocryphes, ce qui en fait l'un des thèmes majeurs de la littérature biblique.

Dans ce contexte, l'Ancien Testament évoque les actes de justice ou les jugements de Dieu, synonymes de victoires pour le peuple de l'alliance et d'échecs ou de défaites pour les autres. Chaque intervention divine est assimilée à un acte de jugement : Dieu juge son peuple et décide de le sauver, de le libérer.

Le jugement signifie aussi châtiment ou punition. Nous avons les exemples les plus frappants tels que le déluge, le cas de Sodome et de Gomorrhe, les plaies sur l'Egypte[178]. Dans les cas que nous évoquons ici, il y a jugement de ceux qui pèchent ou oppressent et délivrance de ceux qui sont dans l'alliance.

Dieu est donc présenté comme le juge de toute la terre parce que la Bible le présente aussi comme le Dieu souverain qui exerce son autorité sur tous les peuples[179]. Le livre des Psaumes contient de multiples allusions à cet aspect de la personnalité de Dieu[180]. Ces déclarations sur le Dieu-juge laissent entendre que la célébration des jugements divins fait partie du culte, de la liturgie d'adoration et même de l'espérance que Dieu exercera son jugement d'une manière inexorable. Il est probable que c'est dans cette confession de foi et dans ces acclamations que se trouve aussi le désir ardent de maintenir ou de renouveler l'alliance. Il y a acclamation lorsqu'il y a désir de relation, de communication et de longévité de vie. C'est ainsi que montent à la surface toutes les promesses de justice, de victoire, de libération ou de restauration.

L'espérance entretenue par la liturgie de célébration génère la foi en un jugement final, définitif, appelé aussi le « jugement dernier ». Cette attente du jugement est liée à la conception que les Israélites avaient du temps, celui-ci ayant un commencement et une fin. Nous pouvons le vérifier dans le discours de l'Ecclésiaste.

Une nouvelle ère

Par rapport à l'Ancien Testament, il n'y a pas beaucoup de différence dans la portée que donne le Nouveau Testament au verbe « juger ». Il est vrai que ce verbe évoque tantôt l'aspect juridique, tantôt l'aspect critique, comme par exemple le sentiment d'un individu sur son semblable. Mais l'emploi le plus

---

[178] Voir respectivement Genèse 6 ; 18,19 ; Exode 7-12. Nous reviendrons, un peu plus loin, sur ces événements.

[179] Exode 19.5, 6.

[180] Psaumes 9.9; 82.8; 96.13.

fréquent est celui qui se retrouve dans l'Ancien Testament, c'est-à-dire que c'est Dieu, ou le Christ, qui est auteur et acteur du jugement. Il n'y a pas d'annonce du royaume de Dieu sans l'annonce du jugement.

Une annonce déterminée : cela fait partie des thèmes majeurs du Nouveau Testament. Le jugement fait partie de l'Evangile, cette Bonne Nouvelle du salut en Jésus-Christ[181]. Dès lors, puisqu'il y a salut, il y a l'attente du jugement.

La question sur l'attente de ce jugement peut aussi se poser. D'aucuns demandent avec raison quand ce jugement interviendra. C'était déjà la préoccupation des disciples[182] et c'est celle des croyants de toutes les générations qui ont suivi, depuis les premiers chrétiens jusqu'à ceux du troisième millénaire. L'attente du jugement est là mais il y a la conscience ou la conviction que Dieu use de patience envers les hommes pour leur donner une chance d'échapper au jugement final, destructeur[183]. Ce sera bien sûr une délivrance pour les croyants[184]. Nous sommes là au cœur même du message biblique sur la capacité de Dieu à délivrer son peuple et à mettre un terme au mal, à la souffrance et à la mort.

Mais le Nouveau Testament précise, par la bouche de Jésus lui-même, que la Bonne Nouvelle du salut « sera proclamée dans le monde entier » (Matthieu 24.14) avant l'avènement du jugement final[185].

Le jugement dernier : cet aspect du jugement est en droite ligne des enseignements de l'Ancien Testament. Un tel message est proclamé parce que la venue du Messie, Jésus, a inauguré les temps eschatologiques, c'est-à-dire les derniers temps ou les temps de la fin. La Bonne Nouvelle du salut en Jésus, telle qu'elle parvient à chaque croyant, ouvre inéluctablement la voie vers le jugement définitif. D'ailleurs, à quoi servirait la venue du Christ sur la terre si devait disparaître toute idée de jugement dernier, jugement définitif du péché, du mal sous toutes ses formes ?

---

[181] Luc 3.2,7 ; Actes 17 30,31.

[182] Matthieu 24.3.

[183] Luc 13.6-9 ; Romains 2.4; 2 Pierre 3.9-12.

[184] Luc 18.1-8 ; Romains 12.19; 2 Thessaloniciens 1.5-10 ; Apocalypse 6.10.

[185] La prédication universelle de l'évangile invite les hommes à considérer attentivement la question du jugement. En somme, la Bonne Nouvelle du salut accompagne la bonne nouvelle du jugement du mal. La civilisation humaine a appris ce mode de fonctionnement : à chaque fois qu'il y a un procès et un jugement, il y a quelque chose de positif pour les innocents ou les victimes et quelque chose de négatif pour les coupables.

Le discours de l'Ecclésiaste ne se situe pas en deçà de celui du Nouveau Testament car il ne fait pas autre chose que d'anticiper ce jugement. Ne conclut-il pas ses réflexions avec cette confession de foi : « Dieu fera venir toute oeuvre en jugement sur tout ce qu'elle recèle de bon ou de mauvais » (11.14 ou 12.16, selon certaines versions) !

Tout peut être vanité dans ce qui constitue le quotidien de l'homme. Tout ce qui est réalisé par l'homme entre facilement dans l'éphémère et la futilité mais il faut accepter de sortir d'une lecture essentiellement horizontale, c'est-à-dire celle qui est limitée à la vie sur terre. L'Ecclésiaste prêche une parole d'espérance en disant que Dieu fera venir toute œuvre en jugement.

Notre attention est ainsi attirée sur le caractère définitif du jugement qui fera triompher la volonté divine sur toutes les volontés qui lui font de la résistance. Le jugement dernier est le moment crucial qui verra la fin des puissances maléfiques, spirituelles[186] comme humaines[187]. Les rebelles, les violents, les agresseurs de toutes catégories seront enfin mis devant leurs responsabilités et ils ne pourront pas y échapper.

Un jugement pour tous : aucun être humain ne peut dire qu'il n'est pas concerné par le jugement divin. Le caractère cosmique du jugement fait appel à une prise de conscience de la part de l'homme qui est mis devant le sens – la direction – de l'histoire, de son histoire. Il ne peut plus dire qu'il ne savait pas. De même que l'on dit des citoyens que « nul n'est censé ignorer la loi », ici l'Ecclésiaste induit l'idée que nul n'est censé ignorer le jugement que Dieu a prévu.

L'heure du jugement

La fin du discours dit que tout est entendu, et surtout qu'il faut *entendre* ceci : au-delà des différentes considérations et des interprétations de la réalité humaine, Dieu amènera toutes choses en jugement. Dieu est présenté comme un juge dans l'ensemble de la pensée biblique. Il est craint parce qu'il est le créateur et de ce fait, il a autorité sur toute vie. Voyons rapidement comment la notion de jugement se répartit dans la Bible, dans l'Ancien Testament où le péché fait irruption mais

---

[186] Luc 10.18; Jean 16.11; Romains 16.20; 1 Corinthiens 6.2,3 ; 15.26; 2 Thessaloniciens 2.3-10 ; Apocalypse 12.7-9 ; 20.7-15.
[187] Matthieu 25.41-46 ; Romains 2 ; 2 Thessaloniciens 1.7-10 ; Apocalypse 20.11-15.

aussi bien dans le Nouveau où Jésus et les apôtres évoquent sans aucune ambiguïté que le temps du jugement est déjà présent.

Le jugement divin s'exerce dans le temps de l'homme de manière ponctuelle, mais il est prévu qu'à un moment précis, le jour de Yahvé viendra et ce jour est synonyme de jour du jugement. Dès le troisième chapitre de la Genèse, nous voyons que Dieu juge le mal, le péché commis par les premiers humains. Il punit la désobéissance de l'homme et de la femme qui tous deux, en Eden, ont choisi l'option que Dieu leur avait conseillé d'éviter. Parce que le péché ne peut cohabiter avec l'arbre de vie, l'homme est jugé inapte à rester dans le jardin pour le cultiver, il est disqualifié et se verra dans l'obligation de travailler durement la terre. Dieu annonce également à l'homme et à la femme les conséquences du péché sur leur propre relation affective et sociale. Les conséquences inhérentes à un acte mauvais ne doivent pas être confondues avec le jugement divin lui-même. C'est l'expulsion du jardin et l'interdiction d'accéder à l'arbre de vie qui expriment le jugement divin de manière ponctuelle, immédiate[188].

Un peu plus loin, toujours dans le livre de la Genèse, Dieu vit que la corruption sur la terre avait dépassé le seuil de tolérance[189]. Il décide de tout détruire, mais la Bible dit que Noé trouva grâce à ses yeux. Dieu juge le péché des hommes et exprime sa grâce envers Noé. Il y a là un double jugement : les descendants de Caïn seront exterminés par le déluge et ceux de Seth, à travers Noé et sa famille, seront sauvés, jugés dignes d'être épargnés par Dieu.

Un dernier exemple dans le même livre est celui de la condamnation de Sodome et de Gomorrhe[190]. Dieu voit là également le niveau de l'immoralité et décide de détruire deux villes dont le péché avait atteint son paroxysme. Dieu prévient Abraham, son ami, père de la foi et celui-ci négocie avec Dieu dans l'espoir de sauver la ville. Dieu avait décidé de punir et puisqu'il n'y avait pas suffisamment de justes pour épargner la ville, le feu tomba du ciel pour exprimer le jugement ponctuel de Dieu sur une population précise.

Le livre des Psaumes donne une idée encore plus personnelle et immédiate de la notion de jugement. Il y a une dimension immanente et l'expérience du croyant l'intègre sans trop de

---

[188] Genèse 3.17-24.
[189] Genèse 6.1-7.24.
[190] Genèse 18.1-19.29.

difficulté. Un exemple célèbre se trouve dans le psaume 51, porteur d'un acte de repentance face au pouvoir d'un Dieu qui juge le péché et pardonne au pécheur. Pour David, qui a laissé cette belle prière de repentance, l'heure du jugement divin est immanente à sa situation de pécheur avec préméditation. Il a compris par la voix du prophète Nathan que Dieu n'approuvait pas son comportement et l'a jugé mauvais. Nous sommes ici en présence d'un jugement qui advient de manière visible, repérable dans la vie de l'homme de Dieu.

Prenons un autre exemple dans un livre prophétique, celui de Daniel. Le livre rapporte l'expérience du roi Nabuchodonosor qui sera jugé par Dieu, à cause de son arrogance et son orgueil, deux traits de caractère que le Seigneur n'approuve pas. Ce roi est jugé et il perd momentanément le pouvoir, il est éloigné du trône et après une période d'exil, il prend conscience que le Tout-Puissant a autorité sur tous les rois de la terre. L'heure du jugement est venue dans le temps où ce roi exerce le pouvoir[191]. Le prophète voit également que le ciel organise le jugement, qu'il y a une heure où il commence, que ce n'est pas quelque chose d'aléatoire ni de contingent[192].

Le Nouveau Testament présente aussi bien des aspects ponctuels que des aspects eschatologiques du jugement. Jésus lui-même enseigne que celui qui croit en lui ne passe pas en jugement. L'heure du jugement ne vient pas sur celui qui place toute sa foi dans la parole du Christ et c'est certainement l'explication la plus forte de la foi et de l'espérance[193]. Jésus inscrit l'expression de cette foi dans le temps présent, ce qui signifie que le croyant peut déjà décider son positionnement face au jugement divin. Le temps présent devient l'heure du jugement, en tout cas, l'heure de décider où placer sa foi.

A titre d'exemple, nous pouvons faire référence à Jésus qui évoque le jugement en cours du prince des ténèbres. Et plus loin, Luc rapporte le cas d'Ananias et de Saphira, qui furent foudroyés parce qu'ils n'avaient pas tenu leur engagement - l'Ecclésiaste avait anticipé sur les vœux faits à la légère devant Dieu (5.3). Un dernier exemple est celui du magicien Elymas qui cherchait à contrecarrer l'annonce de l'Evangile[194].

---

[191] Daniel 4.
[192] Daniel 7.10.
[193] Jean 5.24-26.
[194] Pour les cas cités ici, voir respectivement Jean 12.31; 16.11; Actes 5.1-11 ; 13.6-12.

Le Nouveau Testament n'évoque pas seulement la notion de jugement, mais elle fait comprendre à l'homme que le jugement est en cours. L'apôtre Pierre dit que le jugement commence par « la maison de Dieu » (1 Pierre 4.17), c'est-à-dire par l'Eglise, la communauté des croyants engagés dans l'alliance. Il montre que c'est un événement important et que les croyants doivent y prêter une attention particulière. Le jugement ne doit pas être banalisé par ceux qui invoquent le nom de Dieu. Si les croyants se voient devant l'exigence d'une attention au jugement, qu'adviendra-t-il, dit Pierre, à ceux qui ne prêtent aucune foi à l'Evangile ?

Un peu plus loin, en lisant le dernier livre biblique, nous rencontrons un trio d'anges qui proclame un message précis : « Et je vis un autre ange qui volait au zénith. Il avait un Evangile éternel à proclamer à ceux qui résident sur la terre : à toute nation, tribu, langue et peuple. Il disait d'une voix forte : Craignez Dieu et rendez-lui gloire, car elle est venue, l'heure de son jugement. Adorez le créateur du ciel et de la terre, de la mer et des sources d'eaux. Et un autre, un second ange, le suivit et dit : Elle est tombée, elle est tombée, Babylone la grande, elle qui a abreuvé toutes les nations du vin de sa fureur de prostitution. Et un autre, un troisième ange, les suivit et dit d'une voix forte : Si quelqu'un adore la bête et son image, s'il en reçoit la marque sur le front ou sur la main, il boira lui aussi du vin de la fureur de Dieu, versé sans mélange dans la coupe de sa colère, et il connaîtra les tourments dans le feu et le soufre, devant les saints anges et devant l'agneau. La fumée de leur tourment s'élève aux siècles des siècles, et ils n'ont de repos ni le jour ni la nuit, ceux qui adorent la bête et son image, et quiconque reçoit la marque de son nom. C'est l'heure de la persévérance des saints qui gardent les commandements de Dieu et la foi en Jésus. » (Apocalypse 14.6-12)

Le premier ange a un évangile éternel de portée universelle. Cet évangile est qualifié d'éternel et c'est la seule fois dans tout le Nouveau Testament que cet adjectif accompagne le substantif « évangile ». Dans son message, l'ange demande de craindre Dieu, de lui donner gloire et de prêter une attention particulière à l'heure du jugement. L'ange annonce que l'heure du jugement, c'est-à-dire « le temps », « la période », et non l'heure au sens littéral, l'heure où le prophète reçoit la vision. Notons l'emploi du terme *krisis*, « l'acte de juger » et non *krima*, « le verdict du jugement ». L'heure du jugement (divin) est venue et dès lors ce jugement concerne tous les habitants de la terre.

Le second ange évoque la chute de Babylone, ce qui est une autre forme de jugement, voire de condamnation et le troisième ne laisse aucun doute sur le sort des adorateurs. Le texte dit que le second ange *suivit*. Le verbe employé ici est *akoloutheô*, « suivre », « accompagner ». Les deux sens peuvent s'appliquer à l'action de l'ange. Il suit le deuxième dans l'ordre d'apparition et il l'accompagne aussi dans la proclamation.

Quant au troisième, son message trouve un lien direct, non avec les deux messages qui précèdent, mais avec l'avènement d'une puissance, représentée par la bête du chapitre 13.1-10. Le troisième ange proclame un message d'avertissement contre toute dérive religieuse, contre toute forme d'adoration exprimée à l'égard de cette fameuse bête. Sans doute, y a-t-il ici une forte allusion au jugement divin inhérent à la décision de détourner le sens du culte, faussant ainsi les rapports entre les hommes et Dieu.

Les trois anges semblent avoir chacun une mission précise qui, prises ensemble, sont loin de se contredire ou de se mélanger. Elles correspondent plutôt à l'intention du ciel de révéler dans le *chronos* (l'idée de succession) que l'Histoire humaine n'échappe pas au jugement divin. Un tel message concerne tous les hommes qui ont l'occasion de l'entendre et surtout de décider d'y prêter une attention particulière.

Disons rapidement que, *in fine*, leur action pourrait se définir ainsi :

- Premier ange : invitation (rassemblement des adorateurs)
- Deuxième ange : information (annonce du jugement de Babylone)
- Troisième ange : injonction (avertissement solennel donné aux habitants de la terre)

Un peu plus tard dans le livre de l'Apocalypse (18.1-3), c'est un ange puissant qui annonce que Babylone est tombée. Il semble être différent du second ange du chapitre 14 ou c'est le même qui est énoncé en dehors du contexte et sous forme répétitive. Qu'importe, dans le cadre de notre présente lecture, puisque l'essentiel est de savoir qu'un jugement tombe sur Babylone, la dominatrice des nations, Babylone dont le règne n'est pas infini. L'évangile éternel se présente comme l'antithèse de la confusion symbolisée par Babylone et également l'antithèse de toute autre forme d'adoration. Nous observons que sur le plan spirituel et religieux, la Bible prévoit que Dieu amènera toutes choses en jugement.

Ce qui fait la particularité et la richesse de ce chapitre 14, c'est sa portée eschatologique à nulle autre pareille dans l'ensemble du livre. Certes, Jean n'avait pas divisé ainsi son livre mais dans le texte final que nous avons sous les yeux, nous sommes mis devant un triptyque construit avec les éléments suivants :

Salut - jugement - parousie.

Jean entraîné est dans ce chapitre en tant que porte-parole mais surtout en tant que témoin du caractère universel du salut, aussi bien en ce qui concerne le plan divin que des possibilités offertes à l'ensemble de la civilisation humaine d'en entendre parler. La proclamation du jugement est inhérente à la réception de l'évangile éternel.

La dernière exhortation de l'Ecclésiaste revêt un caractère prophétique. Il annonce non seulement la fin de son discours, mais aussi l'issue de la condition humaine. En prêtant une oreille attentive au triple message angélique, on comprend clairement que le Dieu créateur est aussi le Dieu juge de sa création, en particulier juge de ce qui est bon ou mauvais. Rien n'échappe à son regard parce que sa justice est constante et infaillible. Dans le message des anges, nous apprenons que le jugement n'est pas théorique mais qu'il a comme but de détruire le mal sous toutes ses formes. Cela implique aussi les injustices, les mensonges, l'adoration contraire au projet divin et toute autre déviance morale.

Faut-il avoir peur du jugement dernier ? Oui, si l'on a la capacité d'y croire et de ne pas accepter la proposition d'alliance de Dieu. Et non, si l'on accepte par la foi ce que Jésus lui-même nous offre. Il n'y a finalement que deux issues face au jugement divin. L'Ecclésiaste invite à craindre Dieu parce qu'il a autorité sur la création et qu'il amènera toute œuvre en jugement. Il ne semble pas personnellement effrayé par le jugement divin qui s'exercera sur les actions humaines et il demande à ce fils—représentant de tout fils d'homme - auquel il s'adresse à écouter Dieu plus qu'à avoir peur de lui ou de son jugement. Il n'y a pas de pessimisme non plus dans ses propos. Il a fait état jusque-là de nombreux dysfonctionnements dans le comportement humain et il donne comme un encouragement ou une lueur d'espoir aux opprimés et aux victimes des injustices terrestres.

Conclusion

Tout est entendu, justifiant ainsi qu'il parvienne à la fin du discours. Il arrive à la fin de sa critique de la condition humaine, dont la seule issue trouve son sens dans le lien avec Dieu. Est-ce la pensée de l'éternité qui revient, puisque l'homme n'a pas d'autre solution que de se tourner vers Dieu ? Est-ce la conscience qu'inévitablement Dieu jugera toutes choses, donc tous les comportements humains ?

La crainte de Dieu est le retour à l'alliance, un retour qui est une forme d'aveu, de reconnaissance de la supériorité divine sur l'humaine condition. Pour donner du sens – direction et signification - et de la valeur à sa vie, l'homme doit entendre résonner cette invitation. Tout le discours de l'Ecclésiaste ne cherchait pas à éloigner de Dieu mais plutôt à faire prendre conscience que l'homme ne peut dessiner son avenir tout seul et surtout dans la vanité qui l'entoure.

Dieu amènera toutes choses en jugement, soit en bien soit en mal. Ce n'est probablement pas la première ni la dernière fois que nous entendons parler du jugement divin. Ce qu'il est important de retenir, c'est que le jugement ne doit pas effrayer ceux qui cherchent la justice que Dieu offre dans la personne et l'œuvre de son Fils unique, Jésus-Christ le juste, le Sauveur et Seigneur de tout homme.

A méditer :

1. Croyez-vous au jugement dernier ?
2. Etes-vous prêt à l'affronter avec confiance ?
3. Qu'implique la foi dans l'œuvre de Jésus-Christ ?
4. Aimez-vous juger les autres ?
5. Que dit l'Ecclésiaste sur le jugement des actions humaines ?

Epilogue

En chemin avec Qohéleth, j'ai rencontré un homme qui a beaucoup vu, beaucoup vécu, beaucoup joui de la vie et qui vraisemblablement est arrivé à la triste conclusion que sous le soleil, ou sur la terre, l'homme vit dans une sorte de cercle vicieux. Ce serait de l'ordre de l'ironie et du sarcasme ! N'est-ce pas un peu court, ou exagéré, de dire que la vie n'a pas beaucoup de charme et de sens alors que celui qui énonce de tels propos, ou de telles conclusions, en a profité de manière optimale, sans aucune retenue physique et morale ?

Comment finir ce cheminement avec l'Ecclésiaste ? Faut-il comprendre que toute lecture de la condition humaine conduit inévitablement à la conclusion que tout est vanité et poursuite du vent ? Nous pourrions répondre par l'affirmative, si ce n'était la présence de Dieu dans cette même condition humaine, devenue sienne depuis l'Incarnation.

Tout pourrait, à première vue, être éphémère, *hevel*, et peine perdue ! *Hevel* ! Nous voici donc de retour aux origines, puisque, comme cela a été dit au début de ce livre, *hevel* a la même étymologie que le premier mortel prématuré, Abel. N'est-ce pas un clin d'œil à l'homme pour lui dire que, depuis le péché originel, la vie sur terre ne tient qu'à un fil, que tout est fragilité et que la frontière entre l'existence et le néant est mince, invisible et si vite franchie. La condition humaine est devenue *hevel* non parce que c'est programmé ainsi, mais parce que le mal est venu la polluer.

Il est fort probable que l'Ecclésiaste cherche à rassembler des idées pour remonter le moral de l'homme, disant que même s'il existe une certaine fragilité inhérente à la vie sur terre, il ne faut pas désespérer. Le livre ne se construit pas tout entier autour des propos pessimistes et décourageants : c'est l'une des leçons à retenir, pour qui veut trouver un sens à la vie en général et à sa vie en particulier.

Quand tout semble vanité et poursuite du vent, quand l'homme vit avec l'impression d'être entraîné dans une spirale descendante, Qohéleth rappelle que Dieu a mis dans son cœur la pensée de l'éternité. C'est ce que la Bible soutient comme idée majeure, car l'homme est doté de cette capacité de penser (à) son avenir. Le sage est convaincu qu'il y a quelque chose dans l'homme qui dépasse les limites de sa vie et celles du temps encadré par la mort. L'éternité peut être un espace-temps inaccessible mais rien ne pourra en priver l'homme puisque c'est un don de Dieu. Et si cette pensée était synonyme de foi et support de l'espérance !

Vient alors la foi de l'homme, la foi de tout homme disposé à ouvrir son cœur et son esprit à autre chose qu'une lecture pessimiste de sa condition. Qohéleth ouvre plusieurs pistes dans ce sens. La foi a comme ambition, non pas de nier la réalité humaine mais plutôt de l'intégrer, l'assumer et même la dépasser. Dans ce cas, la foi fait plus que sortir l'homme du cercle vicieux pour l'installer dans un cercle vertueux. Elle le propulse vers l'Autre, le divin, pour mieux le mettre en relation avec l'autre, l'humain, et l'encourage certes à la vertu mais pas à l'austérité et à la privation. Quand la foi prend des aspects austères et rigides, elle se vide de son vrai sens et devient stérile. La foi peut être dynamique, joyeuse, sereine parce qu'elle repose sur une victoire, celle de Jésus-Christ sur le péché et la mort et non sur un échec. Si elle est synonyme de victoire, elle produira des vainqueurs et non des timorés, des perdants et des pessimistes. Suivre l'Ecclésiaste, c'est comprendre certainement que la foi grandit l'homme et le met sur des hauteurs inaccessibles au nihilisme. Dieu se rencontre dans l'audace et le courage.

Suivre sa conscience éclairée par la fameuse pensée de l'éternité, c'est avancer, probablement pas toujours de manière linéaire mais certainement de manière progressive. La foi prend tout son sens dans le progrès de l'homme sinon elle n'est plus la foi, elle devient simplement de la crédulité. Dieu ne cherche pas des êtres crédules et naïfs, mais des hommes et des femmes de foi, avec un sens critique, les rendant capables de fidélité sur le plan spirituel mais aussi relationnel et existentiel.

Sans la foi, l'homme ne peut sortir du pessimisme et de ce constat que tous les efforts sur terre ne servent à rien. Quand la foi dit que chaque tunnel a sa sortie, le pessimisme s'allie au nihilisme pour ne voir que des impasses à chaque entrée de tunnel. Pour le pessimisme, toute nouvelle naissance est le début d'une aventure vouée à l'échec puisqu'il y a inévitablement la mort au bout ; la foi évoque la nouvelle naissance plutôt pour parler du royaume de Dieu. Qohéleth parle de la vanité et de la futilité des choses mais il ramène toujours à Dieu.

Croire ou ne pas croire ! Nous voici arrivés au terme de notre quête et de notre cheminement avec l'Ecclésiaste. Qu'en reste-t-il sinon l'essentiel du message biblique : l'homme, à cause du péché, vit dans une réalité imparfaite et fragile ; il est invité à assumer cette condition de son existence en même temps qu'il lui est suggéré de considérer que Dieu a mis en son cœur autre chose qu'une pensée futile, limitée par le spectre de la mort. Dieu donne à l'homme la liberté et la force de croire. L'homme sait qu'il a la liberté de ne pas dépasser le pessimisme, mais est-ce là la seule issue de la vie ?

La réalité humaine, touchée par l'imperfection, est incontournable. Toutefois, Qohéleth ne lui attribue pas un caractère systématique, définitif et fatal pour celui qui veut y poser un regard confiant. L'homme ne doit pas se comporter comme un ignorant et développer par là même une vision fataliste et pessimiste. A la lumière du raisonnement du Sage, l'homme est plutôt en face d'une alternative unique, un choix déterminant parce que vital. Ce choix donnera un sens à sa vie, sens qui justement lui permettra de sortir de la vanité :

> -soit l'homme s'inscrit dans la négation et rejette totalement la foi en Dieu, en son amour, en son pouvoir créateur. Dans ce cas, il se retrouvera face à lui-même, enfermé par son itinéraire qui se situe entre la naissance et la mort. Il lui sera difficile de s'émanciper de son angoisse. Cela ne signifie pas qu'il n'aura aucun bonheur sur terre, aucune jouissance de la vie, aucun plaisir... mais il restera dans la vanité et dans l'éphémère ;
>
> -soit il s'inscrit dans la reconnaissance et il accepte de croire et d'avancer dans ce chemin de foi. En reconnaissant que Dieu est créateur et qu'il aime ses créatures, l'homme découvre un autre sens à sa condition. Il n'échappe pas à la contingence, à l'aléatoire et à l'imperfection caractérisant son existence. Il ne les nie pas parce qu'il emprunte le chemin de foi mais, comme dit plus haut, il arrive à les intégrer, les assumer et surtout les dépasser. C'est la confession de foi et d'espérance.

Ainsi, semble dire l'Ecclésiaste, l'homme a toutes les chances de se retrouver, dépendant du choix qu'il fait, soit dans une existence, même heureuse, qui ne mène qu'à la poussière, soit dans un quotidien éclairé de cette pensée que Dieu n'est pas aussi loin qu'on le pense trop souvent. Dieu donne un sens à la vie de l'homme parce que c'est lui qui donne la vie. Dieu ne donne ni de manière contingente ni aléatoire et encore moins par défaut. L'homme qui est en chemin de foi apprend à gravir les sommets par l'humilité, la confiance et la contemplation. Il trouve sa force dans une relation avec Dieu, à travers ce don si précieux qui se trouve en son cœur : l'éternité !

Ce choix n'est pas facile puisque l'homme ne comprend pas toujours la manière d'agir de Dieu. C'est un choix courageux car il fait aussi appel à l'humilité de l'homme, demandant de sa part une ouverture d'esprit et la volonté de se mettre à l'écoute du Très-Haut, par un apprentissage long et souvent douloureux, surtout dans les grands moments de silence. En décidant de reconnaître l'importance de Dieu dans sa vie, l'homme se met en quête du sens que porte l'existence et sa décision doit être constamment renouvelée, cent fois remise sur le métier de la foi, parce que jamais complètement acquise.

Pour réussir un tel choix, l'homme doit apprendre à se détacher de ses recours horizontaux, c'est-à-dire ses appuis humains, terrestres, pour ne pas dire terre-à-terre. Qohéleth a essayé d'en montrer justement le côté éphémère, faisant ressortir que l'argent, le pouvoir, le travail, les relations et même la sagesse que l'homme développe ne représentent pas toujours de vraies forces, qu'ils pourraient finalement n'être que rêves, illusions, chimères. C'est là que le verdict du début remonte à la surface : « vanité des vanités, tout est vanité », comme pour dire à l'homme de ne pas investir son cœur dans les choses secondaires et fragiles, les choses qui lui ressemblent si souvent...

L'Ecclésiaste n'est fondamentalement ni pessimiste ni fataliste. Cela ne lui convient pas puisqu'il pense trop à Dieu. Plus il regarde l'individu angoissé dans sa condition à mi-chemin entre la finitude et la contingence de l'existence humaine, plus il se sent poussé à lever les yeux au ciel et à chercher Dieu. Il ne donne pas de Dieu l'image d'un Etre silencieux et insensible au sort de l'homme. D'ailleurs, Dieu n'est jamais sollicité ici, comme c'est le cas dans l'expérience de Job ou dans les Psaumes. Il parle des difficultés de l'homme à échapper à l'imperfection, au mal et aux malheurs mais il ouvre régulièrement des pistes, des chemins de foi...

Pour comprendre le but ultime du livre, il faut envisager la possibilité d'une lecture à première vue réaliste et ensuite, parce qu'il intègre l'idée que Dieu fait toute chose bonne en son temps, croire que Qohéleth n'érige jamais le pessimisme au rang de vertu. Il ne fonde pas sa pensée sur des notions ou des idées de déclin, de néant, de ruine ou d'échec. Il constate que la condition humaine est déjà imparfaite à cause des injustices et des imperfections qui l'habitent et de ce constat, il tire la conclusion que tous les efforts et toutes les ambitions de l'homme sont évanescents et aussi insaisissables que le vent. Ceux qui ont cru déceler dans ses propos de l'agnosticisme sceptique dénaturent l'intention du livre ; d'autant que la conclusion est porteuse d'une exhortation fondamentale : « Ecoutons la fin du discours : Crains Dieu et observe ses commandements. C'est là ce que doit faire tout homme. Car Dieu amènera toute oeuvre en jugement, au sujet de tout ce qui est caché, soit bien, soit mal » (12.15-16).

Etre ou ne pas être ! L'Ecclésiaste semble orienter son propre regard vers la solution verticale, en tournant son cœur vers les vraies joies de l'existence, celles que Dieu donne. Finalement, si l'éphémère menace l'homme ainsi que son environnement, qu'il sache qu'en son cœur il y a une pensée qui l'inscrit dans la durée, dans ce qui va plus loin que le temps présent. Si de nombreux aspects de l'environnement humain ressemblent au vent qui tourbillonne et qui s'en va, que l'homme ne baisse pas les bras et qu'il ne désespère pas. Qu'il lève les yeux et ouvre son cœur au souffle divin qui a le pouvoir de transformer, de régénérer et de mettre sur le chemin de la vie.

Vanité des vanités, tout est vanité quand l'être humain regarde vers la mort. Vérité des vérités, il y a une espérance qui passe par le souffle de vie. Puisque Dieu a mis cette pensée dans le cœur de l'homme, que dire, comme parole ultime, sinon : en route pour l'éternité !

Table des matières